地铁工程建设管理与安全管理人员培训教材

地铁工程建设安全监督管理

住房和城乡建设部工程质量安全监管司　组织审定
深圳市地铁集团有限公司　组织编写

中国建筑工业出版社

图书在版编目（CIP）数据

地铁工程建设安全监督管理/深圳市地铁集团有限公司组织编写. —北京：中国建筑工业出版社，2013.7
地铁工程建设管理与安全管理人员培训教材
ISBN 978-7-112-15506-4

Ⅰ.①地… Ⅱ.①深… Ⅲ.①地下铁道-安全生产-监管制度-技术培训-教材 Ⅳ.①U231

中国版本图书馆CIP数据核字（2013）第121037号

　　近年来，我国地铁工程建设发展迅速，专业技术和管理力量紧缺的问题日益突出，对专业人员质量安全培训工作提出了新的要求。为了规范培训基本内容，增强培训针对性和实效性，住房城乡建设部工程质量安全监管司组织编写了一套适用于地铁工程专业技术和管理人员质量安全培训的基础性、普及性教材。
　　本册针对地铁工程建设管理人员的培训教材主要内容包括：法律法规关于各主体安全生产责任的规定，建设单位安全管理策略，建设单位安全管理体系要素及其建立，风险管理理论、方法和工程可行性、勘察、设计、施工等阶段的安全风险管理（侧重管理内容、流程和建设单位的风险管理内容），监控量测，应急救援和事故管理等。
　　本教材可供地铁建设、勘察、施工及监理单位相关技术和管理人员参考使用。

* * *

责任编辑：孙玉珍
责任设计：李志立
责任校对：张　颖　赵　颖

地铁工程建设管理与安全管理人员培训教材
地铁工程建设安全监督管理
住房和城乡建设部工程质量安全监管司　组织审定
深圳市地铁集团有限公司　组织编写
*
中国建筑工业出版社出版、发行（北京西郊百万庄）
各地新华书店、建筑书店经销
北京红光制版公司制版
北京建筑工业印刷厂印刷
*
开本：787×1092毫米　1/16　印张：12¼　字数：300千字
2013年7月第一版　　2013年12月第二次印刷
定价：**32.00**元
ISBN 978-7-112-15506-4
(24091)

版权所有　翻印必究
如有印装质量问题，可寄本社退换
（邮政编码 100037）

编审委员会

主　　任：郭允冲　施仲衡

副 主 任：常　青　张　弥　曲　琦

主　　编：林茂德

副 主 编：肖　民　黎忠文　鲁　屹

编写人员：林茂德　肖　民　黎忠文　鲁　屹　伍生龙
　　　　　刘树亚　张自太　刘继强　刘　昕　戴四化
　　　　　李永鸿　胡志光　周　炜　牛　康

审　　稿：金　淮　潘延平　冯国冠　杨和平　石平府
　　　　　韩少光　王玉国　张红梅　索　欢

前 言

近年来，我国地铁工程建设发展迅速，专业技术和管理力量紧缺的问题日益突出，对专业人员质量安全培训工作提出了新的要求。为了规范培训基本内容，增强培训针对性和实效性，住房城乡建设部工程质量安全监管司组织编写了一套适用于地铁工程专业技术和管理人员质量安全培训的基础性、普及性教材。

教材旨在满足地铁工程专业人员了解地铁工程特点，掌握地铁工程质量安全控制重点和难点，提高工程质量安全水平的需求。一方面，有助于新从事地铁工程的人员尽快掌握必要的专业知识和工作方法，提高质量安全意识，达到工作岗位要求；另一方面，有助于具备一定地铁工程经验的人员进一步学习和巩固专业知识，借鉴相关案例，综合提升工作能力。教材可适用于各级建设主管部门或有关企业组织开展的地铁工程专业人员质量安全培训。

按适用对象不同，教材分为建设管理、勘察设计、施工、监理、监测测量等专业分别出版。参加教材编审的既有长期从事工程建设的专业人员，又有相关高校的专家学者，具有扎实的专业知识和丰富的实践经验，以及比较广泛的代表性。编审人员在确定框架、收集资料、充实内容、审定书稿等方面下了很大工夫，数易其稿，力求完善。教材既包涵着编审人员的集体智慧，也代表着城市轨道交通工程行业的共同财富，希望教材能够为我国地铁工程专业人员培育以及地铁工程健康快速发展发挥应有作用。

教材既介绍了相关法律、法规和标准规范的规定，又着重指出了工程实践中的重点和难点；既有专业知识阐释，又有典型案例分析；既有对工程经验教训的总结，也有对工程技术发展的前瞻介绍。教材注重理论与实践、经验与知识相结合，力求学以致用、解决实际问题。

这本地铁工程建设与安全管理人员培训教材主要内容包括：法律法规关于各主体安全生产责任的规定，建设单位安全管理策略，建设单位安全管理体系要素及其建立，风险管理理论、方法和工程可行性、勘察、设计、施工等阶段的安全风险管理（侧重管理内容、流程和建设单位的风险管理内容），监控量测，应急救援和事故管理等。本教材根据建设单位安全管理的特点和要求，对建设单位安全管理要素和技术要素进行了提炼和整合，形成建设单位安全管理的知识体系，有利于建设单位专业人员在掌握基本要素基础上可以触类旁通。

本教材编写工作得到了港铁轨道交通（深圳）公司等单位以及许多专家学者的大力支持和热情帮助，在此表示衷心感谢。

由于时间仓促，教材中难免存在一些疏漏，真诚希望读者提出宝贵意见。同时，由于全国各地地铁工程建设规模不一，工程所处的工程水文地质、工程周边环境条件和经济、文化、工程管理水平各有差异，各地可在本教材基础上根据实际情况，对培训内容进行适当调整或增减。

编审委员会
2013 年 5 月

目 录

第一章 概论 ·· 1

第一节 地铁工程的特点及常用施工方法 ··· 1
- （一）地铁系统的组成 ··· 1
- （二）地铁工程的特点 ··· 3
- （三）地铁工程常用施工方法 ·· 4
- （四）地铁工程建设管理模式 ·· 8
- （五）地铁工程建设阶段划分 ·· 9

第二节 国内地铁工程安全生产管理现状与发展趋势 ························· 10
- （一）地铁工程安全生产管理工作成效明显 ··································· 11
- （二）地铁工程安全生产管理工作主要问题 ··································· 13
- （三）地铁工程安全生产管理工作发展趋势 ··································· 15

第三节 地铁工程安全事故致因原理 ·· 16
- （一）事故致因综合模型 ·· 16
- （二）地铁工程安全风险机理 ·· 17

第二章 地铁工程安全生产相关法规与政策 ······································ 19

第一节 地铁工程安全生产相关法规标准体系 ··································· 19

第二节 地铁工程安全生产监督管理格局 ··· 20
- （一）政府统一领导 ·· 20
- （二）部门依法监管 ·· 21
- （三）参建单位全面负责 ·· 21
- （四）社会广泛支持 ·· 22
- （五）群众参与监督 ·· 22

第三节 法律法规关于各主体安全生产责任的规定 ····························· 22
- （一）建设单位安全生产责任 ·· 22
- （二）勘察设计、监理及其他单位安全生产责任 ····························· 26
- （三）施工单位安全生产责任 ·· 28

第三章 建设单位安全管理策略 ·· 31

第一节 建设单位安全管理策略 ·· 31
- （一）建设单位安全管理的指导思想 ··· 31
- （二）建设单位安全管理的基本策略 ··· 32

目 录

　　　（三）建设单位安全管理的集成化 ·· 32
　第二节　地铁工程安全管理基本要素与运行模式 ·································· 35
　　　（一）职业健康安全管理体系的基本要素与运行模式 ······················· 35
　　　（二）地铁工程安全技术风险管理 ·· 36

第四章　建设单位安全管理体系要素建立 ··· 46
　第一节　地铁工程安全生产方针 ··· 46
　第二节　地铁工程安全生产管理组织 ··· 47
　　　（一）机构与职责 ··· 47
　　　（二）安全教育与培训 ·· 49
　　　（三）安全管理协商与交流 ··· 49
　　　（四）安全信息管理 ··· 50
　第三节　安全管理计划与实施 ·· 51
　　　（一）初始评审 ··· 51
　　　（二）安全生产目标 ··· 52
　　　（三）管理方案（计划） ·· 53
　　　（四）运行控制 ··· 56
　　　（五）应急预案与响应 ·· 60
　第四节　检查评价和改进措施 ·· 65
　　　（一）绩效测量与监测 ·· 65
　　　（二）事故（险情、事件）的调查分析 ··· 65
　　　（三）审核与管理评审 ·· 65
　　　（四）改进措施 ··· 66

第五章　岩土工程勘察安全风险管理 ··· 67
　第一节　勘察阶段与主要工序 ·· 67
　　　（一）勘察阶段划分 ··· 67
　　　（二）勘察工序与管理流程 ··· 68
　第二节　岩土工程勘察安全风险及其控制 ··· 68
　　　（一）勘察作业风险控制 ·· 68
　　　（二）勘察质量风险控制 ·· 69
　　　（三）勘察与设计施工的相互配合 ·· 69
　第三节　建设单位在岩土工程勘察阶段的风险管理内容 ·························· 70
　第四节　工程管理人员应重点关注的工程地质条件 ································ 70
　　　（一）不良地质作用、特殊岩土与地下水 ·· 70
　　　（二）地层结构及其工程特点 ·· 72
　　　（三）围岩分级 ··· 73

第六章　工程周边环境调查风险管理 ··· 75
　第一节　工程周边环境保护原则与保护措施 ·· 75

（一）工程周边环境保护原则 ……………………………………………………… 75
　　（二）工程周边环境保护措施 ……………………………………………………… 75
第二节　工程周边环境调查与风险评估 ………………………………………………… 76
　　（一）工程周边环境调查 …………………………………………………………… 76
　　（二）工程周边环境风险评估 ……………………………………………………… 79

第七章　工程可行性研究与设计安全风险管理 …………………………………… 80

第一节　工程可行性研究的风险管理 …………………………………………………… 80
　　（一）可行性研究风险管理主要工作 ……………………………………………… 80
　　（二）可行性研究阶段主要程序 …………………………………………………… 80
　　（三）可行性研究阶段主要安全风险因素 ………………………………………… 81
　　（四）建设单位在可行性研究阶段风险管理职责 ………………………………… 81
第二节　工程设计安全风险管理 ………………………………………………………… 81
　　（一）设计阶段划分 ………………………………………………………………… 81
　　（二）设计阶段主要工作流程 ……………………………………………………… 82
　　（三）设计主要风险及其控制对策 ………………………………………………… 83
　　（四）设计单位的安全风险管理职责 ……………………………………………… 83
　　（五）建设单位在设计阶段的风险管理职责 ……………………………………… 84
　　（六）工程设计阶段的安全风险管理内容 ………………………………………… 85
第三节　地铁主要风险工程的设计技术 ………………………………………………… 86
　　（一）工程风险分级 ………………………………………………………………… 86
　　（二）地铁主要风险工程的设计技术 ……………………………………………… 91

第八章　招投标的安全风险管理 …………………………………………………… 96

第一节　合适承包商的识别方法 ………………………………………………………… 96
第二节　招投标文件的编制 ……………………………………………………………… 96
　　（一）招标文件的编制 ……………………………………………………………… 96
　　（二）投标文件的编制 ……………………………………………………………… 97
第三节　标准合同的安全规则 …………………………………………………………… 97
　　（一）同时涉及安全和质量的条款 ………………………………………………… 97
　　（二）仅涉及安全方面的条款 ……………………………………………………… 100
　　（三）地铁工程合同的业主要求 …………………………………………………… 101

第九章　施工阶段的安全风险管理 ………………………………………………… 102

第一节　施工阶段风险管理概述 ………………………………………………………… 102
　　（一）施工阶段风险管理流程 ……………………………………………………… 102
　　（二）施工阶段风险管理主要内容 ………………………………………………… 102
　　（三）施工阶段风险管理的主要工作 ……………………………………………… 103
　　（四）建设单位在施工阶段的风险管理职责 ……………………………………… 104
　　（五）工程监理单位在施工阶段的风险管理职责 ………………………………… 104

目 录

第二节　施工安全风险管理要素 …… 106
- （一）人员管理 …… 106
- （二）环境管理 …… 106
- （三）机电管理 …… 110
- （四）物料管理 …… 113
- （五）制度管理 …… 114
- （六）过程管理 …… 115
- （七）应急管理 …… 115
- （八）事后管理 …… 115
- （九）隐患管理 …… 116
- （十）信息管理 …… 116

第三节　前期工程的安全风险管理 …… 116
- （一）临建设施风险管理 …… 116
- （二）地质补勘风险管理 …… 117
- （三）交通疏解风险管理 …… 117
- （四）管线改迁风险管理 …… 117
- （五）房屋拆除风险管理 …… 118

第四节　土建工程施工安全风险管理 …… 118
- （一）明（盖）挖施工风险 …… 118
- （二）暗挖施工风险 …… 124
- （三）盾构法施工风险 …… 127
- （四）高架桥梁施工风险 …… 131

第五节　安装装修工程风险管理 …… 133
- （一）安装装修施工安全管理特点 …… 133
- （二）安装装修施工安全风险控制措施 …… 134

第十章　监控量测管理 …… 140

第一节　监控量测概述 …… 140
- （一）监控量测的定义 …… 140
- （二）监测的目的 …… 140
- （三）监测工作主要内容和流程 …… 141

第二节　地铁工程监控量测的管理要求 …… 141
- （一）监测单位的选择 …… 142
- （二）监测管理单位的选择 …… 142
- （三）监测设计的管理 …… 142
- （四）监测方案的管理 …… 142
- （五）监测人员设备的管理 …… 143
- （六）监测起止时间的确定 …… 143
- （七）监测工作的实施 …… 143

第三节　地铁工程监测的技术要求 …… 148

（一）明（盖）挖法施工监测技术要求 ·· 148
　　（二）暗挖法施工监测技术要求 ·· 149
　　（三）盾构法施工监测技术要求 ·· 151
　　（四）高架桥梁施工监测技术要求 ··· 152

第十一章　应急救援与事故处理 ··· 154

第一节　事故应急预案 ·· 154
　　（一）应急预案分类与基本内容 ·· 154
　　（二）应急预案的编制程序 ··· 157
　　（三）应急预案的培训与演练 ·· 158

第二节　事故应急处置 ·· 158
　　（一）应急救援活动的运作机制 ·· 158
　　（二）应急管理的基本功能要素 ·· 159

第三节　事故应急组织 ·· 165
　　（一）应急组织体系 ··· 165
　　（二）应急组织机构及其职责 ·· 166

第四节　事故报告与调查处理 ·· 167
　　（一）事故定义与分级 ·· 167
　　（二）事故的报告 ·· 168
　　（三）事故调查的组织 ·· 168
　　（四）事故调查与分析 ·· 169
　　（五）事故的人员处理 ·· 169
　　（六）关于建设单位组织的事故调查 ··· 172

第五节　典型事故应急技术要点 ··· 173
　　（一）塌方事故应急技术要点 ·· 173
　　（二）涌水涌砂应急技术要点 ·· 174
　　（三）燃气管道泄漏应急技术要点 ··· 175
　　（四）高坠及物体打击事故应急要点 ··· 176
　　（五）触电事故应急要点 ··· 176
　　（六）中毒或窒息事故应急救援要点 ··· 177

附录　城市轨道交通工程建设单位质量安全检查评分表 ································· 178

参考文献 ··· 183

第一章 概 论

第一节 地铁工程的特点及常用施工方法

(一) 地铁系统的组成

地铁是在城市中修建的快速、大运量、电力牵引的轨道交通基础设施,线路通常设在地下隧道内,也可能局部从地下转到地面或高架桥上。

地铁工程主要由土建和设备两大部分组成。土建部分包括车站、区间隧道、路基、轨道及车辆段和综合基地等;设备部分包括建筑设备(又称常规设备)和轨道交通系统设备。建筑设备是指建筑电气、给排水系统、环控系统、电梯与自动扶梯、防灾报警系统(FAS)、消防系统、人防系统、环境与设备监控(BAS)系统等。轨道交通系统设备是指通信系统、信号系统、供电系统、电力监控系统(SCADA)、屏蔽门/安全门系统、自动售检票系统(AFC)、旅客信息系统(PIS),以及车辆系统和控制中心(OCC)与地铁网络指挥协调中心(TCC)。新建地铁一般将智能设备监控系统、智能防灾报警系统、智能电力自动监控系统深度集成为一体的综合智能监控系统。

1. 土建部分

(1) 地铁车站与区间

车站由主体(站台、站厅、生产与生活用房)、出入口与通道(乘客进行地面和地下换乘的必经之路)、通风道和地面风亭(一般布置在车站的两头端部)等三大部分组成。

区间隧道(高架桥梁)是连接两个车站之间的行车通道,包括行车隧道(高架桥梁)、渡线、折返线、(地下、地上)停车线、地下联络通道、集水泵房以及其他附属建筑物。对于超长区间隧道,需要每隔一定长度建造通风井。

(2) 路基与轨道

轨道是指路基或结构面以上的线路部分,是由钢轨、轨枕、连接零件、道床、道岔和其他附属设备等组成的构筑物。根据环境保护对地铁沿线不同地段的减震、降噪要求,轨道可采用相应的减震轨道结构,并具有良好的绝缘性。

路基是指按照线路位置和一定技术要求修筑的带状构筑物,一般位于通往路面车辆段或停车场的线路上,包括路堤、路堑和附属结构。

(3) 车辆段与综合基地

车辆段是指具有配属车辆以及承担车辆的运用管理、整备保养、检查工作和承担较高级别的车辆检修任务的生产设施。

综合基地是为了保证地铁正常运营而设立的综合维修中心、物资总库、培训中心和必要的生活设施场所。车辆段及综合基地的土建工程包括路基工程、道路及广场工程、房屋工程等。

2. 设备部分

(1) 建筑设备

1) 环控系统（空调通风系统）：环控系统是指对车站站厅、站台、设备及管理用房和隧道等处所的环境进行空气处理（即调节区域内的空气温度、湿度，并控制二氧化碳、粉尘等有害物质的浓度）的系统，包括风系统（隧道通风系统、车站公共区的制冷空调及通风排烟系统、车站管理及设备用房空调排烟系统）、车站空调系统和集中供冷系统，涉及大量的风机、空调机、冷水机、水泵、冷却塔、水（风）阀和水（风）管路的安装，其中不乏大型设备的吊装、就位等作业。

2) 给排水系统：车站或车辆段的给水排水系统分别由给水系统和排水系统两部分组成。生活、生产给水系统由水源（城市自来水）、水池、水泵、水塔（水箱）、气压罐、管道、阀门、水龙头等组成；消防给水系统由水源（城市自来水）、消防地栓、水泵结合器、消防水泵、管道、阀门、消火栓（喷头）、水流指示器等组成。排水系统包括车站排水系统和区间排水系统，用于排除车站、区间的冲洗废水、结构渗漏水、事故消防水等废水和工作人员、乘客的生活污水。废水系统和污水系统独立设置，分别与地面的市政废水管网、污水管网相连，但都由汇集管道、泵房、排出管道、地面压力窨井等构成。区间排水泵房一般设于区间最低点处，且常与联络通道合建，施工安全风险大。此外，车站与区间排水系统与地面排水管网相连，倒灌风险也应注意防范。

3) 自动扶梯与电梯：自动扶梯与电梯是乘客进出地铁车站的重要工具。超过一定提升高度的车站出入口设置自动扶梯，站厅层与站台层之间根据各站客流不同分设上、下行自动扶梯；为方便残疾人乘坐地铁，在车站站厅与地面之间、站厅层与站台层之间，设置垂直电梯。地铁自动扶梯采用重载荷公共交通型，主要由桁架、梯路系统、扶手带、主机及驱动系统、电气控制及安全装置组成。自动扶梯与电梯属于安装装修工程中的重型设备之一，其运输与到位的吊装是安装装修工程安全重点之一。自动扶梯顶部吊钩或吊装孔是设备就位的必要条件，且受力载荷较大，需在土建施工时预埋且确保质量。

4) 地铁防灾报警系统：地铁防灾报警系统实现水灾、火灾、地震、雷击、行车事故及人为事故等灾害的提前、可靠报警。防灾自动报警系统由防灾报警主机（设在行车调度指挥中心）、防灾报警分机（设在各车站综合控制室、控制中心大楼、主变电所、车辆段检修停车库、混合变电所、材料总库）、车站现场设备及将所有设备联系在一起的通信网络等四部分组成。所有区域内设置消防设施的联动控制设备，包括气体灭火控制设备、水消防设备、防排烟设备、防火卷帘门、风阀、电梯、非消防电源的断电控制、疏散标志灯等，防灾报警系统直接或间接管控这些设备。

5) 地铁消防系统：地铁消防系统包括火灾报警系统、气体灭火系统、水消防系统、防排烟系统和疏散系统（疏散标志和事故照明），其中，气体灭火系统的管网系统中气体钢瓶、阀、管等应承受高压气体。

(2) 轨道交通系统设备

1) 通信系统：主要分为专用通信和公务通信两大类。为满足地铁安全、高效运营的需要，地铁建立有安全可靠的、独立的能传送语言、文字、数据、图像等信息的综合业务数字网，其中包括：传输交换、专业电话、无线通信、电视监视、遥控遥测、有线广播、列车广播、时钟、自动电话、电话会议、办公管理自动化和集中监测等子系统。

2）信号系统：地铁正线信号系统一般采用列车自动控制系统（ATC），主要由列车自动监控子系统（ATS）、列车自动防护子系统（ATP）和列车自动运行子系统（ATO）组成，具有故障导向安全功能。车辆段基地一般采用计算机联锁。

3）供电系统：由两大部分组成，一部分为牵引供电系统；一部分为低压配电及照明系统。

牵引供电系统包括牵引变电所与牵引网。一般由 35kV 供电线路组成独立供电网络，该供电网络以双回路馈电电缆向所有混合变电所及降压变电所供电。牵引网络系统由接触网（或三轨）和回流网组成。接触网通常采用直流 1500V 架空（柔性或刚性）接触网，三轨又称接触轨，分上接触式、下接触式和侧接触式。国际《地铁直流牵引供电系统》规定，电压在直流 1500V 及以上的接触网宜采用架空接触网型式。

低压配电及照明系统（地铁建筑电气）可分为照明和低压配电两个子系统，均采用 380V 三相五线制、220V 单相三线制方式供电。照明系统范围为车站降压所变压器后的照明设备、设施及线路。低压配电系统为站台、站厅、区间和车站设备及管理用房的环控、排水、消防、安全门、电（扶）梯、自动售检票及通信、信号系统、站控室等的设备供配电，其中应急照明、火灾报警、消防、电梯为一级负荷。

4）电力监控（SCADA）系统：采用微机远动装置，主机对主变电所、牵引降压混合变电所、车站降压变电所等实行集中监视、控制和测量，其具备遥控功能、遥信功能、遥测功能、遥调功能，包括主站（电力监控中心）及传输通道。主站应设在控制中心大楼内。子站（执行端）设在各变电所，通道与通信合用光缆传输。

5）屏蔽门/安全门系统：安装于地铁沿线车站站台边缘，用以提高运营安全、改善乘客候车环境、节约运营成本的一套机电一体化的机电设备系统。屏蔽门/安全门系统作为站台公共区与轨道列车之间的可控屏障，列车停站时配合列车车门打开或关闭滑动门，使乘客进出车厢；无列车停站上下客时关闭，使站台乘客和轨行区分隔。

（二）地铁工程的特点

1. 工程环境复杂

（1）工程地质环境复杂。例如，上海、广州、深圳等沿海城市或南方城市的工程地质水文地质条件复杂多变，地铁线路经过海积、海冲积、冲积平原和台地等多种地貌单元，常位于"软硬交错"地层（上部为人工填土、黏性土、淤泥质土、砂类土及残积土，下部为花岗岩、微风化岩等坚硬岩石层，或者孤石），还常遇到各种不同和不良地质条件（断裂破碎带、溶洞、地下溶洞、承压水等），穿越或邻近江河湖海，地下水丰富、水位高。

（2）工程周边环境复杂。由于地铁长距离穿行于城市交通要道和人口密集区域，建筑物、构筑物、轨道交通设施、桥梁、隧道、道路、管线、地表水体等工程周边环境的类型多、结构复杂、敏感性强、资料不易掌握，不可预见因素较多，同时在建设过程中，工程受周边环境制约大，对周边环境影响也大。

(3) 工程自然环境复杂。地铁工程施工多为露天和地下，常受到台风、冰雪、暴雨、洪水、雷电等自然因素影响，也可能受到泥石流、滑坡等地质灾害的影响。

(4) 工程社会环境复杂。地铁穿越城市商业、文化、娱乐、金融、工业、居民区，工程施工对社会生活影响大。征地拆迁、商铺经营受损、房屋开裂和施工扰民（包括振动、噪声、扬尘等）容易引发社会矛盾，存在很大社会风险，因此，社会各方对地铁工程高度关注。

2. 工程建设规模大。一条地铁线路里程一般在20公里以上，20多个车站、区间和百余个附属工程，有大量的前期工程（征地拆迁、绿化迁移、管线迁改、交通疏解等）和主体土建工程、安装装修工程，有众多的系统设备采购、安装、测试调试等工作。地铁工程的每公里造价一般在5～7亿元左右，有的高达8～9亿元，一条线路投资动辄都在100亿元以上；合同工期一般在5年左右。

3. 工程系统性强。地铁工程是土建及机电设备复杂系统，是技术、物质、组织、行为、信息系统的综合体，涉及约20多个专业，例如，工程系统包括车站、隧道、高架、轨道、装修、车辆、常规设备和系统设备等子系统，系统复杂和高度集成。因此，地铁工程更需要集成化管理，加强工程设计统筹管理，强化工程统筹管理，合理筹划有序推进工程建设。

4. 工程技术复杂。地铁工程本身不断向"深、大、险"发展。例如，车站基坑深度一般在20m甚至30m以上，长度在200m甚至600m以上。施工工法多样，有明挖法、盖挖法、矿山法和盾构法等主要施工工法和地下水控制、注浆加固等多种辅助工法。各种工法如何与工程特殊地质条件、工程周边环境保护相适应是一个重大技术难题，也是工程风险所在。

5. 工程协调量大。地铁工程参建单位包括建设、勘察、设计、施工、监理、监测、检测和材料设备制造、供应等单位，数量多、专业多、项目多、环节多、接口多，作业时空交叉，组织协调量大。同时，工程与周边社区居民、与工程周边环境的产权或管理单位的利益攸关、关系密切，沟通协调难度大。

6. 控制标准严格。为确保隧道、深基坑施工（含降水）过程中，建筑物、构筑物、轨道交通设施、桥梁、隧道、道路、管线、地表水体等工程周边环境不发生过量沉降和坍塌，确保其安全，要求严格控制沉降（包括绝对值和速率等），例如，浅埋暗挖法施工的标准断面隧道地面累计沉降量一般要求控制在30mm以内。

7. 安全风险大。前面的工程特点决定了地铁工程安全风险（包括工程本身风险和对工程周边环境的风险）很大，风险关联性强，例如，如果工程地质水文地质条件不明，工程周边环境不清，措施准备不充分，很容易出现安全质量事故和险情，造成人员伤亡和经济损失，影响正常的社会生活。如果有效工期不足，安全风险将加大，将给安全管理造成更大的压力，更容易引发事故。

（三）地铁工程常用施工方法

根据开挖方式的不同，地下工程有不同的施工方法。施工方法主要根据施工范围内的工程地质和水文地质勘探资料、工程埋置深度、结构形状和规模、使用功能、工程要求、周边环境及交通等情况进行技术、经济综合比较后确定。目前，我国地铁工程采用的施工方法主要包括：

1. 明（盖）挖法

明（盖）挖法是指在地面开挖的基坑中修筑车站或隧道的方法。主要施工工序为征地拆迁和道路疏解、围护结构施作、降水、土石方开挖和运输、地基加固与检测、结构防水、钢筋混凝土结构制作等。

（1）明（盖）挖法的种类

明（盖）挖法包括敞口开挖法、盖挖法（盖挖顺作法、盖挖逆作法、盖挖半逆作法）。围护结构采用的手段包括地下连续墙、人工挖孔桩、钻（冲）孔灌注桩、SMW 工法桩、工字钢桩等。SMW 工法亦称劲性水泥土搅拌桩法，即在水泥搅拌桩内插入 H 型钢等，将 H 型钢承受土体侧压力与水泥土防渗挡水结合起来，使之成为同时具有受力与抗渗两种功能的支护结构的围护墙。

由于敞口开挖法存在占用场地大、隔断地面交通时间较长，以及挖填土石方量大等不利因素，在受到条件限制的情况下可采用半明挖方式，即盖挖法，包括盖挖顺作法、盖挖逆作法和盖挖半逆作法。

盖挖顺作法是在地表作业完成挡土结构后，以定型的预制标准覆盖结构（包括纵、横梁和路面板）置于挡土结构上维持交通，往下进行开挖和加设横撑，直至设计标高。依序由下而上施工主体结构和防水，回填土并恢复管线或埋设新的管线。最后，视需要拆除挡土结构外露部分并恢复道路。

盖挖逆作法是先在地表面向下做基坑的围护结构和中间桩柱（和盖挖顺作法一样，基坑围护结构多采用地下连续墙或帷幕桩，中间支撑多利用主体结构本身的中间立柱以降低工程造价），随后开挖表层土体至主体结构顶板底面标高，利用未开挖的土体作为土模浇筑顶板（顶板可以作为一道强有力的横撑，以防止围护结构向基坑内变形），待回填土后将道路复原，恢复交通。以后的工作都是在顶板覆盖下进行，即自上而下逐层开挖并建造主体结构直至底板。

盖挖半逆作法与逆作法的区别仅在于顶板完成及恢复路面后，向下挖土至设计标高后先浇筑底板，再依次向上逐层浇筑侧墙、楼板。在半逆作法施工中，一般都必须设置横撑并施加预应力。

（2）明（盖）挖法的特点

明（盖）挖法具有施工作业面多、速度快、工期短、易于保证工程质量和工程造价低等优点。具备明（盖）挖施工场地条件的车站，宜采用明挖顺作法施工。处于地下水位线以下的结构采用盖挖法时，需附加施工降水措施。地面交通需要尽快恢复时，宜采用盖挖逆作法、盖挖顺作法或盖挖半逆作法施工。盖挖法的缺点是盖板上不允许留过多的竖井，故后继开挖的土方需要采取水平运输，工期较长，作业空间小，与基坑开挖、支挡开挖相比，费用较高。

2. 暗挖法

暗挖法是指在地下先开挖出相应的空间，然后在其中修筑衬砌，从而形成隧道或车站的工法。暗挖法施工主要工序包括挖土（钻眼、爆破、通风）、挖土装土（岩）、运输（含提升）、初支与二衬。

暗挖法施工占用地面较少。当受地面交通、地下管线等条件限制不允许使用明挖法施工，或线路埋深较大采用明挖法施工工程费用较高时，可采用暗挖法施工。但暗挖法施工有下列缺点：①施工风险较高，开挖截面大小易受到稳定性限制；②工作面少且狭窄，工作条件差；③线路埋置较浅时可能导致地面沉陷；④一般工期较长、造价较高。

3. 盾构法

盾构法是一种全机械化施工方法，主要用于区间隧道的开挖。它是将盾构机械在地层中推进，通过盾构外壳和管片支承围岩防止发生隧道内坍塌，同时在开挖面前方用切削装置进行土体开挖，通过出土机械将土运出洞外，靠千斤顶在后部加压顶进，并拼装预制混凝土管片，从而形成隧道结构的一种机械化施工方法。盾构法施工的内容包括盾构的始发和到达、盾构的掘进、衬砌、压浆和防水等。

盾构法的优点有：①开挖和衬砌安全度较高，掘进速度快；②盾构的推进、出土、拼装衬砌等全过程可实现自动化作业，施工劳动强度低；③对地面交通、河道航运与设施，以及地下管线、建（构）筑物、既有地铁线路等工程周边环境影响较小且影响较易控制；④在松软含水地层中修建埋深较大的长隧道往往具有技术和经济方面的优越性；⑤洞体质量比较稳定、防水效果好。

盾构工法的缺点有：①对断面尺寸多变的区段适应能力差；②新型盾构购置费昂贵；③转运和始发、到达端头井施工费用较高，对区段短施工不太经济；④对盾构机始发和接收的条件较高；⑤当岩石强度在 130MPa 以上或推进中遇到不明的较大孤石时处理难度大。

4. 常用辅助工法

（1）降水（和回灌）

降水技术是确保地下工程在无水或少水情况下施工作业所采取的技术措施。实施降水施工，可能对工程周边环境造成影响，需要根据有关技术规程要求严格控制实施。降水方法有管井降水、真空降水、电渗降水等。北京及北方地区多采用基坑外地面深井降水和回灌，也有采用洞内轻型井点降水；上海及南方地区则多采用基坑内管井降水，也有采用真空降水和电渗降水的。

（2）注浆

注浆加固是避免地铁工程塌方，避免周边建（构）筑物过量的沉降、倾斜等现象发生所采取的有效技术措施，一可止水，二可加固地层。在暗挖隧道施工中，土体超前注浆预加固在隧道拱部形成一道连续的拱墙，达到加固围岩、截断渗水、减小作业面坍塌的效果，为施工创造良好的作业环境。较常用的超前注浆预加固措施主要有锚杆、超前小导管、大管棚等。在基坑开挖中，采用注浆加固是提高支护结构安全度、减小基坑开挖对工程周边环境影响的一项重要措施。

在暗挖法施工中，当围岩的自稳能力在 12h 以内，甚至没有自稳能力时，为了稳定工作面，确保安全施工，需要进行注浆加固地层，以防止沉降塌陷，或进行结构止水。注浆方式主要有软土分层注浆、小导管注浆、TSS 管注浆等；注浆材料分为普通水泥、超细水泥、水泥水玻璃、改性水玻璃、化学浆液等。

（3）高压旋喷或搅拌桩加固

高压旋喷注浆法将带有特殊喷嘴的注浆管插入到土层的预定深度后，以20MPa左右的高压喷射流强力冲击，破坏土体，使浆液与土搅拌混合，经过凝结固化后，使土中形成固结体。水泥搅拌桩是利用搅拌桩机将水泥喷入土体并充分搅拌，使水泥与土发生一系列物理化学反应，使软土硬结而提高基础强度。软土基础经处理后，加固效果显著，可很快投入使用。

高压旋喷主要用于地层加固，适用于有水软弱地层，以及砂类土、流塑黏性土、黄土和淤泥等常规注浆难以堵水加固的地层等。如对浅埋暗挖法或矿山法施工的隧道局部特别软弱的地层，或需要对重要建（构）筑物进行特殊保护时，采用高压旋喷加固；盾构法隧道的始发和到达端头常用高压旋喷或搅拌加固，联络通道也常用此法加固地层。近年来也开发了隧道内施作的水平旋喷或搅拌加固技术。水泥搅拌桩适用于处理淤泥、淤泥质土、泥炭土和粉土土质。

（4）大管棚加固

用于暗挖隧道的超前加固，布置于隧道的拱部周边，常用的规格主要有：42mm直径、4~6m长和108/159mm直径、20~40m长，前者采用风镐顶进，后者则用钻机施作。近几年来，也有采用300~600mm直径的钢管棚，采用定向钻或夯锤施作。管棚一般都要进行注浆，以获得更好的地层加固效果。

（5）冷冻法

冷冻法是利用人工制冷技术，在地下开挖体周围需加固的含水软弱地层中钻孔铺管，安装冻结器，然后利用压缩机提供冷气，通过低温盐水在冻结器中循环，带走地层热量，使地层中的水冻结，将天然岩土变为冻土，形成完整性好、强度高、不透水的临时加固体，从而达到加固地层、隔绝地下水与地下工程联系的目的。冷冻法主要用于止水和加固地层，多用在盾构隧道出发端头与到达端头、联络通道和区间隧道局部具流塑或流沙地层的止水与加固，既可用于各类不稳定土层，又可用于含水丰富的裂隙岩层。在涌水量较大的流沙层中，更能显示出冻结法的优越性。

冻结法可采用的类型有三种，即水平、垂直和倾斜。浅埋隧道多采用水平冻结，工作竖井或盾构出入井的施工，可采用垂直或倾斜冻结。

不同的施工方法具有不同的适用条件，应综合分析各种施工方法对地质条件的适应性、对周边环境的影响，以及综合分析其安全性、经济性和工期要求等。

不同施工方法的工程风险是不同的。一般来说，对于明（盖）挖法施工，主要有基坑支撑失稳、断桩、管涌、坍塌等工程风险；对于暗挖法施工，主要有洞内塌方、地面沉陷、涌水等工程风险；对于盾构法施工，主要有盾构机故障停机、换刀、俯仰、蛇形、泥水压力过大导致地面隆起等工程风险。几种主要施工方法各有优缺点，见表1.1。

地铁主要施工方法的特点比较　　　　表1.1

对比指标	明（盖）挖法	盾构法	暗挖法
地质	各种地层均可	各种地层均可	有水地层需做特殊处理
场所	占用道路面积较多	占用道路面积较少	不占用地面道路

续表

对比指标	明（盖）挖法	盾构法	暗挖法
断面变化	适应不同断面	断面变化适应性差	适应不同断面
线路埋深	浅	需要一定深度	浅埋
防水施工	较容易	容易	较难
地表下沉	小	较小	较大
施工噪声	大	小	小
交通影响	很大	除竖井外，不影响	不影响
地面拆迁	大	小	小
水处理	降水、疏干	不需要	堵、降或堵、排结合
施工进度	受拆迁干扰大，总工期较短	前期工程准备时间较长	开工快，总工期偏长

（四）地铁工程建设管理模式

地铁工程属于特大型工程项目，是一项十分复杂的综合性系统工程。一条线路的多个标段（项目）构成一个项目群，多条线路构成多个项目群。它需要多工种、多专业、多单位、多部门的密切合作，协同作战，需要建设单位组织实施科学、高效、及时的项目群管理。

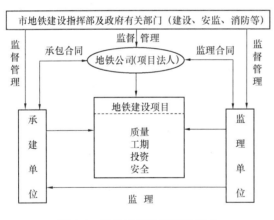

图 1.1 地铁工程建设管理模式

地铁工程建设管理一般以施工现场为中心，建设单位为主体，咨询、监理单位为中介，建设单位向工程所在城市政府负责，勘察、设计、施工、监测、检测、材料物资供应等承建单位通过投标方式承担工程建设任务。建设单位与咨询、监理、勘察、设计、施工、供应商之间的关系都是合同关系。一般的地铁工程建设管理模式如图 1.1 所示。

在工程设计上，一般采用设计单位总体总包勘察设计模式，建立设计监理制；工程监理上，一般将土建工程监理和车辆及机电设备系统监理分开，可采用总分包模式或平行承包模式；施工、设备材料采购方面，较多的地铁工程采取平行承包合同模式。平行承包合同模式就是建设单位将项目施工或设备材料采购任务分别发包给多个施工单位或设备材料供应厂商，并分别与各承包商或供应商签订合同。因此，平行承包合同模式有利于业主优选承包商、控制工程质量，但组织管理和协调工作量大、工程造价控制难度大。设计施工总承包、BT、BOT 等模式由同一承包商负责施工图设计和施工，避免设计与施工环节的脱节和扯皮，有利于缩短建设工期、优化设计，从而提高工程建设和管理效率。近年来，地铁工程采用设计施工总承包模式已形成一种趋势，标段规模由以前普遍采用的"一站一区间"扩大为"多站多区间"。同时，探索性地采用大标段（或整个工程）设计施工总承包模式、BT（建造—移交）模式、BOT（建造—运营—移交）等工程建设管理模式。如深圳地铁二期工程的地铁5号线采用"投融资—施工图设计施工总承包—回购"的BT模式，3号线采用了并行的大标段的土建工程、常规设备安装工程设计施工总承包模式，4号线采用"建设—运营—移交"的BOT模式。深圳地铁三期工程7、9、11号线则全部采用"投融资—施工图设计施工总承包—回购"的BT模式。

随着越来越多的地铁建设单位同期进行多条线路建设、运营，人们在不断探索符合我国国情的基于多项目群理论的工程项目管理模式，构建有利于工程参与各方之间信息沟通和交流平台，即集成式多项目群管理团队（IPMT）。典型的地铁工程建设集成式多项目管理（IPM）模式的总体组织架构如图1.2如示。各层次的集成式多项目群管理团队（IPMT）是以业主为核心，以专业咨询机构（如社会专业的项目管理团队）为支撑，以项目为导向的动态的网络式组织，作为"加强型业主"对工程进行全过程、全方位管理。这种模式能使集成式多项目群管理团队（IPMT）在地铁工程多项目群建设管理中高效地发挥作用，实现项目群及项目之间的并行与协调，使得并行的工作模式能够顺利有效地进行。

（五）地铁工程建设阶段划分

地铁工程建设必须严格执行国家基本建设程序。参照现行市政工程基本建设程序，地铁工程包括以下工作阶段和环节：

（1）规划阶段：线网规划与线网近期建设规划。
（2）项目可行性研究阶段：项目建议书、可行性研究、项目评估与决策。
（3）工程勘察设计阶段：踏勘、初勘、详勘，总体设计、初步设计、施工图设计。
（4）工程施工阶段：施工准备（设计交底和图纸会审、施工组织设计审查、危险性较大分部分项工程专项方案审查、施工生产要素审查、施工开工报告审查）和施工过程（作业技术交底、施工过程控制、分部分项工程质量验收、设计变更或工程变更审查）。
（5）试运行阶段：按照国家规范，地铁工程在所有单位工程验收、项目预验收后，应进行不载客试运行且不少于3个月。
（6）试运营阶段。
（7）竣工验收。
（8）项目后评价。

其中，线网规划、建设规划、可行性研究报告、初步设计文件、施工图设计文件、试运行（营）应依据国家有关规定取得相关政府授权部门的审批或许可。

地铁工程可行性研究阶段除客流预测专题外，应依据项目具体情况和国家相关规定同时进行环境影响评价、地质灾害评估、地震安全性评估、土地预审、安全性评价、抗灾设防专项论证等专题研究报告，作为可行性研究报告的支持性文件。

在初步设计阶段，应进行（土建）工程风险评估。对于复杂的工程项目，可在总体设计指导下进行试验段工程。

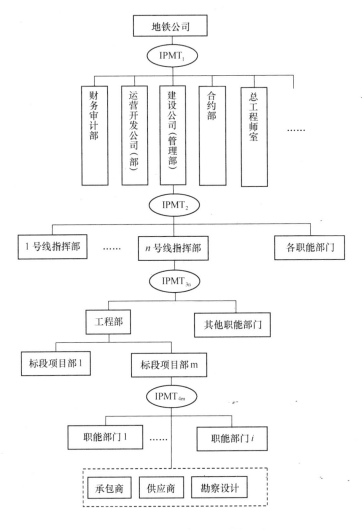

图 1.2　IPM 模式总体组织结构示意图

第二节　国内地铁工程安全生产管理现状与发展趋势

近年来，我国地铁工程建设发展很快。2003 年、2008 年、2010 年运营里程分别为 202 公里、770 公里和 1085 公里。截至 2012 年 10 月，全国 15 个城市的 62 条线路在运营，运营里程达 1792 公里；国务院批准了 34 个城市近期建设规划，共计 157 条线路、4384 公里，总投资超 2 万亿元，其中 26 个城市、64 条、1643 公里线路正在建设。我国地铁工程，无论是建设速度，还是建设规模都超过世界其他任何国家，已经成为名副其实的世界最大地铁建设市场。由于地铁工程的特点，施工安全一直受到各级政府和广大市民高度重视和密切关注，监督部门、参建各方不断提高安全监督、管理水平，全国地铁工程安全形势整体良好且稳定好转。但由于发展时间较短，经验不足，在很多方面存在着安全隐患，曾出现过一些较严重的安全事故。

（一）地铁工程安全生产管理工作成效明显

1. 地铁工程安全生产的基本法律法规体系基本形成

在地铁工程安全生产管理中，构成了以《建筑法》和《安全生产法》为法律、以《建设工程安全生产管理条例》为基本法规，以及一系列地方法规、规范标准、规章和规范性文件组成的地铁工程安全生产法律法规体系。2009年12月14日，经国务院批准，国家发改委、住房和城乡建设部、国家安监总局等七部委联合下发了《关于加强重大工程安全质量保障措施的通知》，从科学确立并严格执行合理的工程项目建设周期、充分做好工程开工前的准备工作、切实加强工程建设全过程安全质量管理、严格落实安全质量责任、建立健全快速有效的应急救援体系和全面提高基础保障能力等方面，提出了保障重大工程安全质量的政策措施。2010年1月8日住房和城乡建设部出台了《城市轨道交通工程安全质量管理暂行办法》（建质〔2010〕5号），针对当前城市轨道交通工程安全质量管理现状和存在的问题，总结现行法律法规的实施情况，吸收实践中行之有效的做法，确立了城市轨道交通工程周边环境调查与保护、初步设计审查、安全质量风险评估、工程监测和关键节点施工前条件验收等制度。

不少地铁工程建设城市和建设单位依据国家有关规定，结合工程和当地实际，制定了比较完善的地铁工程的地方性法规、规章、规范性文件及企业制度标准。

2. 地铁工程安全生产管理体制机制基本建立

住房和城乡建设部承担指导城市轨道交通规划和建设的职能，负责全国城市轨道交通工程安全质量监督管理工作，起草、制定全国城市轨道交通工程安全质量监督管理法律、法规和规章、规范性文件，定期组织全国城市轨道交通工程安全质量督查，组织召开全国城市轨道交通工程安全质量经验交流会。各城市人民政府建设主管部门负责本行政区域内城市轨道交通工程安全质量的监督管理，依法委托现有建设工程安全、质量监督机构或设立并委托地铁工程质量安全专业监督站机构具体实施。"政府统一领导、部门依法监管、参建单位全面负责、社会广泛支持、群众参与监督"的地铁工程安全质量管理体制已经建立，建设、勘察、设计、施工、监理、检测、监测和施工机具设备供应、租赁单位等责任主体，以及政府综合监管部门、专业监管部门等监督主体各负其责的地铁工程安全质量监督管理的基本责任体系已经形成，以建设单位为主导、施工单位为中心，其他参建各方密切配合的地铁建设工程安全质量联防联控机制已初步建立，一些城市建立了"建设单位组织、施工单位自检、监理单位验收、专家技术评估、政府程序监督、纪检效能监察"的地铁工程安全生产监督管理模式，以及政府部门、监管机构和建设单位共同行动的联防、联检、联治机制。

为充分发挥城市轨道交通工程质量安全专家的作用和专长，提高城市轨道交通质量安全管理工作和科学决策水平，住房和城乡建设部于2011年4月成立了城市轨道交通工程质量安全专家委员会。该委员会由62位专家组成，分为顾问组、勘察设计组、土建施工组、设备安装组、应急管理组，专业构成方面基本涵盖了轨道交通建设的各专业和全过程。

3. 地铁工程安全风险管理和控制技术日趋成熟

明（盖）挖法、暗挖法、盾构法、高架法等施工技术和冷冻、降水、防（止）水、注浆、高压旋喷、锚喷支护等主要辅助工法，以及工程周边环境调查技术、沉降变形控制技术，在我国地铁工程建设中得到广泛应用，为控制地铁工程安全质量风险起到了重要作用。我国地铁工程先后成功实施了世界最大轴力的桩基托换工程（深圳地铁一期工程百货广场大厦桩基托换，最大承重1890t）、穿越既有地铁线（北京地铁六号线长距离下穿地铁四号线）、复杂条件下浅埋暗挖法施工的世界规模最大的地铁重叠隧道（深圳地铁一期工程国贸站～老街站～大剧院站，全长1055m）、暗挖车站（北京地铁5号线磁器口站，双层三拱两柱，长180m、宽21.8m，高14.73m），积累了在软土地层（上海、南京、杭州、宁波、无锡等）、填海区淤泥地层（深圳）、透水粗砂层（哈尔滨等）、富水粉砂层（苏州）、富水破碎带、溶洞（广州）、高富水大粒径砂卵石地层（成都）以及复合地层等复杂工程水文地质条件下修建（明挖法、暗挖法、盾构法）地铁车站和隧道的经验和技术。

自住房和城乡建设部下发《地铁及地下工程建设风险管理指南》（建质〔2007〕254号）以来，各地铁工程安全风险管理意识不断增强，根据各自工程风险特点、安全管理模式与管理需求，不同程度地开展了安全风险评估、风险管理工作，积累了一些好的经验与做法，例如，研究编制工程安全风险技术管理体系，研发远程视频监控、实时监测系统和信息管理平台，在施工前开展初步设计阶段安全风险评估、安全风险管理体系诊断评估和"四新"技术安全风险评估，在施工过程中委托第三方监测和专业风险管理咨询机构，实施安全风险动态监控管理，形成了较为完整的全过程风险管理体系。2011年2月18日住房和城乡建设部发布了《城市轨道交通地下工程建设风险管理规范》GB 50652—2011，标志着我国地铁工程建设风险管理标准化工作取得了重要进展。

4. 地铁工程安全生产管理经验不断积累

在我国地铁工程实践中，总结出工程周边环境调查、安全风险评估、第三方监测等独有的、有利于工程安全管理的经验做法。这些做法是经过多次事故教训、不断提炼总结得来的，经过了实践检验，在城市轨道交通工程实践中发挥着积极的作用，确保了地铁建设工程安全生产的稳定好转。

住房和城乡建设部每两年组织一次全国城市轨道交通工程质量安全督查，每年召开一次全国城市轨道交通工程质量安全联络员会议，起到了发现问题、弥补不足、改进工作、推广经验、借鉴教训、指导工作，专题研究、集思广益、科学决策等作用。2011年住房和城乡建设部质量安全监督管理司组织全国相关单位和专家编制了《城市轨道交通工程质量安全督查表》，进一步规范了城市轨道交通工程质量安全督查内容和工程质量安全评价依据。

为科学评价城市轨道交通工程质量安全工作，强化工程风险管控，指导城市轨道交通工程建设、勘察、设计、施工、监理、第三方监测、质量检测、施工图审查等各方责任主体开展质量安全自查工作，指导城市轨道交通工程所在地建设主管部门开展质量安全检查工作，指导城市轨道交通工程建设单位对各参建单位实施履约管理及评价等工作，提高各方质量安全管理水平、监督水平，推进质量安全主体责任落实，住房和城乡建设部工程质量安全监督管理司组织编写并经住房和城乡建设部批准发布了《城市轨道交通工程质量安全检查指南（试行）》。该指南包括建设、勘察、设计、监理、施工、第三方监测、质量检测、施工图审查等八个责任主体的检查评分表。检查评分表紧密结合城市轨道交通工程特点，注重于结合工程实践，可操作性较强，便于使用。检查项目和内容涵盖了有关主体的质量安全行为和工程实体质量安全等，比较全面地体现了现行相关法律法规、标准规范和规范性文件的有关要求；评分标准重点突出，体现了检查项目和内容对工程质量安全的影响程度，使评定等级结果比较客观地反映工程质量安全状况。

2011年全国城市轨道交通工程质量安全督查结果表明，受督查地区有关部门和参建单位总体上认真遵守国家有关法律法规和强制性标准，落实质量安全措施，抽查项目的工程质量安全处于受控状态。

（二）地铁工程安全生产管理工作主要问题

目前，地铁工程安全生产管理工作仍存在不少问题，既有施工现场的，也有建筑市场的问题，安全事故仍时有发生。

一是科学发展、安全发展的理念没有转化为安全生产的自觉行动。主要表现在一些工程的工期造价（包括分包工程价）不尽合理，勘察、设计、施工等各阶段工期普遍紧张，前期工程推进不利致使实际有效工期较合同约定工期缩短，一些工程立项后仓促开工、未严格遵守建设工程基本程序；一些参建单位和个人安全质量责任意识不到位，主体责任有待进一步落实。工程造价低、工程工期紧，埋下安全质量隐患，已成为地铁工程安全质量事故的深层次原因。

二是有经验的管理人才、技术人才数量不够。2010年全国在建城市轨道交通线路达到1645公里，比2005年增加近5倍。建设规模在短时间内急剧增大，有经验的建设、勘察、设计、施工、监理等单位和技术人员难以满足需求，既有技术力量不断被摊薄，部分不熟悉地铁工程勘察、设计、监理业务的人员大量涌入地工程建设市场。

三是分包队伍管理乏力、操作层教育培训不到位。总包单位项目部不能或不愿对分包单位进行有效监管，甚至包而不管、以包代管；因作业人员流动性大等原因，施工单位对作业人员的安全教育培训不到位，操作人员安全意识低下、技能缺乏，安全生产基础薄弱。分包队伍、分包管理和安全意识问题，一直以来直接制约着地铁工程安全生产的稳定、好转。

四是现有的建设工程安全质量法规标准不能完全适应城市轨道交通工程的建设。与一般建筑工程相比，城市轨道交通工程具有规模大、风险高、专业复杂、涉及主体多、与工程周边环境相互影响大等特点，再加上我国轨道交通工程建设历史较短，成熟的理论、经验、规范标准相对较少，现行法规标准不能完全适应，法规制度有待完善，标准体系有待健全。

五是安全风险评估与管理没有得到应有的重视，工程前期工作做得不够充分给施工安全带来隐患。在规划、勘察设计阶段对施工安全风险考虑不周，勘察深度、精度未能满足施工安全需要，未对特殊地质条件进行专项勘察；设计未能根据现有技术装备能力、平均技术水平等条件明确相应的风险技术措施，对高风险工程未进行专项设计。施工过程中未能对风险进行有效的动态管理,施工监测管理不到位,未聘请第三方监测。

六是一些参建单位特别是施工单位安全质量管理还比较粗放,标准化、精细化、信息化管理体系还没有全面形成。

基于上述问题,我国部分地铁工程在建设过程中,在一些环节存在的问题逐步发展为隐患,隐患变成险情,险情酿成事故。地铁工程本身以及地铁建设引起的工程周边环境的沉降变形、倾斜、开裂、破坏等安全质量事故(险情)时有发生。据不完全统计,1995年~2008年13年间,国内外地铁建设共发生大小事故、险情上百起,涉及工程建设的各个方面。《地铁工程监理质量安全培训教材》对这13年间的121起事故,按地铁工程安全质量事故中常见的几种破坏形态进行分类,结果见表1.2。

地铁工程安全质量事故按破坏形态分类　　　　　　　　表1.2

序号	事故分类	事故起数	比例(%)
1	塌方	37	30.6
2	涌水、涌砂	18	14.9
3	地下管线破坏	10	8.26
4	周边建筑物开裂变形	10	8.26
5	隧道及其他围护结构渗漏	7	5.8
6	其他	39	32.2
合计		121	100

中国安全生产科学研究院在其城市轨道交通工程安全评价报告中,根据施工安全事故快报信息系统统计,对2003年以来的轨道交通工程安全事故情况进行统计分析,结果见表1.3。

近年来城市轨道交通工程安全事故各类型比例　　　　　　表1.3

序号	事故类型	按事故起数(%)	按死亡人数(%)
1	坍塌	23	48
2	物体打击	30	21
3	高处坠落	23	14
4	触电	8	5
5	车辆伤害	6	4
6	起重伤害	2	1
7	机具伤害	2	1
8	火灾	2	3
9	其他伤害	4	3

我国地铁工程也曾发生个别较大、重大、特别重大安全质量事故,例如,2003年7月1日,上海地铁4号线某段旁通道施工发生严重透水、涌砂,并引起地面塌陷及建(构)筑物倾斜、倒塌,直接经济损失数亿元;2007年3月28日,北京地铁10号线苏州街站东南出入口暗挖段施工过程中,在转角处发生塌方,有6名施工工人在抢险过程中被埋身亡,并在地面形成面积约20m²、深约7m的塌坑;2008年11月15日,杭州地铁1

号线萧山湘湖站北 2 基坑施工现场发生大面积坍塌事故，共造成 21 人死亡、24 人受伤（其中 4 人重伤），直接经济损失约 4961 万元。表 1.4 是近年来国内地铁工程发生的较大及以上施工安全事故。

国内地铁工程施工安全的典型事故　　　　　　　　　　　表 1.4

事故时间	事故地点	事故类型	伤亡及直接经济损失	事件及直接原因
2003-7-1	上海地铁 4 号线	坍塌	地面塌陷及建（构）物倾斜、倒塌，直接经济损失数亿元	盾构联络通道冻结法施工中，由于减少冻结管数量及停电等原因，冻结效果不足以抵御该部位水土压力，出现涌水、涌砂，引起坍塌
2007-3-28	北京地铁 10 号线	坍塌	6 名施工工人被埋身亡，并在地面形成面积约 20m^2、深约 7m 的塌坑	苏州街站东南出入口暗挖段施工过程中，在转角处发生塌方（注：非生产安全责任事故）
2008-4-1	深圳地铁 3 号线	坍塌	3 人被埋死亡、2 人受伤	高架桥立柱模板在混凝土浇筑过程中发生坍塌
2008-11-15	杭州地铁 1 号线	坍塌	21 人死亡、24 人受伤（其中 4 人重伤），直接经济损失约 4961 万元	萧山湘湖站北 2 基坑大面积坍塌
2009-5-15	广州地铁 3 号线	中毒	3 人中毒死亡、2 人送医院	盾构机土仓内突遇来源与性质不明的有毒气体（注：非生产安全责任事故）
2012-12-31	上海地铁 12 号线	坍塌	5 人死亡、18 人受伤	金桥停车场地面检修库房在浇筑平台过程中，脚手架大面积坍塌，同时，一塔吊倾倒在平台上

（三）地铁工程安全生产管理工作发展趋势

地铁工程安全生产管理工作总的趋势是向"综合治理"和"精细管理"方向深化，解决好工程工期造价不科学的决策层问题，解决好安全生产责任不落实的管理层问题，解决好安全生产意识不够高、安全生产能力不够强等操作层问题。

（1）继续加强地铁工程安全法规标准建设。针对城市轨道交通工程安全质量管理特点出台地铁工程安全质量的行政法规，确立城市轨道交通工程周边环境调查及保护、安全质量风险评估、工程监测等制度，形成由国家标准、行业标准、地方标准和企业标准组成的系统的城市轨道交通建设工程安全质量标准体系。特别是应通过立法，建立保障合理工期、造价的制度和强制性标准，完善工期、造价的确定和调整机制，切实保障全过程、各阶段的安全质量所需的时间和费用的投入。

（2）切实加强地铁工程劳务分包市场的监管。一方面要完善目前市场上常用的劳务分包模式的政府监管和总包监管，总包单位应在分包工程施工现场设立项目管理机构和派驻相应人员，建立项目部、分包单位、作业班组等统一的安全生产管理网络，落实企业负责人、项目负责人、项目总监现场带班制度，确保危险性较大的分部分项工程施工作业点 24 小时有总包单位管理人员带班检查或带班生产；另一方面应积极探索、实践班组制的劳务工管理模式，由施工单位项目部直接组织管理具有某种专业特长且由一定人数组成的劳务班组的工人。这样，才能确保项目部的安全生产指令直接下达到作业层且得到贯彻执行，才能确保安全、质量、进度、成本等要素处于有效受控状态。

（3）切实加强地铁工程安全生产教育培训。应建立政府、建设单位、监理单位、施工单位四个层次的教育培训体系，政府应加强对施工安全教育培训实际效果的监督检查；建设单位组织针对地铁工程特点的专项安全生产教育培训，可开展施工单位、监理单位主要管理、监理人员的安全技术管理知识"准入"考核；监理单位应对监理人员进行地铁工程安全质量监理知识和技术培训；施工单位依法履行安全生产教育培训责任做好现场安全教育、安全技术交底和班前活动，让每一位作业人员、技术人员、管理人员都了解地铁工程施工现场的危险有害因素、控制措施和应急措施。只有这样，才能解决地铁工程作业人员教育不到位、安全生产基础不牢的问题。

（4）围绕施工风险的防范与控制，开展全过程的风险评估。在初步设计阶段开展风险评估，针对特殊地质条件开展专项勘察，对高风险工程进行专项设计；根据现有技术装备能力、平均技术水平等条件，明确相应的风险技术措施，并提高设计的可施工性。同时，为提升风险防范能力必须强化先进的技术措施及技术装备等投入，如引入第三方监测，采用远程监控与预警技术，配备应急抢险专业化设备装置，提高应急抢险专业化水平。

（5）大力推动地铁工程安全质量标准化建设。安全管理标准化、规范化、精细化和信息化建设是安全生产工作重要的治本之策，也是地铁工程安全生产监管工作的重要发展方向。目前我国地铁工程安全生产监督管理的法律法规、规范标准，各责任主体和监督主体的管理制度、管理方式、管理方法和技术措施，只要落实好，能有效地控制较大事故的发生。但必须做到责任体系、管理制度、现场布设、作业过程的标准化、规范化、精细化，建立科学量化的标准和可操作、易执行的作业程序，以及基于作业程序的管理工具，重细节、重基础、重具体、重落实、重质量、重效果，专注做好每一件事，在细节上把控好。这样，才能有效地控制和减少一般安全生产事故。有专家指出，如今的地铁工程建设，某种意义上是"细节"决定成败。

（6）大力推进地铁工程安全质量诚信体系建设。政府监管部门不断完善各责任主体、注册人员的不良行为记录与公示制度，建设单位对参建单位进行履约考核与评价，施工单位建立分包单位的履约与诚信考核评价制度。履约与诚信考核评价结果要与（总包、分包）招投标资格和优惠条件挂钩，实现施工现场与招标市场的"两场联动"，激励诚信、惩戒失信，切实解决好建设工程安全逆向选择退出问题，让施工现场安全管理绩效好的施工单位在投标市场中处于有利地位。这样，才能从根本上解决好施工单位主动加大安全投入的动机问题。

第三节 地铁工程安全事故致因原理

（一）事故致因综合模型

安全管理是工程管理的一个重要组成部分，遵循管理的普遍规律，服从管理的基本原理与原则。同时，由于安全管理的根本目的在于防止伤亡事故和职业病的发生，这就决定了其内容具有独自的特征,需遵从事故预防的基本原理和原则,这样才能采取预防和控制措施,防止事故发生。

一般认为,一个组织(如一个施工单位)的安全管理系统由人、机、环境和管理等要素(简称为"4M"要素)组成,这些要素相互作用与依赖。关于事故发生的规律,不同专家、学者站在不同的角度进行了研究,得出了众多事故致因理论。例如,①人的失误论,以事故频发倾向论、海因里希多米诺骨牌理论为代表,将事故责任归于人。事故频发倾向论认为个别人存在容易发生事故的、稳定的、个人的内在倾向;海因里希多米诺骨牌理论认为事故是一系列事件顺序发生的结果,最初的原因是人的本身素质。②人与物作用论,以轨迹交叉论、能量转移理论、人因系统理论为代表,轨迹交叉论认为事故是人的不安全行为、物的不安全状态这两个轨迹发展、交叉所引起;能量转移理论认为事故是过量的能量(机械能、热能、电能、化学能等)转移到人体或危险物质干扰人体能量的正常交换而引起的;人因系统理论的焦点集中于人与其工作任务之间相互关系的细节。③管理失误论,以博德的事故因果连锁论、亚当斯的事故因果连锁论、北川彻三的事故因果连锁论为代表,前两个理论则强调管理缺陷是最初的原因,后一个理论则进一步考虑社会原因、历史原因和学校教育原因。④事故多重起因理论。目前,被人们广泛接受的事故致因理论都是从系统原理出发,指出事故是系统要素的本身不良或相互匹配不当而导致的。典型的理论有事故多重起因理论、事故综合模型(图1.3)。

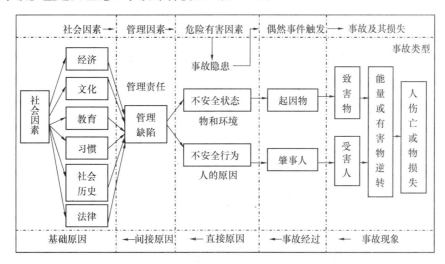

图1.3 事故致因综合模型

事故综合模型认为,事故的发生是由一个组织内部管理因素和生产中的危险因素被偶然事件触发所造成的,而这些因素又受到社会因素(经济、文化、法律、历史、习惯)等影响。事故的直接原因是作业现场人的不安全行为、物(含环境)的不安全状态,间接原因是组织(如施工单位)管理的缺陷,基础原因则在社会因素的不良影响。在生产经营活动中存在可能导致事故发生的物的不安全状态、人的不安全行为和管理上的缺陷,都是事故隐患。

(二)地铁工程安全风险机理

在地铁工程中,施工承包商的安全生产活动与政府、建设单位、保险机构、勘察设

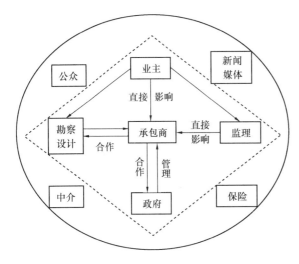

图 1.4 施工承包商的安全行为受多方行为的影响

计、监理、监测及其他行为主体密切相关。这些行为主体通过各种直接与间接的联系会从不同方面对施工承包商的施工安全活动产生影响(如图 1.4 所示)。例如,政府对安全管理的态度和行为可以通过立法、执法的形式影响到其他各方对安全的态度和行为,特别是作为政府投资工程,地铁工程的工期、造价或多或少受到政府的左右,对承包商的施工安全造成影响;建设单位在整个工程建设活动中处于主导地位,对安全的态度和行为可以通过招标、合同和履约管理等方式,直接影响承包商、监理、勘察设计等单位对安全的态度和行为;监理单位作为建设单位的代表,依据法律法规和建设单位的授权,对施工单位安全生产行为实行"审查、巡视、督促"等直接管理;勘察单位提交的勘察报告是否满足施工需要,设计单位提供的设计的可施工性如何、结构性能是否合理等都是影响施工安全的重要因素;保险公司通过调整保险费率影响承包商的成本。《地铁及地下工程建设风险管理指南》侧重从安全风险技术管理的角度,提出了地铁及地下工程风险发生机理(如图 1.5 所示)。

所以,将工程事故简单地归因于作业人员的不安全行为是不科学的,把工程事故的责任和控制事故发生的任务简单地归于施工单位也是不科学的,预防、控制工程事故需要"综合治理"。

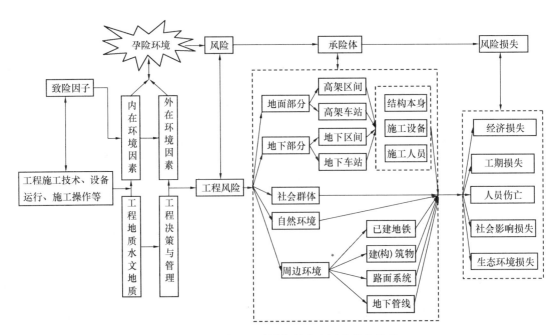

图 1.5 地铁工程建设期的安全风险发生机理

第二章 地铁工程安全生产相关法规与政策

建设工程安全事故与建设、勘察、设计、施工、监理、监测等单位的行为有着密切关系，因此，建设工程安全生产法律法规根据各方在建设工程和安全生产中的定位、作用和权利、义务，明确各方的安全生产责任，依靠强制力推行一定的安全标准。地铁工程各有关单位对地铁工程的安全都负有各自的责任，都应满足法律法规的要求，否则在违反其所承担的安全责任时，将被追究法律责任，受到法律的惩处。因此，必须认真学习、深入领会建设工程安全生产法律法规的各项规定要求，实施对地铁工程安全生产责任的自我管理和接受政府主管部门的监督管理，杜绝违法行为，确保地铁工程的生产安全。

第一节 地铁工程安全生产相关法规标准体系

我国在地铁工程安全生产中，构成了以《建筑法》和《安全生产法》为基本法律、以《建设工程安全生产管理条例》为基本法规，以及一系列地方法规、施工安全规范标准、规章制度和规范性文件组成的地铁工程安全生产法律法规体系（见表2.1）。

地铁工程安全生产相关法规标准体系　　　　表2.1

层次		法律、法规（举例）
1	法律 国际公约	刑法、劳动法、安全生产法、消防法、建筑法、突发事件应对法 职业安全和卫生及工作环境公约（第155号）、建筑业安全卫生公约（第167号）
2	行政法规	建设工程安全生产管理条例、生产安全事故报告和调查处理条例、特种设备安全监察条例、安全生产许可证条例、国务院关于特大安全事故行政责任追究的规定、民用爆炸物品管理条例、危险化学品安全管理条例、工伤保险条例、国务院关于进一步加强安全生产工作的决定、国务院关于进一步加强企业安全生产工作的通知
3	部门规章	实施工程建设强制性标准监督规定（建设部令第81号）、房屋建筑和市政基础设施工程施工分包管理办法（建设部令第124号）、建筑施工企业安全生产许可证管理规定（建设部令第128号）、建设工程质量检测管理办法（建设部令第141号）、建筑起重机械安全监督管理规定（建设部令第166号）、安全生产事故隐患排查治理暂行规定（国家安监总局令第16号）、生产安全事故应急预案管理办法（国家安监总局令第17号）
4	标准、规范	城市轨道交通地下工程建设风险管理规范　GB 50652—2011 地下铁道工程施工及验收规范　GB 50299—2003 城市轨道交通技术规范　GB 50490—2009 地铁设计规范　GB 50157—2003 城市轨道交通工程测量规范　GB 50308—2008 建筑施工高处作业安全技术规范　JGJ 80—91 施工现场临时用电安全技术规范　JGJ 46—2005 建筑施工扣件式钢管脚手架安全技术规范　JGJ 130—2011 建筑施工门式钢管脚手架安全技术规范　JGJ 128—2010 建筑拆除工程安全技术规范　JGJ 147—2004 建筑施工安全检查标准　JGJ 59—2011 建筑机械使用安全技术规程　JGJ 33—2012 龙门架及井架物料提升机安全技术规范　JGJ 88—2010 个体防护装备选用规范　GB/T 11651—2008 建设工程施工现场消防安全技术规范　GB 50720—2011

续表

层次		法律、法规（举例）
5	规范性文件	国务院办公厅关于加强城市快速轨道交通建设管理的通知（2003年9月27日国办发［2003］81号印发） 关于加强重大工程安全质量保障措施的通知（2009年12月14日发改投资［2009］3183号） 关于印发城市轨道交通工程质量安全检查指南（试行）的通知（2012年6月6日建质［2012］68号） 关于印发城市轨道交通工程周边环境调查指南的通知（2012年4月12日建质［2012］56号） 房屋市政工程安全生产重大隐患排查治理挂牌督办暂行办法（2011年10月8日建质［2011］158号） 建筑施工企业负责人及项目负责人施工现场带班暂行办法（2011年7月22日建质［2011］111号） 关于印发《城市轨道交通工程安全质量管理暂行办法》的通知（2010年1月8日建质［2010］5号印发） 关于印发《危险性较大的分部分项工程安全管理办法》的通知（2009年5月13日建质［2009］87号印发） 关于印发《建设工程高大模板支撑系统施工安全监督管理导则》的通知（建质［2009］254号） 关于印发《建筑施工企业安全生产管理机构设置及专职安全生产管理人员配备办法》的通知（2008年5月13日建质［2008］121号印发） 关于进一步加强地铁建设安全管理工作的紧急通知（2008年11月19日建质电［2008］118号印发） 关于印发《建筑施工特种作业人员管理规定》的通知（建质［2008］75号） 关于印发《建筑起重机械备案登记办法》的通知（建质［2008］76号） 关于印发《关于进一步规范房屋建筑和市政工程生产安全事故报告和调查处理工作的若干意见》的通知（建质［2007］257号） 关于印发《高危行业企业安全生产费用财务管理暂行办法》的通知（财企［2006］478号） 关于印发《关于落实建设工程安全生产监理责任的若干意见》的通知（建市［2006］248号） 关于印发《建筑工程安全生产监督管理工作导则》的通知（建质［2005］184号） 企业安全生产费用提取和使用管理办法（财企［2012］16号）关于印发《建筑工程预防高处坠落事故若干规定》和《建筑工程预防坍塌事故若干规定》的通知（建质［2003］82） 劳动防护用品配备标准（试行）（国经贸安全［2000］189号）

第二节 地铁工程安全生产监督管理格局

地铁工程是一个庞大的系统工程，安全生产必须齐抓共管、综合治理。目前，已经形成了"政府统一领导、部门依法监管、参建单位全面负责、社会广泛支持、群众参与监督"的地铁工程安全生产管理格局。

（一）政府统一领导

"政府统一领导"是指国务院和地方各级人民政府依据国家关于安全生产的法律法规，建立健全安全监管体系，对地铁工程安全生产工作进行统一的组织领导和协调管理。国务院和地方各级人民政府的安全生产委员会的主要职责是分析安全生产形势，研究、协调和解决安全生产中的重大问题，部署和组织贯彻落实党和国家、政府的安全生产方针、政策。

(二)部门依法监管

"部门依法监管"是指国务院和地方各级人民政府负有安全生产监督管理职责的部门,依法履行对地铁工程安全生产的综合监督管理和专项监督管理的职责。其中,国务院和地方各级人民政府安全生产监督管理部门依法行使安全生产综合监督管理和职业病防治监督检查等职权,指导、协调和监督、检查同级人民政府有关部门的专项安全监督工作;住房和城乡建设主管部门负责城市轨道交通工程安全质量的监督管理;公安部门负责民用爆炸物品、剧毒化学品监督管理和消防工作;技术监督部门负责特种设备安全的监督管理(房屋建筑工地和市政工程工地用起重机械、场内专用机动车辆的安装、使用的监督管理由建设行政主管部门依照有关法律、法规的规定执行);劳动保障部门负责工伤保险工作;卫生行政部门负责职业病防治的政策、标准的制定和职业病监测、专项调查;交警部门负责道路交通安全管理;交通部门负责危险化学品运输安全管理。

(三)参建单位全面负责

建设、勘察、设计、施工、监理、检测、监测及施工机具设备供应、租赁单位都是地铁工程的安全生产责任主体,依法对城市轨道交通工程的安全质量负责,并应该建立以建设单位为主导、施工单位为中心,其他参建各方密切配合、层层把关的安全质量联防联控机制。

建设单位应当执行基本建设程序,依法选择承包单位,提供满足各方安全生产基本条件所需的基础资料(气象、水文、地形地貌、地质、工程周边环境等资料)、基础资源(合理工期、造价、安全措施费和施工场地)和社会资源(建设手续、周边社区环境),并对参建单位进行统一协调管理和履约管理,在管理中严格做到"三个不得"(不得提出不符合建设工程安全生产法律、法规和强制性标准规定的要求,不得随意压缩合同约定工期,不得明示或者暗示承包单位购买、租赁、使用不符合安全要求的机械设备设施及其配件)。

勘察单位应当按照法律、法规和工程建设强制性标准进行勘察,提供的勘察文件应当真实、准确,满足工程安全生产的需要。勘察单位在勘察作业时,应当严格执行操作规程,采取措施保证各类管线、设施和周边建(构)筑物的安全。

设计单位应当按照法律、法规和工程建设强制性标准进行设计,防止因设计不合理导致生产安全事故的发生。设计单位应当对工程在其施工过程中的安全提供设计保证,积极配合施工单位及时消除设计缺陷和满足施工安全对设计变更的要求。设计单位和注册工程师等注册执业人员应当对其设计负责。

施工单位对工程项目的施工安全质量负责,总承包单位对施工现场的安全生产负总责,总承包单位和分包单位对分包工程的安全生产承担连带责任。

工程监理单位和监理工程师应当按照法律、法规和工程建设强制性标准实施监理,履行"四控两管一协调"职责,对建设工程安全生产承担监理责任。

施工现场安装、拆卸施工起重机械和整体提升脚手架、模板等自升式架设设施的安装单位必须具有相应资质。施工机具设备安装单位应当确保作业安全,出具自检合格证明,并向施工单位进行安全使用说明,办理验收签章手续。

承担为建设工程提供机械设备和配件的单位,应当按照安全施工的要求配备齐全有效的保险、限位等安全设施和装置。出租的机械设备和施工机具及配件,应当具有生产(制造)许可证、产品合格证。出租单位应当对出租的机械设备和施工机具及配件的安全性能进行检测,在签订租赁协议时,应当出具检测合格证明。禁止出租检测不合格的机械设备和施工机具及配件。

检验检测机构应当依据法律法规和国家、行业技术或安全技术标准和检验标准进行检验检测,对检测结果负责。对检测合格的施工起重机械和整体提升脚手架、模板等自升式架设设施,应当出具安全合格证明文件。

监测机构应当按照国家有关规定、标准和合同要求进行监测,并对监测结果和所编制的监测文件的质量负责。

(四) 社会广泛支持

"社会广泛支持"是指发挥社会各方面的作用,特别是重视、发挥各类协会、学会、中心等中介机构和社团组织的作用,为安全生产提供技术支持服务,构建信息、法律、技术装备、宣传教育、培训和应急救援等安全生产支撑体系。目前地铁工程常见的安全生产社会中介服务包括第三方监测、第三方检测、安全监控与风险咨询管理、安全监理等。

(五) 群众参与监督

"群众参与监督"是指在全社会形成"关爱生命、关注安全"的社会舆论氛围,形成基层工会组织的群众监督、社会社区的群众监督和新闻、媒体的舆论监督。地铁工程施工大多数位于城市人口密集城区,其安全生产、文明施工比其他生产经营活动的安全生产更易受到社会和市民的关注,更需要得到理解和支持。

第三节 法律法规关于各主体安全生产责任的规定

在建设工程活动中,建设、勘察、设计、施工、监理、监测、施工机具设备供应、租赁和检验检测等单位都是安全生产责任主体。《安全生产法》、《建设工程安全生产管理条例》等法律、法规、规章,以及《城市轨道交通工程安全质量管理暂行办法》等规范性文件,基于地铁工程各方责任主体在地铁工程建设中的地位、作用和权利,对其安全生产责任作了明确规定。任何工程、任何单位的安全管理的基本内容都必须基于法律法规要求。建设单位既要落实法律法规规定的安全生产责任,也要对其他安全生产责任主体对法律法规规定的安全生产责任的落实情况进行检查,这是建设单位安全履约管理的基本内容。

本节归纳了建设工程安全生产管理法律、法规、规章和规范性文件关于建设、勘察、设计、施工、监理、监测、检测和其他有关单位的安全生产责任。

(一) 建设单位安全生产责任

建设单位既要履行一个生产经营单位的安全生产责任,为自己的员工提供一个健康、安全的工作环境(包括工程项目现场、办公室与交通道路),保护员工的安全健康;也要履行一个建设单位的建设工程安全生产的责任,为工程其他参与各方提供满足安全生产基本条件所需要的资源与环境。建设工程安全生产包括参与单位的员工与工程的自身安全，以及受工程建设活动影响的周边区域社会人员和工程周边环境的安全。

根据《安全生产法》和《安全生产许可证条例》等法律法规，结合地铁工程建设单位员工工作环境特点，建设单位为确保其员工安全而必须提供的安全生产基本条件归纳为：建立健全安全生产责任制和管理制度，安全资金投入符合安全生产需要，设立安全管理机构或者配备专职安全生产管理人员，主要负责人和安全生产管理人员经考核合格、从业人员经安全生产教育和培训合格，依法参加工伤保险，办公场所及其安全设施设备符合有关安全生产法律、法规、标准和规程的要求，为从业人员配备符合国家标准或行业标准的劳动防护用品。

在建设工程中，建设单位确定工期造价，选择参建单位，支付工程费用。安全生产法律、法规、规章关于建设单位的工程建设安全生产责任的规定，可以归纳为四个方面：一是要求建设单位为勘察、设计、施工、监理、监测等具体承担工程项目的单位提供满足设计、施工安全要求的基本环境资料，包括提供施工现场及毗邻区域内基础资料（如工程地质和水文地质资料、工程周边环境资料、气象资料等），让其他各方认知施工现场及毗邻区域的"天"、"地"特性；二是要求建设单位为勘察、设计、施工、监理、监测等具体承担工程项目的单位提供满足安全生产基本条件所需的时间、资金和场地，包括合理确定工期、造价和安全措施费，实施前期工程（征地拆迁、绿化迁移、管线改迁和水电接驳等）为施工单位进场创造条件；三是要求建设单位为勘察、设计、施工、监理、监测等具体承担工程项目的单位提供满足安全生产基本条件所需的社会环境，包括办理施工许可、占道施工许可、安全质量监督登记等各种申请批准手续；四是要求建设单位与承包单位签订安全管理协议或在合同中明确双方安全生产管理职责，对在同一区域两个以上承包单位的安全生产实行统一协调管理（包括督促承包单位之间相互签订安全生产管理协议）。近年来，住建部《城市轨道交通工程安全质量管理暂行办法》等规范性文件和一些地方政府的规章、规范性文件，要求建设单位对参建单位进行安全质量履约管理，并建立工程安全风险管理体制和预警、响应机制。

建设单位的安全生产责任，归纳于表2.2。建设单位应在安全生产责任制中把责任分解、落实到相应部门、岗位和人员，并定期开展建设工程安全生产责任落实情况的检查、考核。检查一般由安全生产管理部门负责，可采用《城市轨道交通工程质量安全检查指南（试行）》中的"城市轨道交通工程建设单位质量安全检查评分表"（见附录）进行。

法律法规对建设单位安全生产责任的规定　　　　表2.2

序号	项目	法律、法规、规章规定	规范性文件的其他要求
1	安全质量管理机构与人员	应设置安全生产管理机构或配备专职安全管理人员	建设单位必须设置安全质量管理机构，配备与建设规模相适应的安全质量管理人员，对参建单位进行安全质量履约管理
2	安全质量责任制	应建立安全管理责任制	建设单位必须建立健全安全质量责任制
3	安全质量管理制度	应建立安全管理制度	建设单位应建立健全安全质量管理制度

续表

序号	项目	法律、法规、规章规定	规范性文件的其他要求
4	安全质量教育培训	应当对本（建设）单位从业人员进行安全生产教育和培训（岗前、换岗、"四新"教育等），应当教育和督促从业人员严格执行本单位的安全生产规章制度和安全操作规程；并向从业人员如实告知作业场所和工作岗位存在的危险因素、防范措施以及事故应急措施。教育培训合格方可上岗作业	
5	工伤保险	必须依法参加工伤社会保险，为从业人员缴纳保险费	
6	劳动防护用品	生产经营单位必须为从业人员提供符合国家标准或者行业标准的劳动防护用品，并监督、教育从业人员按照使用规则佩戴、使用	
7	作业场所安全	办公场所和安全设施设备符合有关安全生产法律、法规、标准和规程的要求，开展安全检查和隐患整改	
8	建设程序	必须严格执行基本建设程序，坚持先勘察、后设计、再施工的原则	
9	工程发包	依法应招标的工程（包括拆除工程）的勘察、设计、施工、监理、质量检测以及由建设单位负责的材料与设备供应、监测工作，应发包或委托给具有相应资质等级和能力的单位。施工总承包将专业工程分包的，应经建设单位认可。应当与承包或被委托单位依法订立书面合同（或专门的安全生产管理协议），约定各自的安全生产管理职责，明确双方的权利和义务	
10	工期造价	不得迫使投标方以低于成本的价格竞标，不得压缩合同约定的工期	应当在初步设计阶段组织开展城市轨道交通工程安全质量风险评估（含建设工期、造价对工程安全质量影响性评估）并组织专家论证。 应当科学确定勘察、设计、施工等各阶段合理的工期和造价。在施工招标前，应当组织专家对施工工期和造价进行论证，论证时应充分考虑工程的复杂程度及其周边环境拆除、迁移等对施工工期和造价的影响。专家论证报告作为招标文件编制的依据。 不得明示或暗示投标单位以低于政府指导价竞标
11	安全措施费	在编制工程概算时，应当确定建设工程安全作业环境及安全施工措施所需费用	根据《企业安全生产费用提取和使用管理办法》地铁工程安全费用提取标准不少于总价的2.0%。 在编制工程量清单时，应当将安全措施费用单列，施工单位竞标时不得删减；应当在施工合同中明确安全措施费用，以及费用预付、支付计划、使用要求及调整方式等条款；应当按合同约定及时将安全措施费用拨付施工单位。 还应当包括安全质量风险评估费、工程监测费、工程周边环境调查费及现状评估费等保障工程安全质量所需的费用
12	提供基础资料	向参建各方提供真实、准确的工程地质水文资料、自然与气象资料、工程周边环境资料等，并确保资料的真实、完整和准确	工程周边环境严重影响工程实施或因工程施工可能造成其严重损害的，应当在确定线路规划方案时尽可能予以避让。无法避让且因条件所限不能进行拆除、迁移的，应当根据设计要求和工程实际，组织开展现状评估，并将现状评估报告提供给设计、施工、监理、监测等单位。 应当在施工前组织地下管线产权单位或管理单位向施工单位进行现场交底，并形成文字记录，由各方签字盖章

续表

序号	项目	法律、法规、规章规定	规范性文件的其他要求
13	勘察设计	工程勘察设计依法发包给具有相应资质等级的单位承担,签订合同。 勘察、初步设计文件、施工图设计文件报政府主管部门审查;内容有重大修改的,报原审批机关批准后方可修改。未经审查批准的,不得使用。 组织勘察、设计交底	应当在初步设计阶段组织开展城市轨道交通工程安全质量风险评估并组织专家论证。在报送初步设计文件审查时,应当提交经专家论证的安全质量风险评估报告。 对特殊地质条件委托进行专项勘察,对风险评估确定的高风险工程委托进行专项设计。 勘察、设计文件交底应当重点说明勘察、设计文件中涉及工程安全质量的内容,并形成文字记录,由各方签字并盖章
14	办理报建手续	工程开工前,应当按规定办理安全、质量监督手续,应当按照有关规定申请领取施工许可证或者办理开工报告,应当提供危险性较大的分部分项工程清单及工程有关安全施工措施的资料。 办理爆破作业、地下管线、既有地铁站线、高速公路安全保护区控制区内作业申请手续、签订保护协议	
15	检测监测	应当委托具有相应资质的检测机构进行质量检测(见证取样检测)	应当委托工程监测单位进行第三方监测,对工程围(支)护结构关键部位及重要周边环境等进行的监测、分析,并及时采取防范措施
16	施工场地及条件		场地、水、电、交通条件满足施工要求,拆、改、移到位
17	危险性较大的分部分项工程专项方案管理		对超过一定规模的危险性较大的分部分项工程专项方案,建设单位项目负责人或技术负责人应当参加专家论证会; 方案经建设单位项目负责人签字后方可组织实施
18	隐患整治与应急管理	生产经营单位发生生产安全事故后,事故现场有关人员应当立即报告本单位负责人。单位负责人接到事故报告后,应当迅速采取有效措施,组织抢救,防止事故扩大,减少人员伤亡和财产损失,并在1小时内如实报告当地负有安全生产监督管理职责的部门,不得隐瞒不报、谎报或者拖延不报,不得故意破坏事故现场、毁灭有关证据。 生产经营单位发生重大生产安全事时,单位的主要负责人应当立即组织抢救,并不得在事故调查处理期间擅离职守	接到施工单位关于工程项目重大隐患排查治理的有关情况报告后,应积极协调勘察、设计、施工、监理、监测等单位,并在资金、人员等方面积极配合做好重大隐患排查治理工作。 接到监理单位关于施工单位对情况严重的问题拒不整改或者不停止施工的报告后,应当责令施工单位整改或停止施工;施工单位仍不整改或不停止施工的,应当向工程所在地建设主管部门报告。 要完善应急抢险机构设置,与施工单位等共同建立起与政府应急体系的联动机制。 应当编制城市轨道交通工程安全质量事故应急预案,并报工程所在地建设主管部门备案,组织定期演练。 应急抢险结束后,应当组织设计、施工等单位制定工程恢复方案,必要时经专家论证后实施

序号	项目	法律、法规、规章规定	规范性文件的其他要求
19	统一协调管理	作业场所有多个承包单位的，对承包单位的安全生产工作统一协调、管理	对对工程项目管理负总责，对参建单位进行安全质量履约管理。 建设单位的施工现场带班要求应参照《建筑施工企业负责人及项目负责人施工现场带班暂行办法》执行
		在协调管理和履约管理过程中，应做到下列"不得"： 不得明示或者暗示对勘察、设计、施工、工程监理等单位提出不符合建设工程安全生产法律、法规和强制性标准规定的要求； 不得压缩合同约定的工期； 不得明示或者暗示施工单位使用不合格的建筑材料、建筑构配件和设备；不得明示或者暗示施工单位购买、租赁、使用不符合安全施工要求的安全防护用具、机械设备、施工机具及配件、消防设施和器材； 不得修改建设工程勘察、设计文件，也不得未经原工程勘察、设计单位书面同意而委托其他工程勘察、设计单位进行修改	

（二）勘察设计、监理及其他单位安全生产责任

勘察设计、监理及设备供应、出租、安装单位、检测单位的安全生产法定责任列于表2.3中。

法律法规关于勘察设计、监理及其他有关单位安全生产责任的规定　　表 2.3

单位	法律、法规、部门规章所规定的安全责任	规范性文件的其他要求
勘察	1. 应当按照法律、法规和工程建设强制性标准进行勘察，对勘察的质量负责。 2. 在勘察作业时，应当严格执行操作规程，采取措施保证各类管线、设施和周边建筑物、构筑物的安全。 3. 提供的勘察文件应当真实、准确，满足建设工程安全生产的需要。 4. 应当在建设工程施工前，向施工单位和监理单位说明建设工程勘察意图，解释建设工程勘察文件。 5. 应当及时解决施工中出现的勘察问题	1. 应当按规定及时回填勘探孔，避免对工程施工等造成影响。 2. 进行勘察时，对尚不具备现场勘察条件的，应当书面通知建设单位，并在勘察文件中说明情况，提出合理建议。在具备现场勘察条件后，应当及时进行勘察。 3. 勘察文件应当符合符合国家规定的勘察深度要求，满足设计、施工的需要，并结合工程特点明确说明地质条件可能造成的工程风险，必要时针对特殊地质条件提出专项勘察建议
设计	1. 应当按照法律、法规和工程建设强制性标准进行设计，防止因设计不合理导致生产安全事故的发生，并对设计质量负责。 2. 应当考虑施工安全操作和防护的需要，对涉及施工安全的重点部位和环节在设计文件中注明，并对防范生产安全事故提出指导意见。 3. 采用新结构、新材料、新工艺的建设工程和特殊结构的建设工程，应当在设计中提出保障施工作业人员安全和预防生产安全事故的措施建议。 4. 应当在施工前就审查合格的施工图设计文件向施工单位和监理单位作出详细说明，说明设计意图，解释设计文件。 5. 应当及时解决施工中出现的设计问题	1. 设计文件应当符合国家规定的设计深度要求，并应根据工程周边环境的现状评估报告提出处理措施，必要时进行专项设计。 2. 施工图设计应当包括工程及其周边环境的监测要求和监测控制标准等内容。 3. 应当对安全质量风险评估确定的高风险工程的设计方案、工程周边环境的监测控制标准等组织专家论证。 4. 要加强项目实施过程中的驻场设计服务，了解现场施工情况，对施工单位发现的设计错误、遗漏或对设计文件的疑问，要及时予以解决，同时对施工安全提出具体要求和措施。要根据项目进展情况，不断优化设计方案，降低工程风险。 工程设计条件发生变化的，设计单位应当及时变更施工图设计

第三节　法律法规关于各主体安全生产责任的规定

续表

单位	法律、法规、部门规章所规定的安全责任	规范性文件的其他要求
工程监理	1. 应当审查施工组织设计中的安全技术措施或者专项施工方案是否符合工程建设强制性标准。 2. 应当按照法律、法规和工程建设强制性标准（设计文件、建设工程承包合同，代表建设单位）实施监理，并对建设工程安全生产承担监理责任。 3. 监理工程师应当按照工程监理规范的要求，采取旁站、巡视和平行检验等形式，对建设工程实施监理。 4. 在实施监理过程中，发现存在安全事故隐患的，应当要求施工单位整改；情况严重的，应当要求施工单位暂时停止施工，并及时报告建设单位。施工单位拒不整改或者不停止施工的，应当及时向有关主管部门报告	1. 应当编制包括工程安全质量监理内容的项目监理规划，对超过一定规模的危险性较大工程和风险评估确定的高风险工程编制专项安全生产监理实施细则。 2. 要发挥现场监理作用，落实安全监理巡查责任，项目总监应到现场带班检查，确保施工的关键部位、关键环节、关键工序监理到位。 3. 审查施工单位资质和安全生产许可证、项目经理、专职安全生产管理人员和特种作业人员、分包单位及相关人员资质资格情况，审核施工单位应急救援预案和安全防护措施费用使用计划； 4. 按规定需要验收的危险性较大的分部分项工程，监理单位应当组织有关人员进行验收。核查施工现场施工起重机械、整体提升脚手架、模板等自升式架设设施和安全设施的验收手续，检查安全生产费用的使用情况及施工现场各种安全标志和安全防护措施是否符合强制性标准要求。 5. 应当会同有关单位按照施工技术标准规范和有关规定进行隐蔽工程和分部分项工程验收，并对工程重要部位和环节进行施工前条件验收。 6. 应当检查施工监测点的布置和保护情况，比对、分析施工监测和第三方监测数据及巡视信息。发现异常时，及时向建设、施工单位反馈，并督促施工单位采取应对措施
设备供应	应当按照安全施工的要求配备齐全有效的保险、限位等安全设施和装置	
设备出租	应当对出租的机械设备和施工机具及配件的安全性能进行检测，在签订租赁协议时，应当出具检测合格证明。 禁止出租检测不合格的机械设备和施工机具及配件	
设备安装	安装、拆卸施工起重机械和整体提升脚手架、模板等自升式架设设施，应当编制拆装方案、制定安全施工措施，并由专业技术人员现场监督。 施工起重机械和整体提升脚手架、模板等自升式架设设施安装完毕后，安装单位应当自检，出具自检合格证明，并向施工单位进行安全使用说明，办理验收手续并签字	
工程监测、检测和安全评价、认证等	承担安全评价、认证、检测、检验的机构应当具备国家规定的资质条件，并对其作出的安全评价、认证、检测、检验的结果负责。 检测单位对检测合格的施工起重机械和整体提升脚手架、模板等自升式架设设施，应当出具安全合格证明文件，并对检测结果负责	工程监测单位必须建立健全安全质量责任制和管理制度，加强对施工现场项目监测机构的管理；应当根据勘察设计文件、安全质量风险评估报告、监测合同及有关资料编制第三方监测方案，经专家论证并经监测单位主要负责人签字后实施；应当按照第三方监测方案开展监测和巡视工作，及时向建设、监理、设计单位提供监测报告。发现异常时，立即向建设单位反馈。对工程项目的安全质量承担监测责任，应当对监测报告的真实性和准确性负责

(三)施工单位安全生产责任

在建设工程中,施工单位处于中心地位,既是常见的直接责任主体,也是常见的直接受害主体。因此,施工单位是建设工程实现安全生产要求的主要控制方面。正是基于这一认识,目前的建设工程安全生产法律法规对施工单位的安全生产责任作了较为全面、明确和严格的规定。

建设工程安全生产法律法规对施工单位的安全生产责任的规定,可以归纳为对施工单位安全生产工作的总体要求和对工程项目施工安全工作的基本要求等两大部分(分别见表2.4-1、表2.4-2)。

法律法规关于施工单位安全生产工作的总体要求　　表 2.4-1

序次	责任要点	施工单位的安全生产责任
1	依法取得资质和承揽工程	应当具备国家规定的从事建设工程活动(新建、扩建、改建和拆除)的安全生产条件,依法取得安全生产许可证
2		依法取得相应等级的资质证书,并在资质等级许可的范围内承揽工程,不得转包和违法分包。 不得以低于成本的价格竞标
3	设置管理机构和配备人员	应当设立安全生产管理机构,配备专职安全生产管理人员
4		应当选派取得相应执业资格的人员担任工程项目负责人,确定施工场地的消防安全责任人
5	建立、健全安全生产责任制	施工单位主要负责人对本单位的安全生产工作全面负责,职责包括:建立、健全本单位安全生产责任制;组织制定本单位安全生产规章制度和操作规程;保证本单位安全生产投入的有效实施;督促、检查本单位的安全生产工作,及时消除生产安全事故隐患;组织制定并实施本单位的生产安全事故应急救援预案;及时、如实报告生产安全事故,并立即组织重大安全事故抢救。此外,企业负责人应现场带班检查
6		项目负责人对建设工程各项的安全施工负责,职责包括:落实安全生产责任制度、规章制度和操作规程,确保安全生产费用的有效使用,根据工程特点制定安全施工措施,消除安全事故隐患和及时、如实报告生产安全事故等
7		专职安全生产管理人员负责对安全生产进行现场监督检查。发现安全事故隐患,应当及时向项目负责人和安全生产管理机构报告;对违章指挥、违章操作的,应当立即制止
8	建立、健全安全生产责任制	施工总承包单位对施工现场的安全生产负总责,分包单位应当服从总承包单位的安全生产管理。总承包单位依法将建设工程分包时,分包合同中应明确各自在安全生产方面的权利和义务,并对安全生产承担连带责任。分包单位不服从管理导致安全事故时,由分包单位承担主要责任
		两个以上施工单位在同一作业区域内作业,可能危及对方生产安全的,应当签订安全生产管理协议,明确各自的安全生产管理职责和应当采取的安全措施,并指定专职安全生产管理人员进行安全检查与协调
9	建立健全安全生产制度和操作规程	应当建立健全安全生产责任制度和安全教育培训制度,制定安全生产规章制度和操作规程
10		应当建立施工现场消防责任制度,制定用火、用电和使用易燃易爆材料等各项消防安全管理制度和操作规程

续表

序次	责任要点	施工单位的安全生产责任
11	确保安全费用的投入和使用	应当保证本单位安全生产条件所需资金和投入
12		应当将列入工程概算的安全作业环境和安全施工措施所需费用,用于施工安全防护用品及设施的采购和更新、安全施工措施的落实和安全生产条件的改善,不得挪作他用
13		应当向作业人员提供安全防护的用具和服装
14	对管理和作业人员实行安全教育培训和考核持证上岗	施工单位的主要负责人、项目负责人和专职安全人员应当经建设行政主管部门或其他有关部门考核合格后,方可任职
15		作业人员进入新的岗位或者新的施工现场前,应当接受安全生产教育培训,具备必要的安全生产知识,熟悉有关的安全生产规章制度和安全操作规程,掌握本岗位的安全操作技能。未经教育培训或者教育培训考核不合格的人员,不得上岗作业
16		应当对管理人员和作业人员等每年至少进行一次安全教育培训,培训考核不合格人员不得上岗。安全教育培训应当记入个人工作档案
17		在采用新技术、新工艺、新设备、新材料时,应当对作业人员进行相应的安全生产教育培训
18		特种作业人员(垂直运输机械作业人员、电工、建筑架子工、安装拆卸工、爆破作业人员、登高架设作业人员和起重司机、信号司索工,省级政府建设主管部门认定的其他作业)必须按照国家有关规定经过安全作业培训并取得特种作业操作证书后,方可上岗作业
19	对使用安全护品和施工机具设备的安全管理	采购、租赁的安全防护用具、机械设备、施工机具及配件,应当具有生产(制造)许可证和产品合格证,并应在进场前进行查验。机具必须由专人管理,定期进行检查、维修和保养,建立相应的资料档案和按国家有关规定及时报废。 在使用施工起重机械和自升式架设设施前,应当组织有关单位进行验收,也可委托有相应资质的检测机构进行验收或检验合格后进行验收
20		应当在有较大危险因素的设施、设备上,设置明显的安全警示标志
21	办理工伤保险和意外伤害保险	施工单位应当为施工人员办理工伤保险。 施工单位应当为施工现场从事危险作业的人员办理意外伤害保险,保险费用施工单位支付,意外伤害保险期限自建工程开工之日起,至竣工验收合格止
		行总承包的,由总承包单位支付意外伤害保险费用
22	安全检查	应对承担的建设工程进行定期和专项安全检查,并做好安全检查记录
23	应急管理	应当制定本单位生产安全事故应急救援预案
24		应当建立应急救援组织或者配备应急救援人员,并定期组织演练
25		配备必要的应急救援器材、设备,并进行经常性维护、保养,保证正常运转
26		单位负责人接到事故报告后,应当迅速采取有效措施,组织抢救,并按照国家有关规定立即如实报告当地负责安全生产监督管理的部门、建设行政主管部门或者其他有关部门(如特种设备安全监督管理部门)。实行施工总承包的建设工程,由总承包单位负责上报事故

法律法规关于项目施工安全工作的基本要求　　表 2.4-2

序次	责任要点	施工单位的安全生产责任
27	规范行为	应当按照合同约定的工期要求编制合理的施工进度计划,不得盲目抢进度、赶工期

续表

序次	责任要点	施工单位的安全生产责任
28	编制安全措施和专项方案	应当在施工组织设计中编制安全技术措施和施工现场临时用电方案
29		对下列达到一定规模的危险性较大的分部分项工程应编制专项施工方案,并附具安全验算结果,经施工单位技术负责人、总监理工程师签字后实施:①基坑支护与降水工程;②土方开挖工程;③模板工程;④起重吊装工程;⑤脚手架工程;⑥拆除、爆破工程;⑦国务院建设行政主管部门或其他有关部门规定的危险性较大的工程。其中涉及深基坑、地下暗挖工程、高大模板工程的专项施工方案,施工单位还应组织专家进行论证、审查。(具体规定见《危险性较大的分部分项工程安全管理办法》)
30	进行安全技术交底	工程施工前,负责项目管理的技术人员应将有关安全施工的技术要求,向作业班组和作业人员作详细说明,并由双方签字确认
31	创建安全、文明和人本化施工现场	在城市市区内的建设工程,应当对施工现场实行封闭围挡
32		应当遵守有关环境保护的法律、法规规定,采取措施防止或减少施工现场粉尘、废气、废水、固体废物、噪声、震动、施工照明对人的危害及环境的污染
33		应当将施工现场的办公、生活区与作业区分开设置,并保持安全距离。办公、生活区的选址应符合安全要求,职工的膳食、饮水、休息场所等应符合卫生标准
34		施工现场临时搭建的建筑物应符合安全使用要求,设置的装配式活动房屋应具有产品合格证。 不得在尚未竣工的建筑物内设置员工集体宿舍
35		应在施工现场设置消防用通道、水源设施和灭火器材,并在现场入口处设置明显标志
36		应当在施工现场入口处、施工起重机械、临时用电设施、脚手架、出入口通道、楼梯口、电梯井口、孔洞口、基坑边沿以及桥两л、隧道口、爆破物品、有害气体和液体存放等有危险部位,设置明显安全警示标志。安全警示标志必须符合国家规定
37		应当根据不同施工阶段、周围环境及季节、气候的变化,在施工现场采取相应的安全措施
38		暂时停止施工时,应当做好现场保护,所需费用由责任方承担或按合同约定执行
39		应当对因施工可能造成损害的毗邻建筑物、构筑物和地下管线等,采取专项保护措施。施工前对地下管线等工程周边环境进行核查,指定专人保护施工现场地下管线及地下构筑物等
40		应当对工程支护结构、围岩以及工程周边环境等进行施工监测、安全巡视和综合分析,及时向设计、监理单位反馈监测数据和巡视信息。发现异常时,及时通知建设、设计、监理等单位,并采取应对措施。施工监测方案经监理单位审查后方可实施
41	起重机械和架设设施验收	应当自施工起重机械和自升式架设设施验收之日起30日内,向建设行政主管部门或其他有关部门登记。登记标志应当置于或附着于该设备的显著位置
42	安全作业	作业人员应当遵守安全施工的强制性标准、规章制度和操作规程,正确使用安全防护用品、机械设备等
43		作业人员有权对施工现场的作业条件、作业程序和作业方式中存在的问题提出批评、检举和控告,有权拒绝违章指挥和强令冒险作业
44		作业人员在施工中发生危及人身安全的紧急情况时,有权立即停止作业或者在采取必要的应急措施后撤离危险区域

第三章　建设单位安全管理策略

地铁工程具有工程环境复杂、参与单位多、工程难度大、技术要求高、规模大工期长、对环境影响控制要求高等特点，是一项相当复杂的高风险性系统工程，一旦发生工程事故，将造成重大的人员伤亡和财产损失，影响工程进度，并给社会造成不良影响。所以，在地铁工程建设过程中，各方应履行安全生产责任，加强工程安全管理。作为在地铁工程处于主导地位的建设单位，应认真研究和采取合适的安全管理策略。只有这样，才能构建以建设单位为主导、施工单位为中心，参建各方各司其职，各负其责，协同配合，层层把关的地铁建设工程安全质量联防联控机制。

第一节　建设单位安全管理策略

（一）建设单位安全管理的指导思想

地铁工程与其他建设工程一样，安全管理必须以党和国家的"科学发展、安全发展"战略和"安全第一、预防为主、综合治理"方针作为总体指导思想。地铁工程的发展要以人为本，保护环境。同时，作为政府投资工程，地铁工程承担了很大的社会责任，除成本外，应该更多地考虑对于社会、环境和文化等方面的影响。因此，地铁工程很有必要采用更为严格的安全标准、更高比例的安全投入等措施来强调安全生产的重要性，更好地保障安全生产，为社会投资工程起到示范作用。在目前没有专门针对地铁工程的安全管理法规和标准的情况下，地铁工程建设单位可以通过合同（含招标文件）对承包商的安全管理提出更为严格的安全要求。

在工程的总体目标设置、规划、可研、勘察、设计、施工等全过程中，必须符合如下环保、安全的基本要求：

（1）贯彻绿色经济理念，应用环保、清洁生产工艺等环境友好型技术、装备，并通过有益于环境或与环境无对抗的建设行为，实现工程与环境和谐。

（2）贯彻循环经济理念，通过"减量化、再利用、再循环"，充分和节约利用资源，努力实现废弃材料的循环使用，力争污染低排放，甚至污染零排放。

（3）贯彻以人为本的理念，在管理过程中以人为出发点，保证工程期间建设人员和社会人员的安全、健康，保护基层管理人员、作业人员和周边社区居民的切身利益。

（4）贯彻预防为主的理念，把一个工程、一项作业、一项活动的安全管理的关口前移，超前防范，建立预测、预报、预警、预防的递进式、立体化事故隐患预防体系。

（5）贯彻综合治理的理念，应用系统管理的原理、方法，实现建设过程各阶段集成、各责任主体的集成，合同、经济、文化和科技等安全管理手段的集成（综合运用），把安全第一、预防为主落到实处。

(二）建设单位安全管理的基本策略

根据现代安全管理的系统性原理，良好的安全管理应该是一种全员参与和全过程的管理。与地铁工程安全相关的各个责任主体、监督主体，包括政府（部门）和建设、勘察、设计、施工、监理、监测以及其他相关单位，都应该在各自工作中充分考虑安全问题，进行安全监督、管理，履行好《建设工程安全生产管理条例》等法律法规规定的责任。建设单位应对勘察设计、监理、施工、监测和其他相关合同单位进行合同履约管理和综合协调管理。

建设工程的绝大多数事故发生在施工现场，施工承包商既是直接责任主体，也是直接受害主体，因而是建设工程安全管理的中心，也是建设单位安全管理的着眼点。一切影响施工单位安全管理行为的外部因素都必须通过施工承包商的内部因素才能起作用。因此，建设单位安全管理的策略应该是建立在能够规范施工单位安全行为的基础之上，即通过采取综合性、系统性对策，营造一种"规则约束、竞争压力"并存的环境，促使和帮助施工承包商"自我规管"，采取适当的管理制度和管理措施来预防事故的发生。这种综合性、系统性的对策，也包括在规划、工可、勘察、设计阶段充分考虑施工安全的需要，相应的责任主体都应营造一种为施工安全着想、为施工单位服务的文化氛围。

由于工程监理单位是受建设单位委托，依据法律、法规及有关的技术标准、设计文件和工程承包合同、委托监理合同，代表建设单位对工程承包单位实施监理，并对建设工程安全生产承担监理责任，因此，建设单位的主要工作对象是监理单位。

为此，需要做好如下几个方面的工作：

（1）建立可以科学评价承包商安全水平的标准，开展履约与信誉评价，并将这种标准和评价结果通过适当的机制引入到工程招投标的评判准则之中，实现施工现场和招标市场的"两场联动"，解决好建设工程安全逆向选择退出问题，让施工现场安全管理绩效好的施工、监理等单位在投标市场中处于有利地位。参建单位素质要从招标阶段来抓起。

（2）通过合同约定，发挥建设单位的主导作用，全过程主导安全管理方向，全面掌控，约束和规范其他参建各方的行为，去影响承包商的安全管理行为。通过合同委托监理单位对工程施工安全管理实行具体的、直接的全面监督管理和控制，规定其"审核、督促、检查"的安全监理职责，信任、支持与督促、检查监理单位履行好职责、发挥好作用；通过合同，进一步约定施工单位在安全生产法定责任之上的其他行为要求。

（3）以现场安全绩效表现去评价工程安全管理策略、计划实施的有效性，以现场指标去考核、量度工程参与各方的安全绩效表现，全面推动参建各方在安全方面的共同发展。

（三）建设单位安全管理的集成化

建设单位安全管理的主导作用可通过综合协调、集成化管理发挥出来。这种集成化管理包括如下几个方面：

1. 工程安全管理各个阶段的集成

地铁工程建设风险涉及规划、工可、勘察、设计、施工、监测等阶段和环节。以确保施工阶段安全为主要目标,将地铁工程的整个生命期,包括规划、可行性研究、勘察与设计、招标投标与合同签订、施工等阶段等综合起来,通过良好风险管理方案,对每一阶段的安全风险进行充分辨识、分析、评估和控制。风险控制及防范的关键是技术风险控制和防范,源头是在初步勘察、设计阶段,应明确相应的风险技术措施。实际控制则在施工阶段和监测环节,必须强化先进的技术措施、管理措施的落实和先进的技术装备、管理方法的运用。

2. 工程安全管理各方主体的集成

通过工程项目全过程安全生产目标设计、安全管理组织体系的建立和合同策划,将建设单位(业主)、勘察设计、施工、监理、监测、检测单位和材料设备供应商等组合成一个整体,消除项目组织责任的盲区和项目参与者的短期行为,使整个工程项目组织无障碍沟通和合作,形成一个以建设单位主导、施工单位为着力点(中心),参建各方各司其责、密切配合,齐抓共管的建设工程安全生产联防联控机制。在这个运作机制里,建设单位搭建安全生产组织架构,制定安全生产管控措施,提供安全管理策略和指导,把控全局;监理单位负责现场监管,监控现场;设计单位提供安全技术保障,其他专业技术、咨询机构提供专业安全技术服务,以求高风险项目的安全技术可靠;施工单位严格落实现场安全策略和安全生产管控措施,实现设计意图。但是,应该指出,建设单位对勘察设计、监理、施工、监测和其他相关合同单位的管理是合同履约管理和综合协调管理。建设单位的主要工作对象是监理单位,对监理履行监理合同的安全监理行为实行"监督、检查、督促、建议、咨询"等,通过监理单位直接对承包商实行"审核、督促、检查";同时,对承包商施工现场进行抽检巡查,作为监督、评估监理行为及其效果的途径、手段和方法。图 3.1 是地铁工程安全监督管理基本架构。

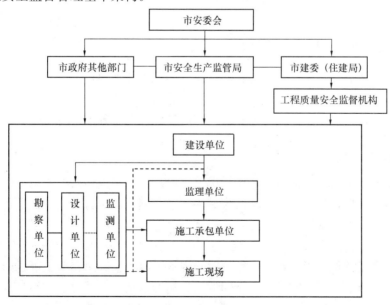

图 3.1 地铁工程安全监督管理基本架构

在地铁工程中,界面管理是建设单位综合管理的重要内容。地铁工程存在四类界面,分别是过程界面（工程各阶段之间的界面）、工程技术界面（各专业之间的界面，由专业交叉产生）、组织界面（不同参建单位之间的界面，同一单位不同管理部门之间的界面）和地铁系统与周边环境之间的界面。这些界面具有复杂性、不确定性、风险性以及容易出现责任盲区等特点，往往是系统比较薄弱的环节。其中技术界面管理是重点，组织界面管理是难点。建设单位要通过界面管理对地铁工程安全生产统一协调管理，要通过招标策划和合同策划，对各方的工作流程、管理流程、相互约束关系、责任权利等予以明确，解决好建设单位与设计、监理、施工等具有合同关系的单位之间的组织界面，以及监理、设计、施工等没有合同关系的单位之间的组织界面管理问题，明确工作流程、管理流程、相互约束关系、责任权利等。建设单位还可以通过工程项目的计划和控制系统进行协调，通过构建各参加者共同工作平台，包括编制统一的项目管理手册，采用 PIP（项目信息门户）等，进行信息沟通。对于土建与设备安装、装修，及土建与土建，设备与设备之间的施工组织界面，不仅要明确工作流程、管理流程、相互约束关系、责任权利等，还要明确工程界面和地域界面。

3. 工程建设管理各种职能的集成

以项目分解结构（PBS）为主线将工程项目的投资管理、进度管理、质量管理、安全管理、合同管理、资源管理、招标管理和组织管理等贯通起来，实现建设单位各职能部门的职能集成，全面履行建设单位安全生产法定责任和社会责任。通过各级领导、管理人员（现场业主代表）的安全生产"一岗双责"，即管规划的同时管安全，管可研的同时管安全，管勘察设计的同时管安全，管招投标的同时管安全，管合同的同时管安全，管预算的同时管安全，管工程支付的同时管安全，管工程同时管安全等等，把工程安全管理与其他管理有机地结合起来，将安全要求体现在和实现在工程管理的各个环节、各个部分上。

4. 工程安全管理各种手段的集成

建设单位应依靠合同、经济、文化和科技等四种手段来规范地铁工程其他参建各方的行为。

（1）合同手段：依靠法律效力在满足现有法规标准的基础上推行更高的安全要求，并对达不到法规标准和合同其他要求的行为主体硬性违约处理，从而产生威慑作用，保证安全的必须限度。

（2）经济手段：通过招标时实行优质优价，可在概算中设定安全质量创优基金资助施工现场安全奖励计划，从而保证安全管理成为一种有利可图的行为，使得承包商出于自利的动机而愿意进行安全管理。

（3）文化手段：通过各级管理人员（包括现场业主代表）的言行表明建设单位把安全、质量同等重视并优先于成本、工期，对于因拆、改、移、工程变更等原因（包括不可抗力等因素）造成实际工期明显少于合同约定工期的顺延工程并给予适当补偿等，对于合同未能预见的重大施工技术措施所需费用组织专家审查并实事求是地予以解决，同时向各参建单位及时提供法规宣传、专题教育与专业培训、专业咨询与服务，召开安全会议研究解决安全重点难点问题，组织现场观摩和信息交流，从而让参建各方强烈感受到地铁工程

"关注生命，关注安全"的文化氛围。

（4）科技手段：包括组织、鼓励开展工程安全技术研究、创新，推广成熟的"四新"技术和其他有利于确保施工安全的技术，推广应用安全视频监控和实时监测技术，积极鼓励采用职业健康安全管理体系、风险管理体系、安全文化建设与行为安全管理等先进的安全管理模式、方法。此外，根据《危险性较大的分部分项工程安全管理办法》（建质【2009】87号），对超过一定规模的危险性较大分部分项工程专项方案，建设单位项目负责人或技术负责人参加专家论证会，并在方案上签字。

第二节 地铁工程安全管理基本要素与运行模式

（一）职业健康安全管理体系的基本要素与运行模式

安全管理就是利用计划、组织、指挥、协调和控制等管理职能，在制度、组织、技术和教育等方面采取综合措施，组织和使用好人力、物力和财力等各种物质资源，控制人、物、环境的不安全因素，避免发生伤亡事故和职业病，确保施工作业能安全、高效地完成。为此，首先应建立一个科学的工程项目安全生产管理模式，简洁、明确地反映安全管理的规律、要素及其关系，以及安全管理工作程序。

职业健康安全管理体系是国际上目前比较先进的职业健康安全管理模式，是一套系统化、程序化、文件化和具有高度自我约束、自我完善机制的科学管理体系，是在满足法律法规要求基础上更高水平的现代安全管理，有利于促进一个组织（企业、工程项目等）主动、积极地建立安全生产自我约束机制和自我激励机制。目前国际上比较流行的职业健康安全管理体系有：国际劳工组织制订的ILO-OSH2001、英国BSI等13个国家标准化组织和国际认证机构联合制订的《职业健康安全管理体系规范》（OHSAS18001：1999），以及以OHSAS18001为基础的我国《职业健康安全管理体系规范》（GB/T28001－2001）。这些规范在PDCA概念基础上结合安全管理活动的特点，提出了基本相似的安全管理体系运行模式，其核心都是建立一个动态循环的管理过程（PDCA），以持续改进的思想指导一个组织系统地实现其既定的目标。

OHSAS18001或GB/T28001规范要求一个组织主要应做到以下三个方面：

（1）对遵守法律、法规和其他要求作出承诺，即符合与组织有关的法律、法规和强制性标准是遵照标准的基本要求；

（2）对职业健康安全管理体系的持续改进作出承诺，即一个组织建立的职业健康安全管理体系是一个动态的、自我调整和自我完善的管理模式，通过周而复始地进行"计划、实施、监督、评审"活动，使体系功能不断加强和完善，从而达到一个组织的职业健康安全管理体系的持续改进；

（3）将企业职业安全卫生管理中的计划、组织、实施和检查、监控等活动集中、归纳、分解和转化为一套文件化的目标、程序和作业文件，通过执行相关文件及控制程序，最终实施预防和控制伤亡事故和职业病的目标。

OHSAS18001、GB/T28001规范提出的职业健康安全管理体系有5个一级要素，即职业安全卫生方针、计划、实施与运行、检查与纠正措施和管理评审，每个一级要素又分解成若干小要素（见图 3.2）。OHSAS18001、GB/T28001 规范对每个小要素均进行了具体描述。

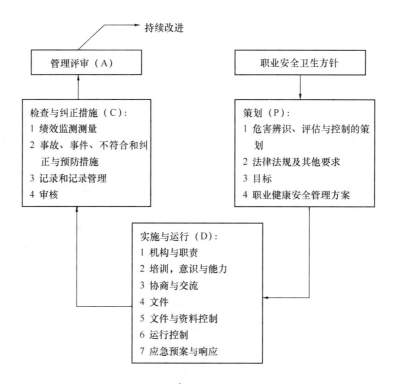

图 3.2　OHSAS18001(GB/T 28001)的要素与运行模式

职业健康安全管理体系 OHSAS18001 或 GB/T28001 与质量管理体系 ISO9000、环境管理体系 ISO14000 都是一个组织全面管理的重要组成部分。虽然三者侧重点不同（职业健康安全管理体系针对组织的职业健康安全的管理，质量管理体系侧重对组织的产品质量的管理，环境管理体系强调对组织的环境因素的管理），但三者具有以下共同点：

(1) 遵循相同的管理模式（即 PDCA 模式）；
(2) 承诺、方针和目标的兼容性；
(3) 框架结构和要素内容相似；
(4) 通过 PDCA 模式实现可持续改进；
(5) 都要求建立文件体系，依靠文件实施管理；
(6) 强调过程控制和生产现场，强调预防为主的思想。

（二）地铁工程安全技术风险管理

策划阶段的危害（风险）辨识、评估与控制是建立职业健康安全管理体系的重要工作内容，建立动态的安全风险预测与控制机制，采取风险管理进行主动性、事前性的安全管理，是确保安全的有效方法。地铁工程以地下为主，穿行于城市交通要道和人口密集区，不断向"深、大、险"发展，工程地质与水文地质、工程周边环境复杂多变，具有隐蔽性、不确定性，导致施工机械设备、技术方案和工法，以及工程建设的决策、管理和组织方案也较一般的工程项目复杂，安全管理面对的不确定性因素较多。因此，在地铁工程安全管理中，一个重要方法是风险管理，即对风险进行辨识、分析、评价，并在此基础上采取相应的管理措施和技术措施。因此，地铁工程安全技术风险管理十分重要，成为工程安全管理极其关键的组成部分。

在本世纪初期，国外一些发达国家和隧道工程界为降低隧道及其他地下工程建设中的事故及其损失，编撰了隧道及地下工程的风险管理准则、规范或作业手册，如 Guidelines for Tunnelling Risk Management（ITA，2004）；The Joint Code of Practice for Risk Management of Tunnel Works；Risk Management Process Manual（New Zealand，TNZ，2004），并开展了全过程风险管理，取得了良好效果。为了规范我国地铁及地下工程建设风险管理，提高工程建设的安全质量水平，最大限度地减少因安全事故引发的人员伤亡、经济损失和环境影响，建设部 2007 年 11 月 5 日发布了《关于印发＜地铁及地下工程建设风险管理指南＞（试行）的通知》（建质［2007］254 号），2011 年 2 月 18 日发布了《城市轨道交通地下工程建设风险管理规范》GB5 0652—2011，要求地铁工程实施全过程的建设风险管理。

《城市轨道交通地下工程建设风险管理规范》明确了工程风险管理的概念、内容、流程和风险分级标准，以及规划、可行性研究、勘察与设计、招投标、施工直至竣工验收等各阶段的（技术）风险管理的目标、内容、实施主体及其责任、实施方法等。

1. 安全风险定义与管理流程

（1）安全风险定义。风险是指在一定条件下和一定时期内可能发生的各种结果的变动程度。按照国际标准化组织的定义，（安全）风险是衡量危险性的指标，它是某一有害事故发生的可能性（概率或频率）与事故后果（人员伤亡、环境影响、经济损失、工期损失、社会影响等）的组合。组合中最简单也是应用最多的是"相乘"。

地铁工程安全风险包括工程自身风险和周边环境安全风险两大类。工程自身风险是指由于工程结构自身的难度而导致工程实施过程中可能出现的安全风险；周边环境安全风险是地铁施工可能给工程周边环境造成的安全风险，以及由于周边环境中结构物的原因可能给地铁工程造成的安全风险。

地铁工程安全风险主要源于工程建设的工程地质与水文地质等自然条件的复杂性，工程建设周边环境的复杂性，工程建设中机械设备、技术人员和技术方案的复杂性，工程建设的决策、管理和组织方案的复杂性。地铁工程建设期的安全风险发生机理如图 1.3 所示。

（2）安全风险管理流程。工程风险管理是指在工程项目实施的各个阶段，建设、勘察、设计、施工、监理、监测、咨询和工程建设其他参与单位依据项目自身特点选用合理的风险管理方法，建立风险动态预测和控制机制，通过风险界定、风险辨识、风险估计、风险评价和风险决策，优化组合各种风险管理技术，对工程实施有效风险控制（包括进行风险交代、设立风险控制点、设立安全责任区等）和效果评价、持续改进的全过程。风险管理的流程如图 3.3 所示。

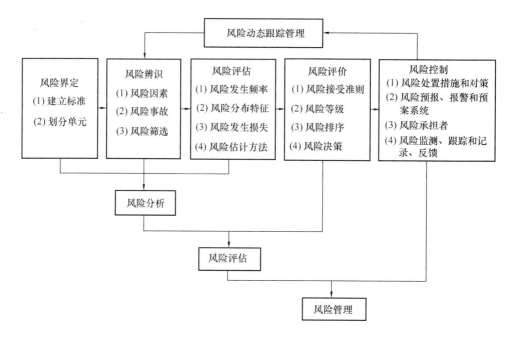

图 3.3　工程风险管理流程

2. 安全风险管理的内容

（1）风险管理的目标。在安全可靠、经济合理、技术可行的前提下，将地铁工程建设期间潜在的各类风险降到尽可能低的水平，以获得最大程度的建设安全与优质的工程质量，控制建设工程投资，保障工程建设工期。

（2）风险管理的范围。风险管理的范围可归纳为两部分，一是工程本身及其人员面临的风险，包括工程自身可能出现的经济损失、工期变化等风险和建设相关人员的安全和健康风险；二是对周边环境和人员可能造成的风险，包括对工程周边环境、周围区域环境损坏的风险和对第三方人员的伤害风险。

（3）风险界定。风险界定是指建立工程安全风险管理分级标准、划分风险评估单元的过程。

风险分级标准包括风险事故发生概率的等级标准和风险事故发生的损失等级标准。根据不同的风险概率等级和风险损失等级（表 3.1），建立风险分级评价矩阵（表 3.2）。同时，要建立风险接受准则，确定相应的控制对策（表 3.3）。

风险损失等级标准　　表 3.1

损失后果		风险损失				
		A. 灾难性	B. 非常严重	C. 严重	D. 需考虑	E. 可忽略
人员伤亡	工程	死亡（含失踪）10人以上	死亡3~9人或重伤10人以上	死亡1~2人或重伤2~9人	重伤1人或轻伤2~10人	轻伤1人
	第三方	死亡（含失踪）1人以上	重伤2~9人	重伤1人	轻伤2~10人	轻伤1人

续表

损失后果		风险损失				
		A. 灾难性	B. 非常严重	C. 严重	D. 需考虑	E. 可忽略
经济损失	工程	1000万以上	500~1000万	100~500万	50~100万	50万以下
	第三方	200万以上	100~200万	50~100万	10~50万	10万以下

风险评价矩阵　　　　　　　　　　　　　表 3.2

风　险		风险损失				
		A. 灾难性	B. 非常严重	C. 严重	D. 需考虑	E. 可忽略
发生概率或频率	频繁的 $P \geqslant 10\%$	Ⅰ级	Ⅰ级	Ⅰ级	Ⅱ级	Ⅲ级
	可能的 $1\% \leqslant P < 10\%$	Ⅰ级	Ⅰ级	Ⅱ级	Ⅲ级	Ⅲ级
	偶尔的 $0.1\% \leqslant P < 1\%$	Ⅰ级	Ⅱ级	Ⅲ级	Ⅲ级	Ⅳ级
	罕见的 $0.01\% \leqslant P < 0.1\%$	Ⅱ级	Ⅲ级	Ⅲ级	Ⅳ级	Ⅳ级
	不可能的 $P < 0.01\%$	Ⅲ级	Ⅲ级	Ⅳ级	Ⅳ级	Ⅳ级

风险接受准则　　　　　　　　　　　　　表 3.3

等级	接受准则	处置原则	控制方法	应对单位
Ⅳ级	可忽略的	可实施风险管理	可开展日常审视检查	工程建设各方
Ⅲ级	可接受的	宜实施风险管理，可采取风险处置措施	宜加强日常管理与监测	
Ⅱ级	不愿接受的	应实施风险管理降低风险，且风险降低所需成本不应高于风险发生后的损失	应实施风险防范与监测，制定风险处置措施	政府主管部门、工程建设各方
Ⅰ级	不可接受的	必须采取风险控制措施降低风险，至少应将风险降低至可接受或不愿接受的水平	应编制风险预警与应急处置方案，或进行方案修正或调整等	

在实际工程风险管理中，工程自身风险分级根据不良地质条件、基坑深度、工程结构特性（地下结构层数、跨度、断面形式、覆土厚度、开挖方法）等因素进行。周边环境安全风险分级以周边环境与地铁地下结构的接近度、工程影响区范围及与环境设施的关系、环境设施自身的重要性及特点、地铁地下结构的工法特点等为基本分级的重点考虑因素。建设单位可组织专家，利用头脑风暴法等评价方法，确定工程自身风险分级、周边环境安全风险分级标准。

（4）风险辨识。调查工程建设中潜在的风险类型、事故发生的地点、时间及原因，并进行系统的筛选、分类，编制风险辨识报告。主要包括以下四个方面：

① 风险因素分析。系统分析工程基本资料，对工程建设的目标、阶段、活动和周边环境中存在的各种安全风险因素进行分析。

② 建立初步识别清单。利用风险调研表或检查表建立初步风险识别清单，清单中明确列出客观存在的和潜在的各种安全风险。

③ 确定风险事故。根据风险清单中整理的风险因素，分析与其相关联的各种潜在的损失或影响，明确工程风险事故及其发生的原因。

④ 风险筛选分类。根据风险识别的结果对工程安全风险进行二次识别，整理并筛选与工程活动直接相关的各类风险，删除其中对工程活动影响极小的风险因素及事故，并进行进一步识别分析，确定是否有遗漏的风险点。

在风险识别和筛选的基础上，根据建设参与各方的具体要求，结合工程特点和需要，以表单形式给出详细的风险点，列出所有工程安全风险清单，这是风险辨识的成果。

（5）风险估计与评价。风险估计是指对工程风险发生的可能性和不良后果进行定性、半定量或定量估算，确定风险清单中每一风险的发生的概率、发生后果的大小，以及风险发生的分布特性。风险评价是指根据制定的工程安全风险分级标准和接受准则，对工程安全风险进行等级分析、危害性评定和风险排序。工程安全风险评价的结果是对各安全风险事件的严重程度进行排序。

（6）风险应对策略。为降低工程风险损失，采取处置对策、技术方案或措施，一般包括：风险控制（消除、降低）、风险转移和风险自留等。

① 风险控制。指采取有效手段和方法，通过事先控制或事后应急方案使风险不发生或一旦发生后使损失额最小，这是一种积极的风险处理手段。控制方案包括预控方案和应急方案。

② 风险转移。风险转移是将项目可能发生的风险通过保险或合同方式转移给第三方。对于一些无法排除的风险，如常见的工程损坏、人身伤亡、机械设备的损坏等，可通过购买保险的方法来解决，当风险发生时由保险公司承担全部损失或部分损失；项目的其他风险可在签订合同中将部分风险损失转移给合同承担方。

③ 风险自留。风险自留是一种风险处置的财务对策，即将可能的风险损失留给拟建项目自己承担，这种方式主要适用于已知有风险存在，但可获高利润回报且甘愿冒险的项目，或者风险损失较小，可以自行承担风险的项目。

（7）风险应对策略的实施与跟进。在工程项目的实施过程中，需建立风险监控和预警系统，不断地跟踪检查各项风险应对策略的执行情况，并评价各种风险对策的执行效果；同时发现新的风险因素，修改和完善风险应对策略。

3. 安全风险分析的基本方法

要对工程进行安全风险分析，首先要依赖于安全风险分析技术。风险分析有很多种方法，常用的安全风险分析技术及其分析目标、方法特点、适用范围、应用条件和优缺点列于表 3.4。选用方法时应根据对象的特点、具体条件和需要，以及评价方法的特点选用一种或若干种。《城市轨道交通地下工程建设风险管理规范》推荐检查表法和专家调查法（包括德尔菲法、专家评议法等）。

常用安全风险分析方法　　表 3.4

分析方法	分析目标	类别	方法特点	适用范围	应用条件	优缺点
安全检查表	风险因素、风险等级	定性定量	按事先编制的有标准要求的检查表逐项检查，按规定评分标准赋分，评定风险等级	工程设计、验收、运行、管理、事故调查等	有事先编制的各类检查表（有评分、评级标准）	简便、易于掌握，但编制检查表难度及工作量大

续表

分析方法	分析目标	类别	方法特点	适用范围	应用条件	优缺点
专家评议法	风险及其分级	定性	专家共同讨论，并将专家意见运用逻辑推理方法进行综合、归纳，形成结论	难以借助精确分析技术但可依靠集体经验进行风险分析。问题庞大，专家代表不同的专业并没有交流历史	类似工程具有类比性	简单易行，但专家应理论造诣较深、实践经验丰富
德尔菲法		定性				
层次分析法（AHP）	方案优选（排序）	定性	把问题分解为不同的组成要素，并按照因素间的相互关系、影响以及隶属关系将因素按不同层次聚集组合，形成一个多层次的分析结构模型，并最终把系统分析归结为最低层（供决策的方案措施等）相对于最高层的相对重要性权值的确定或相对优次序的排序问题	难以完全用定量来分析的复杂问题	决策问题已有大体确定的方案	简洁、实用。但人的主观判断、选择和偏好对结果的影响极大，决策的主观成分很大
工程类比法	风险分级	定性	利用周边区域的类似工程（作业）建设经验或风险事故资料对待评估工程（作业）进行分析（类推）	评价工程、作业条件	类比工程、作业场所具有可比性	简便易行，但需要类似工程数据积累
预先危险分析（PHA）	危险有害因素分级安全等级	定性	讨论分析系统存在的危险、有害因素、触发条件、事故类型，评定危险等级	工程设计、施工、生产、维修前的概略分析和评价	分析评价人员熟悉工程，有丰富的知识和经验	简便易行，但受分析评价人员主观因素影响
故障类型和影响分析（FMEA）	故障原因、影响程度等级	定性	列表、分析系统（单元、元件）故障类型、故障原因、故障影响，评定影响程度等级	机械电气系统、局部工艺过程、事故分析	同上，且应有根据分析要求编制的表格	较复杂、详尽，受分析评价人员主观因素影响
事件树（ETA）	起因事件（事故原因）、发展途径（触发条件）、各种发展后果（事故）概率	定性定量	归纳法。从一个起因事件开始，按照事故发展过程中事件出现与不出现，交替考虑成功与失败两种可能性，然后再把这两种可能性又分别作为新的起因事件，继续分析下去，直到分析最后结果为止。由各事件概率计算系统各种事故概率	各类局部工艺过程、生产设备、装置事故分析	熟悉系统、元素间的因果关系、有各事件发生概率数据	简便易行，受分析评价人员主观因素影响
事故树（FTA）	事故原因、事故概率	定性定量	演绎法。从事故逐一降级分析其原因事件，最后到基本原因事件为止。上一级事件与其原因之间用逻辑门表示其逻辑关系。由基本原因事件概率计算事故概率	复杂系统事故分析	熟练掌握方法和事故、基本事件间的联系，有基本事件概率数据	复杂、工作量大、精确，但故障树编制有误易失真

4. 工程各阶段安全风险管理

地铁工程建设风险管理应贯穿于整个工程建设全过程，不同阶段的风险管理主要内容如图3.4所示。详细内容分别见后面相应章节。工程项目前期的风险控制是保障工程项目安全生产的关键，必须要保证工作时间长，工作做得细、做得实。在工程建设过程中，根据现场情况，及时采取相应的措施，消减安全风险。工程不同阶段与风险控制资源投入的关系，参见图3.5。

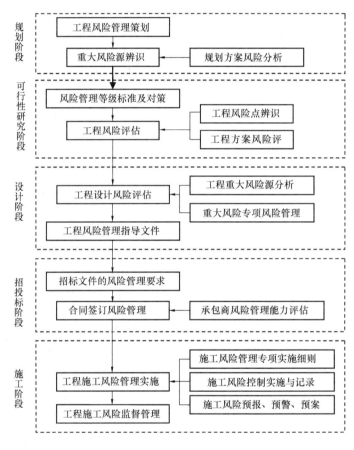

图 3.4　工程建设不同阶段的风险管理内容

5. 安全风险管理责任分担原则

地铁工程参与各方的利益紧紧地联系在一起，必须共同承担风险。地铁工程安全风险管理责任分担应遵循以下原则：

（1）以工程参与各方的法定安全生产责任为基础，在此基础上进行风险分担；

（2）工程建设参与各方的责、权、利平等、互利与均衡，责、权、利的分配应与工程建设目标和特点相匹配；

（3）从工程整体效益出发，制定的责、权、利应最大限度地调动工程建设参与各方的

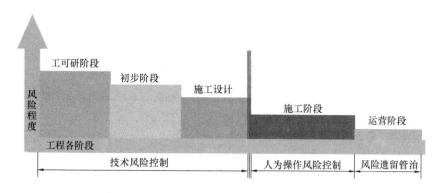

图 3.5 工程不同阶段与风险控制资源投入关系

积极性;

(4)建设单位承担整个工程风险管理的监管和决策责任。不同工程建设阶段中,工程建设执行方负责风险管理的实施,对工程建设期的风险承担法律法规规定和合同规定的相应责任。

【案例】 北京市地铁施工安全风险技术管理体系

我国各地城市轨道交通工程参建单位,根据各自工程风险特点、安全管理模式与管理需求,不同程度地开展了安全风险评估管理工作,研究、建立工程安全风险技术管理体系,研发安全风险远程、实时监控系统和信息管理平台,开展施工前期工程安全风险预评估、安全风险管理体系诊断评估和"四新"技术安全风险评估,在施工过程实施安全风险监控管理,形成了较为完整的全过程风险管理体系。下面以北京为例,介绍地铁施工安全风险技术管理体系。

北京从 2003 年年底开始摸索性开展安全风险管理研究,2007 年初步形成安全风险体系模型。由北京市轨道交通建设管理公司组织有关的勘察、设计、施工、咨询单位及科研院校在总结以往经验的基础上,编制完成并实施了《北京市轨道交通工程建设安全风险技术管理体系》。《北京市轨道交通工程建设安全风险技术管理体系》包括岩土工程勘察、环境调查、风险工程设计、环境安全风险评估等技术指南,提供了监控量测控制指标、施工突发风险事件预防及应急措施、应急机制等参考资料,明确了工程各参建单位安全风险管理职责、施工及监理单位安全风险管理组织机构要求、信息平台(系统)基础资料录入内容及标准,确定了第三方监测、视频监控系统、监控预警、消警及信息报送、综合预警响应等管理办法。

以该体系为基础的信息化管理系统也已在北京地铁新线推广应用。信息化管理系统包括 GIS 系统、监控信息管理系统、盾构施工监控系统、视频监控系统等。通过该平台可进行信息报送、信息查询、预警、监控、事务处理,协助工程各级管理部门及参建各方及时掌控地铁土建施工安全状况,进行快捷、有效的信息管理。

为配合该体系的推进应用,北京市轨道交通建设管理公司建立了三级监控管理组织:建设管理公司层、项目公司层、工点实施层,各级建立了相应的组织机构,明确了有关的管理人员。同时建设管理公司委托专业化安全风险管理咨询机构协助公司进行安全风险管理,委托第三方监测单位在进行现场监测、巡视工作的同时,协助项目公司承担新线安全风险事务的咨询任务。

北京地铁工程建设安全风险技术管理组织机构框图见图3.6。

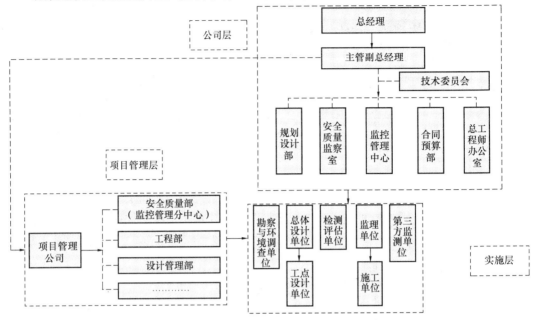

图3.6 北京地铁工程安全风险技术管理组织机构框图

公司层中的总经理、主管副总经理负责全面组织和监督各线工程建设期的安全风险技术管理工作；公司技术委员会负责组织各线工程建设期安全风险管理相关重大技术问题的论证和审查工作；公司规划设计部、安全质量监察室、总工程师办公室、合同预算部等职能部门，负责按照各自职权范围，履行公司在相应建设阶段的安全风险技术管理工作；监控管理中心负责各线施工阶段的安全风险监控、信息管理和相关咨询的监督管理工作。

项目管理层中的项目管理公司领导（经理、副经理、总工）全面负责所辖线路施工图设计阶段、施工阶段和工后阶段的安全风险技术管理工作；项目管理公司安全质量部、工程部、设计管理部等相关部门负责履行各自职权范围内的安全风险技术管理工作；监控管理分中心负责项目管理公司所辖线路施工阶段的安全风险监控、信息管理和相关咨询的监督管理工作。

实施层中的工程勘察与环境调查单位负责提供完整、准确的岩土工程勘察和环境调查资料；总体设计单位负责全线总体设计和对各工点设计单位风险工程设计的审查和监督等；工点设计单位负责设计阶段的风险工程分级、风险分析评价、风险工程设计、恢复设计和施工配合等；检测评估单位负责工程建设中有特殊要求的环境风险工程的安全性评估工作，为风险工程设计、施工或工后恢复处理等提供必要的基础资料和依据；第三方监测单位负责施工阶段和工后阶段的第三方监测、巡视、预警及相关监控咨询服务工作；施工单位全面负责施工阶段和工后阶段的安全风险监控、施工控制和预警及风险处置工作。

政府监管部门设有地铁工程安全质量现场监督组，并下设7个监督室。日常工作中接受监督总站的领导，同时在市建委质量管理处和施工安全处协调下，对地铁工程实施安全质量统一监督管理，对工程参建各方安全生产和施工质量等情况进行监督抽查。

监督方式采用施工现场巡回抽查执法，重点加强重大风险源监控和加大行政执法力度，开展安全质量专项检查治理和安全质量培训，编写制定相关规定、规范、施工质量管理等措施来保证施工安全。

北京市轨道交通建设管理单位力求通过该体系的应用促进北京地铁工程建设安全风险技术管理工作的系统化、规范化和信息化，强化地铁工程建设安全风险技术管理的过程控制，方便各参建单位、各级部门和领导、有关专家全面了解工程安全风险状况，及时、准确地判断工程安全状态，及时提出预警并进行预警响应处理，提高地铁建设工程安全风险的预防水平，防止结构坍塌和重大伤亡事件发生。

第四章 建设单位安全管理体系要素建立

建设单位可按照职业安全健康体系规范建立一个工程安全管理体系,明确工程安全生产方针,建立安全管理组织,制订安全管理计划并实施,组织开展安全检查与评价,制订和落实改进措施,实施持续改进。

第一节 地铁工程安全生产方针

地铁工程的建设单位对工程安全生产统一协调管理的重要工作之一,是在征询各参建单位的意见的基础上,组织确定整个工程的安全生产方针,以确定地铁工程安全生产工作的方向与原则,确定安全责任和绩效总目标,承诺遵守法律法规,承诺以人为本、安全第一、预防为主、综合治理,承诺持续改进、实现有效安全管理。

我国安全生产方针是"安全第一、预防为主、综合治理"。地铁工程建设单位可在此基础上,选择"以人为本、安全第一、预防为主、综合治理、联控共建、遵守法规、持续改进"或其中部分作为地铁工程安全生产方针。

(1) 遵守法规:遵守地铁工程安全生产法律、法规、规章、范性文件和当地政府部门与建设单位签署的安全生产责任书的要求;

(2) 以人为本:保护参建单位员工和第三方的安全,树立关爱人、重视人、尊重人的理念与核心价值观,激发员工参与安全生产管理,实现"要我安全"向"我要安全"、"我会安全"、"我管安全"的本质化转变,做到"不伤害自己、不伤害他人、不为他人所伤害";

(3) 安全第一:安全生产是建设、勘察设计、施工、监理、监测和其他参建单位及其个人绩效考核的关键内容。一旦生产、质量或成本与安全工作相互冲突时,安全第一;

(4) 预防为主:预防管理、应急管理和事后管理是安全生产管理的有机组成部分,应坚持预防为主,应急和事后为辅的科学管理方法,树立一切事故是可以通过各种有效手段进行预防的观念,坚持关口前移,超前控制的理念,强化风险评估等预控措施,可行性研究和勘察设计充分考虑施工安全问题,积极构建施工安全隐患排查治理长效机制;

(5) 综合治理:用系统的管理方法,识别、评估与控制风险,实行全过程、全方位、全员管理;

(6) 联控共建:建设单位主导,各参建单位之间荣辱与共,与合作伙伴、供应商及政府部门、社区及公共团体一道,共同努力,构建地铁工程安全生产联防、联控体系,树立政府投资工程的安全生产文明施工高标准和形象;

(7) 持续改进:持续改进地铁工程安全生产绩效和事故预防,不断完善安全管理体系。

第二节　地铁工程安全生产管理组织

建设单位应为管理体系其他要素正确、有效的实施与运行而确立和完善组织保障基础，包括机构和职责、培训及意识与能力、协商与交流、文件化、文件与资料控制，以及记录和记录管理。

（一）机构与职责

建设单位安全管理组织建设包括机构设置、人员配备和职责明确、工作机制建立。安全管理机构包括安全生产工作决策机构（集团安全管理委员会、项目安全管理委员会）、安全管理机构（安全职能部门）和工程管理部门；安全管理人员包括建设单位主要负责人、各管理部门主要负责人、专职安全管理人员，以及建设单位驻场工程师（业主代表）和安全主任；工作机制主要解决好专职安全管理机构和其他部门之间的关系（定位、职能和信息流通等）。

1. 安全管理委员会

建设单位应设立集团公司层面的安全管理委员会，同时宜设立集团公司层面的安全技术及风险控制委员会，项目层面设立项目建设安全管理委员会和系统安全风险保证小组等机构。

各层级的安全管理委员会是该层级的安全工作最高决策机构，一般应由其主要负责人担任主任，定期或及时研究、协调、解决工程重大或突出的安全生产文明施工问题，作出决策。

在国内，项目建设安全管理委员会的成员基本为建设单位相关人员。而在国外和香港地区（包括香港在内地负责建设的地铁工程），项目建设安全管理委员会作为工程项目安全管理的协调机构和议事平台，成员包括建设单位项目的土建、机电专业经理和驻场工程师，施工单位的项目经理、安全主任，监理单位的总监和安全监理等。

2. 安全监督管理机构和安全管理人员

建设单位应设立安全生产管理机构，对建设单位其他部门（机构）的安全生产工作进行监督、指导、协调和考核，对工程安全生产进行督查。

建设单位应配备专职安全管理人员，满足工程安全生产监督需要。安全管理人员工作侧重于安全管理的系统性，核心作用包括隐患辨识和评估，制定事故预防和损失控制程序，传达事故预防控制要求和控制措施，以及及时获取、处理、反馈信息，不断改进管理系统。为此，安全管理人员应熟知建设工程安全生产法律法规要求，具有较强安全管理统筹、规划和协调能力，能够进行安全管理系统诊断、评价和统筹、规划，或者较好地掌握土建、机电技术风险及其控制技术，进行现场监督检查。必要时可在不同阶段聘请高级安全顾问，邀请隧道、基坑、起重机械等专家参与安全专项诊断、检查等。

3. 项目管理部门及其驻场专业工程师

建设单位项目管理部门派驻现场专业工程师、区段经理，负责配合项目安全管理小

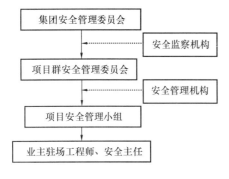

图4.1 建设单位安全生产管理的组织架构

组、建设单位安全管理机构,在所管辖项目中配合、督促监理执行安全监控任务,具体负责组织开展安全检查,跟踪处理本身检查发现和专业安全管理人员检查发现、通报的问题及缺陷,为安全隐患整改进行协调和调配整改资源。建设单位驻场专业工程师是建设单位履行安全生产主体责任的直接责任人和最后把关人。宜按一站一区间配备一名(兼职)安全质量管理人员(建设单位项目工程师、业主代表兼任)。

图4.1是一般建设单位安全生产管理的组织架构。由于地铁工程施工的多样性、复杂性、地域性有一定差别,安全管理机构的设置、专职安全管理人员的配备,以及部门、人员职责也可能不尽相同。但无论如何,都必须解决安全生产"有人管"的问题,解决好安全管理部门与项目管理部门之间的职能及权责划分、信息沟通和互助文化培育等问题。

【案例】 香港地铁深圳轨道交通四号线工程项目安全人员的职能和作用

深圳轨道交通四号线二期工程由少年宫以北至清湖站,线路全长约15.8公里,其中地下线5.1km;高架10.1km;地面0.6km;全线共设10个站(2个地下站,1个地面站和7个高架站)及1个车辆段,工程采用BOT模式建设。在港铁公司安委会统一领导下,港铁轨道交通(深圳)公司设置了深圳轨道交通四号线工程项目建造安全委员会,作为项目建造安全管理的协调机构和议事平台,设置了项目安全质量环保(SQE)专业组,配备13人(其中经理1人、高级安全顾问1人、高级安全主任1人、安全主任4人)。同时,按地下段每公里3人、地面段每公里2人的标准配备了业主方项目管理人员。

香港地铁深圳4号线项目安全质量环保(SQE)安全人员的职能和作用归纳如下:

(1)识别工程各阶段潜在的施工安全风险,制定有针对性的安全措施计划,并按照风险识别、风险登记、风险管控和风险更新的管理程序进行组织实施。

(2)监督审查施工安全方案,为承包商和监理提供专业化的意见。

(3)监督、监察施工过程的风险管控,及时发现承包商施工过程存在的各类安全隐患,并督促整改,消除安全隐患。

(4)对高危关键工序进行跟班作业,全程监控。

(5)策划、实施安全宣传培训教育,并监督承包商落实安全教育与培训计划,推进工地的安全文化建设。

(6)制定应急策略,为承包商的应急响应与事故处理提供相应的支援。

(7)进行事故隐患排查、整治与事故调查处理。

(8)就安全事务与当地政府主管部门进行协调、沟通和文件来往处理,在交往中推广香港地铁的安全管理文化。

(9)代表业主协助、配合政府相关部门对项目、对各工地进行政府安全监督性检查。

(10)全程辅导、引领监理和承包商安全专业人员的工作方向。

(11)为项目部及其他有需要的同事提供专业化的意见与建议。

（二）安全教育与培训

建设单位应建立并保持安全教育与培训的制度、程序，以便规范、持续地开展员工教育与培训工作，组织开展参建单位管理人员的安全管理与安全技术专题培训，确保员工和工程各级、各类管理人员具备必要的安全生产意识与能力。这是搞好地铁工程安全生产的基础，是防止产生不安全行为、减少人为失误，提高人的本质安全化水平，实现安全生产的最有效、最经济的重要途径。安全教育培训制度应强调教育培训内容层次性、师资选择与效果评价。

根据法规要求，建设单位对本单位员工必须进行的安全教育有：①"三级安全教育"：员工应经过公司级、部门级和施工现场级的教育并经考核合格后，方可上岗。②安全管理资格培训：专职安全管理人员应该经过专门教育培训，取得安全管理资格证。对于兼职安全管理人员（如业主驻场工程师），也应经过基本的安全管理知识和安全技术培训。安全教育培训内容，除了地铁工程安全生产法律法规、建设单位安全管理制度外，应包括办公场所、施工现场的危险有害因素、防范措施以及事故应急措施（含事故征兆识别、紧急情况下停止工作并撤离现场等）、劳动防护用品正确佩戴与使用，以及安全管理知识和安全文化教育。

建设单位组织的参建单位管理人员安全管理与安全技术专题教育，应侧重于工程全过程、全方位的安全系统管理内容与方法，体现各司其职、密切配合、联防联控的思想与要求，构建地铁工程安全文化。为此，可考虑如下内容：

（1）地铁工程安全生产法律法规关于建设、勘察设计、施工、监理、监测等单位的安全生产职责，所在城市政府（部门）关于城市轨道交通工程安全质量、文明施工的特别要求；

（2）建设单位关于地铁工程安全生产文明施工的理念、方针和目标，以及诚信履约考核与评价等有关规定；

（3）地铁工程地下管线等工程周边环境核查与保护；

（4）城市地铁工程文明施工要求与标准；

（5）工程建设安全风险技术管理体系要素与各方职责；

（6）明（盖）挖、暗挖、盾构、高架等工法，以及深基坑、大断面暗挖、穿越重要建（构）筑物（既有地铁线）的安全风险特点与技术；

（7）先进施工工艺、方法和安全文明施工样板工地的现场观摩、交流等。

其中，（1）～（5）内容培训宜在工程准备阶段进行。

（三）安全管理协商与交流

建设单位要制定和落实各种规章制度、程序，促进其就有关安全管理信息与员工、与其他参建单位、与政府部门进行协商和交流，保证安全组织有效运转，并建立有效的信息沟通模式和畅通的渠道，保证安全信息及时、正确地传达。

建设单位设立内部安全管理委员会和项目建设安全管理委员会是协商和交流的有效方式。项目建设安全管理委员会作为工程项目安全管理的协调机构和议事平台，成员包括建设单位项目的土建、机电专业经理和驻场工程师，施工单位的项目经理、安全主任，监理单位的总监和安全监理等。

此外，建设单位应建立安全例会制度，包括监理单位组织的工地安全周例会、建设项目管理公司组织的项目安全月度例会、建设单位组织的所有项目的安全季度例会。在例会上通报工程安全管理现状，分析发展趋势，提出相应对策，同时对典型安全事件进行剖析，对典型的安全管理进行推介。

（四）安全信息管理

安全管理是借助于大量的安全信息来实现的，安全管理信息系统的建立与有效运行是安全管理体系有效实施和运行的重要保障条件之一，是搞好安全生产（施工）工作所不可缺少的基础性和资源性工作。建设单位应当建立安全信息管理系统（计算机化），将远程视频监控系统、实时监测系统和参建各方尤其是监理单位的信息报告系统进行集成，为工程安全监督管理提供有力的信息支持。

安全信息管理包括建立满足需要的信息工作条件（制度、资源与档案）、信息收集、信息处理和信息决策与反馈等4个部分组成。

建设单位应制定书面程序，对安全管理文件的识别、批准、发布和撤销，以及相关资料进行控制。

安全信息的收集包括纲目编制、收集渠道建立和信息收录。收集渠道是否畅通反映了一个施工单位及其工程项目的安全管理氛围好坏、安全文化水平的高低。建设单位应综合采用如下方式进行安全信息收集：

（1）建立安全信息逐级报告制度，明确监理单位应该报送的安全监理报表（包括周报、月报、快报等）的项目、内容，以及报送时间；

（2）指定部门负责收集安全生产法律、法规、规章、规范性文件和标准、规范；

（3）开展安全检查和巡视，获取现场安全状况信息和安全事故隐患信息；

（4）建立实时监控监测系统，提前发现险情并及时采取有效措施；

（5）建立安全事故隐患的举报与奖励制度，创造一种让现场作业人员自由举报隐患、自由发表意见和建议，各级领导耐心倾听、认真反馈的良好安全管理氛围。

信息处理包括安全数据挖掘（从安全客体获得表征其属性的数据转换）、安全信息存贮（利用报表、台账、档案等分类存储）、安全信息转换（把信息转换成易于接受的形式）和安全信息加工。安全信息加工是安全信息管理的核心，主要包括样本数据到总体状态的估计、安全状态评价、安全系统变化规律的分析、安全系统信息与预测、安全措施的制定与决策等。

信息反馈是应用信息的目的，要确保及时性。信息反馈有两种方式：一是直接向信息源反馈，如当场纠正施工人员的不安全行为、当即责令对隐患进行治理等；二是加工处理后集中反馈，如通过安全检查通报、编制安全管理规程等方式进行反馈。

建设单位的安全信息管理系统应确保监测信息、巡视信息、检查信息，特别是预警信息、异常征兆、险情、事故等信息的及时、有效地收集、传输到相关单位、部门和人员中。建设单位应在工程准备阶段建立和发放地铁工程安全管理文件汇编，内容包括：

（1）地铁工程安全生产法律法规关于建设、勘察设计、施工、监理、监测等单位的安全生产责任，所在城市政府（部门）关于城市轨道交通工程安全质量、文明施工的专门要求；
(2) 地铁工程安全生产、文明施工的方针和目标、要求与标准；
(3) 工程建设安全风险技术管理体系要素与各方职责；
(4) 合同中关于地铁工程安全生产管理、技术的特别要求；
(5) 履约与信誉考核评价的有关规定。

第三节 安全管理计划与实施

安全管理计划与实施（安全决策）的目的是建设单位根据工程自身的危害与风险情况，针对安全生产方针的要求作出明确具体的规划，并建立和保持必要的程序或计划，以持续、有效地实施与运行安全管理规划。安全管理计划与实施包括初始评审、目标、管理方案（决策）、运行控制和应急预案与响应等。安全管理计划与实施动态过程如图4.2所示。

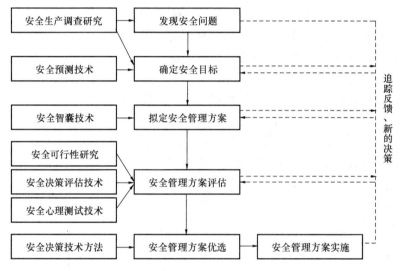

图4.2 安全管理计划与实施（安全决策）动态过程

（一）初始评审

初始评审是指对建设单位现有的安全管理体系及其相关管理方案进行评审，以发现问题。主要包括危害识别、风险评价和风险控制的策划，以及法律法规及其要求等两项工作。

1. 风险识别、风险评价和风险控制策划

建设单位应通过定期或及时组织开展危害识别、风险评价和风险控制策划工作，来识别、预测和评价地铁工程现有或预期的管理和现场存在哪些危害/风险，并确定消除、降低或控制此类危害/风险所应采取的措施。

建设单位应首先结合工程实际情况建立并保持一套程序，重点提供和描述危害辨识、风险评价和风险控制策划活动过程的范围、方法、程度与要求，明确各方的职责。

关于风险识别、风险评价和风险控制的具体内容见第三章第二节,岩土工程勘察、工程周边环境调查、可行性研究与设计、招标、施工等各阶段、环节的风险管理内容、各方职责等,分别见第五~九章。

2. 法律法规及其他要求

建设单位应认识和了解适用于其活动的相关法律、法规、规章和标准、规范,以及规范性文件的要求,分析在贯彻落实中的问题、原因。为此,应将及时跟踪、识别、获取、传达和贯彻落实适用法律、法规和其他要求的工作明确负责部门,形成一套程序。一般而言,安全监督管理部门负责法律、法规、规章、规范性文件和管理规范的获取、适用性(包括适用内容、适用部门)识别和传达,技术管理部门负责技术标准、规范的获取、适用性识别和传达。建设单位的安全生产法定责任见第二章第三节。

(二)安全生产目标

建设单位安全生产目标是安全生产方针的具体化和阶段性体现。建设单位在危害辨识和风险评价,识别和获取适用法律、法规及其他要求的基础上,结合自身和勘察、设计、施工、监理、监测等参建单位的管理能力、技术能力、经济能力和安全文化,制定建设单位内部安全目标和地铁工程安全生产目标。

安全生产目标包括工作目标和事故控制指标,一般包括如下内容:

(1)生产安全事故控制指标。建设单位安全管理追究的目标是保证每一位参建人员和可能受到工程施工影响的公众的安全和健康,建设单位内部事故控制目标应是杜绝一般及以上安全事故。而在目前,地铁工程安全生产总体目标一般是"杜绝较大安全事故,努力降低一般事故"。例如,不发生较大及以上生产安全事故,不发生造成重大社会影响的生产安全事故;生产安全事故百亿产值死亡率不大于某一数值(如低于全国地铁工程上一年度的平均值)。

(2)工程安全险情的控制指标。如不发生基坑坍塌、隧道塌方冒顶、涌水等重大险情。

(3)工程周边环境保护指标。如不发生施工导致的周边建(构)筑物超限沉降、倾斜、结构损伤,以及城市主干道交通中断、既有地铁或铁路运营中断、重要电力线缆中断、重要通信线缆中断、供排水主管中断和燃气管线泄漏等重大险情。

(4)工地安全文明创优指标。如文明施工合格率100%,年度创建市级、省级、国家级文明工地、安全生产文明施工"双优工地"、样板工地、安全标准化工地的数量或比例等。

(5)安全教育培训的工作目标。如安全教育"平安卡"的持卡率,民工学校的数量和民工的入校率等。

(6)安全隐患排查治理指标。如在建设行政主管部门、建设单位的检查评分中达良好以上,政府主管部门或安全监督机构,建设、监理、施工单位检查发现的隐患逐季下降率和整改率。

(7)环保与和谐城市共建目标。如市民投诉率比上年度减少率等。

地铁工程安全生产总目标确定之后,建设单位应通过合同,将总目标分解到各施工、监理单位，构成整个工程的安全生产目标体系，并通过年度管理评审和安全生产协议，在可行或必要时对安全生产总体目标、分目标予以更新。

(三) 管理方案（计划）

建设单位安全管理方案的目的是制定和实施安全管理计划，确保安全生产目标的实现。安全管理方案应阐明做何事、谁来做、何时做、如何做、绩效如何测定等，管理方案的基本内容包括以所策划风险控制措施以及获取法律、法规及其他要求的结果为依据，实现目标的途径和方法，实现目标所需要的主客观条件，包括责任单位、责任部门（人员）及其绩效标准、必需的资源保证（所要求的时间、人力、资金及技术支持等）。

任何安全问题的解决都存在多种可能途径，可以有多种方案。现代工程安全生产决策的一个重要特点是就是要在多种方案中选择较好的方案。因此，需要按照整体详尽性和相互排斥性的基本要求拟定多种方案，并对每一方案的限制因素、协调性、潜在问题及经济效益、社会效益和社会心理效应等进行综合分析、评估，从中选择较好方案。安全生产决策的基本方法有：头脑风暴法、集体磋商法、加权评分法和电子会议法。

1. 地铁工程参建单位的安全生产责任及其绩效标准

建设、勘察、设计、施工、监理、监测等单位都是地铁工程安全生产的责任主体，都必须履行各自的安全生产法定责任和合同规定的责任，并在此基础上，密切配合，营造"双赢"的地铁工程安全生产文化，构建联防联控的安全生产预防与控制体系。

各方安全生产的法定责任见第二章第三节，各方安全风险管理职责见第五~九章，安全生产绩效标准和奖罚等内容参见本章案例2。

2. 建设单位各部门（人员）的安全职责及其绩效标准

建设单位的安全责任部门可以划分为安全生产监督、执行和技术支持等三类部门。建设单位应建立健全安全生产责任制，明确各部门的安全生产职责，把建设单位的法定责任、风险管理职责以及安全管理体系的要素与职能，分解到部门、到岗位、到人员。建立安全责任制度应遵照"安全第一、预防为主、综合治理"的方针和"谁主管谁负责"、"管工程同时必须管安全"即"一岗双责"的原则，核心是实现安全生产的"五同时"，即从最高管理者到业主代表，在计划、布置、检查、总结和评比生产工作时，都要同时计划、布置、检查、总结和评比安全生产工作。

同时，建设单位应建立包括三个层次的绩效标准和考核体系：一是安全生产奖惩层次，明确实行安全生产奖惩的事项，对生产安全事故负有责任的部门和人员予以惩罚（例如，扣安全绩效工资、工资降档降级、通报批评、记过、处分、降职、留用察看、开除等），对做出安全生产显著成绩的，或者连续若干年完成安全生产目标的，予以奖励（例如，颁发奖金、通报表扬、评为先进、工资升档升级、职务晋升等）；二是季度绩效考核层次，明确关键事件或工作（包括一般险情、特别工作成效等），对分管的业主代表在季度考核中予以扣分或加分；三是"一票否决"层次，对没有完成年度安全生产目标的，不得评先、职位晋升、工资晋级晋档等；对于所管工程发生重大生产安全事故或两次较大事故的，要求部门负责人引咎辞职。

3. 地铁工程建设工期与造价

建设工程工期与造价是影响工程安全生产的最重要的两个因素。实践已经证明，造价低、工期紧是安全质量事故多发的深层次原因。为了确保地铁工程安全生产目标的实现，建设单位应建立一套工期和造价的确定和调整机制，科学、合理确定整个工程的工期与概算，确定勘察、设计、施工等各阶段合理的工期和造价。

（1）在初步设计阶段，组织开展城市轨道交通工程安全质量风险评估，并组织专家论证，包括对建设工期、造价对工程安全质量的影响进行评估与论证。根据风险评估结果，对特殊地质条件委托进行专项勘察，对高风险工程委托进行专项设计。

（2）在施工招标前，应当组织专家对施工工期和造价进行论证。地铁工程的征地拆迁、绿化和道路迁改、交通疏解等前期工程的困难，以及勘察、施工过程中工程周边环境的制约，已成为影响工程推进的重要因素。因此，论证时除应充分考虑工程的复杂程度外，还应考虑周边环境拆除、迁移等对施工工期和造价的影响。专家论证报告作为招标文件编制的依据。

（3）在招标阶段，不得迫使投标方以低于成本的价格竞标，不得明示或暗示投标单位以低于政府指导价竞标，而且应采用充分体现投标方安全生产绩效的评标办法。

（4）在招标阶段，工期需要按照国家的有关规定，参考工期定额（标准工期），考虑各种因素，由招投标各方在平等协商的基础上确定，并在合同中约定。招标工期短于施工标准工期的，应在招标工程量清单中单独开列赶工措施项目和在招标控制价中单独计算赶工措施费，投标方应计取。

（5）应充分重视地铁工程前期工程的困难程度和工程周边环境的严重制约。在工程实施阶段，因拆、改、移、工程变更等非施工单位原因（包括不可抗力等因素）造成实际工期明显少于合同约定工期的，应相应顺延工期并按合同约定给予相应经济补偿。

（6）在工程实施阶段，不得压缩合同约定的工期（包括关系到工程款支付的里程碑工期）。因客观原因、设计变更等致使工期延误而不能满足使用要求时，发包人可以视未完工程情况向承包人提出缩短工期的要求。承包人有权拒绝发包人的要求，也可以视情况提出缩短工期的施工方案和费用报告。在工程监理单位论证缩短工期的施工方案可行的前提下，发承包双方可以协商缩短工期，并签订补充协议。

（7）对施工单位原因造成的工期拖延，可以按照合同约定予以处罚，但不应强令施工单位追回严重拖延的工期。

合理工期的确定比较复杂。表 4.1 是香港地铁工程各阶段的基本工期，表 4.2 是中国内地、中国香港、新加坡的地铁工程设计与施工阶段工期对比，可供参考和借鉴。

香港地铁工程各阶段基本工期（月） 表 4.1

阶段	预可	工可	初设	深度设计	施工	试运行
	4	6	9	15	42	3
香港	客流与线路；物业开发机会；环评与系统保证	设计概念；运营要求；系统与功能要求；物业开发理念	最终网络，总体规划，施工可行性与机电系统图，运营与功能要求	方案设计，综合管线图，合约划分，计划与造价，招标文件，施工图		

中国内地、中国香港、新加坡地铁工程设计施工阶段工期比较　　　表 4.2

阶段	初步设计与勘察	施工图设计	前期工程	土建施工
中国内地	第 1~6 月	第 4~12 月	第 7~12 月	第 13~37 月
中国香港	第 1~9 月	第 10~24 月	周边环境影响咨询及公示、环评 第 10~16 月	第 25~
新加坡	地质与土壤勘测 第 1~12 月	第 7~30 月	周边建筑环境影响分析、环评 第 13~19 月	第 31~

4. 安全生产投入

建设单位的安全生产费用包括两大部分，一部分是建设单位的员工安全教育培训与劳动防护用品等费用；另一部分是建设工程安全作业环境及安全措施所需费用，以及安全质量风险评估费、第三方工程监测费、工程周边环境调查费及现状评估费等保障工程安全质量所需的费用。

关于建设单位员工的劳动防护用品选用、购买、发放、使用和报废，应执行《个体防护装备选用规范》GB/T 11651—2008 和《劳动防护用品配备标准（试行）》（国经贸安全[2000] 189 号）。

关于建设工程安全作业环境及安全措施所需费用，建设单位应遵照如下基本原则和要求：

（1）在编制工程概算时，应当确定建设工程安全作业环境及安全施工措施所需费用。在编制工程量清单时，应当将安全措施费用单列，施工单位竞标时不得删减。

根据财政部和安全生产监管总局联合发布《企业安全生产费用提取和使用管理办法》（财企[2012] 16 号），地铁工程安全作业环境及安全施工措施费用提取标准不少于总价的 2.0%。

（2）应当在施工合同中明确安全作业环境及安全施工措施费用，以及费用预付、支付计划，使用要求及调整方式等条款；应当按合同约定及时将安全措施费用拨付给施工单位。拨付前应对安全措施费的使用进行清单式审核。

安全作业环境及安全施工措施费用的使用范围应符合《企业安全生产费用提取和使用管理办法》。

同时，在编制工程概算时，还应当包括安全质量风险评估费、特殊地质勘察费、工程监测费、工程周边环境调查费及现状评估费、远程监控费等。此外，建设单位可按工程总概算价的一定比例，设立安全质量奖励基金，用于奖励工程质量安全生产先进单位和个人。

在工程实施过程中，对于合同未能预先考虑的重大施工技术措施所需的费用，应组织专家进行审查和评估，实事求是地予以解决，或者在合同中约定一定比例的风险包干费（如深圳地铁二期工程、三期工程 BT 合同中约定风险包干费约为总价的 4%）。

5. 地铁工程安全技术

安全技术是研究和确保安全的技术，由工程施工技术（母体技术）、安全影响因素、安全保证技术和安全保证管理等四个基本部分组成。在工程施工技术的选择和审查时，应考虑安全影响因素即影响母体技术使用安全的因素，包括母体技术在现阶段尚存在的不够成熟和不够完善的因素、反映技术适应范围局限性的因素、现实施工和工作条件还不能完全满足技术应用要求的因素，以及引起技术在某些情况下可能出现事故要素的因素。

建设单位在地铁工程安全技术方面的工作，除了选择有资质、有经验、有能力、有信誉的勘察设计单位，对勘察设计单位进行履约管理外，还包括组织工程技术审查和协调、处理工程中重大或重要技术，在设计阶段尽量消除结构风险。具体包括：

（1）组织审查新线建设的工程技术原则、技术标准、技术要求、总体设计和初步设计、高风险工程专项设计，使之符合国家安全生产的法律法规及强制性规范标准的要求，并监督实施。为此，建设单位应委托有资质的审图机构承担审图工作。

（2）统筹协调和处理工程中的重大、重要技术及其接口。

（3）组织开展工程施工和安全关键技术科研工作，推动工程建设安全技术进步。

（4）优先采用有利于工程安全质量的技术，如盾构技术、地下连续墙围护结构、深基坑钢筋混凝土支撑，以及远程视频监控、实时监测系统和盾构施工参数与视频监控系统，研究和应用 BIM 技术（建筑信息模型技术）。

（5）组织或监督审核施工组织设计、超过一定规模的危险性较大分部分项工程专项方案及应用新技术、新工艺、新设备、新材料所制定的安全技术措施。

（6）及时组织解决施工中出现的重大安全技术问题，处理重大设计变更和工程变更。

（7）在应急救援中，根据事故的性质、现场的实际情况，及时配合有关部门制定、审查抢险方案，对事故危害进行预测，为应急救援提供技术指导。

（8）组织专家参与各类安全事故的调查分析，提出技术鉴定意见和改进措施。

（四）运行控制

建设单位应对与所识别的风险有关并需要采取控制措施的运行和活动建立计划安排（程序及其规定）并予以保持，以确保安全管理方案得以有效、持续的落实，从而满足法律法规的要求，实现安全生产方针与目标。

根据建设工程安全生产法律法规关于建设单位的安全生产责任的规定，以及地铁工程建设单位安全生产的实践，建设单位在地铁工程安全生产中主要运行和活动有：组织开展各阶段的安全风险管理、开展工程周边环境调查与评估、获取与提供基础资料、委托第三方工程监测、明确安全措施费用与工程保险、办理报建手续（安全质量监督登记）、危险性较大分部分项工程与关键节点安全管理、统一协调管理（安全例会与信息通报，安装装修阶段的地盘管理、轨行区运输与施工管理）、履约管理（安全检查、履约评价）、事故与险情管理等，对于这些活动，建设单位都应有相应的计划安排（程序及其规定）。

（1）地铁工程安全风险管理办法。明确不同阶段的风险管理内容、程序和各参建单位、建设单位相关部门的风险管理职责，安全风险管理平台建设与使用要求，明确在初步设计阶段开展风险评估，以及后续施工图设计、施工、监测和监理工作中与高级别风险工程相对应的专项设计、专项施工方案、专项监理细则、监测方案、技术交底和施工前条件验收等措施。

（2）工程周边环境调查管理办法。明确工程周边环境调查的内容、范围和调查程序、方法，以及各参建单位、建设单位内部相关部门的职责。

（3）监控量测（施工监测、第三方监测）管理办法。明确监测单位应具备的资质和现场人员配备要求，监测管理单位和相关方的职责，不同工法的监测项目、监测内容和监测频率，监测数据传输、处理与分析，以及成果报告要求（日报、周报、月报内容与格式），报警数据报送机制和应急状态下监测的特别要求等。

（4）轨行区运输与作业安全管理办法。轨行区安全的统一协调管理是建设单位安全管理工作的重点之一，首要任务是制定轨行区运输与作业安全管理办法，按照"高度集中、统一领导、逐级负责"的原则，委托轨行区管理承包商，授予其权利，明确其责任，并支付其管理费用；要求其他施工单位遵守"进入前请点、施工前防护、施工中监护、施工后场清、出来后销点"规定。

（5）供电系统首次送电及其后施工安全管理办法。本办法适用于工程建设期送电及供电后带电区域的安全管理及调度运行管理，基本内容包括适用范围、供电管理机构、送电前要求、送电后进入带电区域的申请审批手续，以及作业申报流程。

（6）列车进入正线调试前安全条件确认管理办法。列车进入正线调试必须实行严格的调试前条件确认制度，实行建设单位统一管理。成立列车进入正线调试联合工作组，组长由建设单位负责系统设备管理的部门负责人或安全监督管理部门的负责人担任，成员包括监理管理单位、施工总承包等单位的人员。在各相应专业、环节（供电系统、轨道工程、通信保障、屏蔽门、车站管理、参试车辆调试、行车指挥系统、司机、限界和压道）的施工、监理单位和联合小组层层确认条件满足后，报联合工作组审核，由联合工作组组长发布列车进入正线调试的命令。

（7）关键节点安全条件验收管理办法。关键节点是指风险较大的工程（或危险性较大的分部分项工程）在开工前的一个过程停止点，一般包括穿越既有重要建（构）筑物、江河湖海或轨道线路（含铁路）的风险区边缘及其对应的过程点，深基坑开挖、盾构进出洞（含洞门破除）、盾构开仓、联络通道开挖前的节点。关键节点条件验收是指在工程施工过程中，由建设单位或监理单位组织，建设、设计、施工、监理、监测等参建各方及有关专家参加，对风险较大的（分部、分项）工程的施工关键节点上一道工序和后续准备情况进行条件验收。对不符合条件验收要求的，不得进行关键节点施工。

管理办法应明确关键节点及其安全条件验收内容、验收组织与验收程序，重点是关键节点的安全条件的确定。

（8）危险性较大分部分项工程安全管理办法实施细则。住房和城乡建设部《危险性较大的分部分项工程安全管理办法》（建质〔2009〕87号）明确了需要编制专项施工方案的危险性较大的分部分项工程范围及其中方案需要专家论证的工程的范围（见表4.3），以及专项施工方案的编制（方案内容、编制单位）、专家论证、修改完善、审核（签字）和实施（安全交底、过程监督等）等环节的要求。建设单位在贯彻执行该办法时，应结合工程所在省、市政府的要求和地铁工程特点，制定实施细则，对"超过一定规模的危险性较大的分部分项工程"的范围进一步细化，宜包括：穿越江河湖海的盾构工程、邻近或穿越既有轨道线路（含地铁、铁路）或重要建（构）筑物（含地下管线）的盾构工程，爆破法、冷冻法等特殊工法施工的分部分项工程，以及其他特级风险（危险）工程；明确监理审核意见和专家论证报告应该包括的内容。

危险性较大的分部分项工程范围 表 4.3

序号	需要编制专项施工方案的工程		方案需要专家论证的工程
	名称	界定标准	界定标准
一	基坑支护、降水工程	开挖深度超过3m（含3m）或虽未超过3m但地质条件和周边环境复杂的基坑（槽）支护、降水工程	（一）开挖深度超过5m（含5m）的基坑（槽）的土方开挖、支护、降水工程。 （二）开挖深度虽未超过5m，但地质条件、周围环境和地下管线复杂，或影响毗邻建筑（构筑）物安全的基坑（槽）的土方开挖、支护、降水工程
二	土方开挖工程	开挖深度超过3m（含3m）的基坑（槽）的土方开挖工程	
三	模板工程及支撑体系	（一）各类工具式模板工程：包括大模板、滑模、爬模、飞模等工程。 （二）混凝土模板支撑工程：搭设高度5m及以上；搭设跨度10m及以上；施工总荷载10kN/m²及以上；集中线荷载15kN/m及以上；高度大于支撑水平投影宽度且相对独立无联系构件的混凝土模板支撑工程。 （三）承重支撑体系：用于钢结构安装等满堂支撑体系	（一）工具式模板工程：包括滑模、爬模、飞模工程。 （二）混凝土模板支撑工程：搭设高度8m及以上；搭设跨度18m及以上；施工总荷载15kN/m²及以上；集中线荷载20kN/m及以上。 （三）承重支撑体系：用于钢结构安装等满堂支撑体系，承受单点集中荷载700kg以上
四	起重吊装及安装拆卸工程	（一）采用非常规起重设备、方法，且单件起吊重量在10kN及以上的起重吊装工程。 （二）采用起重机械进行安装的工程。 （三）起重机械设备自身的安装、拆卸	（一）采用非常规起重设备、方法，且单件起吊重量在100kN及以上的起重吊装工程。 （二）起重量300kN及以上的起重设备安装工程；高度200m及以上内爬起重设备的拆除工程
五	脚手架工程	（一）搭设高度24m及以上的落地式钢管脚手架工程。 （二）附着式整体和分片提升脚手架工程。 （三）悬挑式脚手架工程。 （四）吊篮脚手架工程。 （五）自制卸料平台、移动操作平台工程。 （六）新型及异型脚手架工程	（一）搭设高度50m及以上落地式钢管脚手架工程。 （二）提升高度150m及以上附着式整体和分片提升脚手架工程。 （三）架体高度20m及以上悬挑式脚手架工程
六	拆除、爆破工程	（一）建筑物、构筑物拆除工程。 （二）采用爆破拆除的工程	（一）采用爆破拆除的工程。 （二）码头、桥梁、高架、烟囱、水塔或拆除中容易引起有毒有害气（液）体或粉尘扩散、易燃易爆事故发生的特殊建、构筑物的拆除工程。 （三）可能影响行人、交通、电力设施、通信设施或其他建（构）筑物安全的拆除工程。 （四）文物保护建筑、优秀历史建筑或历史文化风貌区控制范围的拆除工程
七	其他	（一）建筑幕墙安装工程。 （二）钢结构、网架和索膜结构安装工程。 （三）人工挖扩孔桩工程。 （四）地下暗挖、顶管及水下作业工程。 （五）预应力工程。 （六）采用新技术、新工艺、新材料、新设备及尚无相关技术标准的危险性较大的分部分项工程	（一）施工高度50m及以上的建筑幕墙安装工程。 （二）跨度大于36m及以上的钢结构安装工程；跨度大于60m及以上的网架和索膜结构安装工程。 （三）开挖深度超过16m的人工挖孔桩工程。 （四）地下暗挖工程、顶管工程、水下作业工程。 （五）采用新技术、新工艺、新材料、新设备及尚无相关技术标准的危险性较大的分部分项工程

（9）地铁工程安全生产考核与履约评价管理办法。建立一种机制，掌握承包商对安全标准的实施及实际能力，保证所挑选的承包商在安全管理是合格的。为此，应制定地铁工程安全生产考核与履约评价管理办法，明确考核、奖罚项目、条件和奖罚额度，对参建单位进行定期（季度、年度、合同期满）安全检查、考核和履约评价，并将评价结果运用到新工程承包商的选择中。

（10）安全事故隐患排查治理管理办法。对安全隐患排查的对象和内容，按一定的方式、方法和技术实施检查、整改，并将它们规范化、制度化。实行"三级"（建设单位、监理单位、施工单位级）隐患排查与治理机制，按照不同的排查项目、内容和频次开展日常检查、专项检查、定期检查，认真排查事故隐患；对排查出来的隐患，督促施工单位按照"三定"原则（定责任人、定措施、定整改时间）进行整改，由施工项目安全管理部门负责整改验收、销号。对其中重要隐患的整改，应实行挂牌督办，整改后还应报监理单位或建设单位复查、销号。建设单位接到施工单位关于工程项目重大隐患排查治理的有关情况报告后，应积极协调勘察、设计、施工、监理、监测等单位，并在资金、人员等方面积极配合做好重大隐患排查治理工作。安全事故隐患排查整治管理办法的主要内容列于表 4.4 中。

安全事故隐患排查整治管理办法的主要内容　　　　　　　表 4.4

检查主体	建设单位	监理单位	施工单位
检查对象	1. 建设单位内部各部门 2. 以监理单位为主，兼顾施工、勘察设计、审图单位	1. 监理项目部各岗位、人员 2. 施工单位及施工现场	1. 内部各部门、岗位、人员 2. 施工现场
检查内容	查现场、查行为、查管理、查隐患、查整改。		
检查内容	1. 建设单位安全生产职责落实情况 2. 监理单位安全生产职责落实情况 3. 施工、勘察设计、审图单位安全管理、超过一定规模的分部分项工程和关键节点的安全管理技术落实情况 4. 施工现场文明施工和安全防护设施 要求突出重点项目、环节和部位	1. 监理单位安全生产职责落实情况 2. 施工单位安全生产职责落实情况和现场安全隐患及其治理情况 要求对监理细则确定安全控制点予以全面检查	1. 内部安全生产责任制度落实情况 2. 施工现场安全文明施工情况 要求检查全面
检查用表	以住建部《城市轨道交通工程质量安全检查指南》中相应的检查评分表为主，增加当地政府的安全生产文明施工要求。		
检查方法	"听"：听取有关管理人员、作业人员对安全生产情况的介绍和汇报 "问"：随机询问或针对性询问相关人员关于安全工作开展情况和对危险有害因素及其处理措施的了解程度 "查"：查管理档案、查人员作业情况和现场安全状态 "验"：抽样进行检验、试验和测量，如对漏电保护器进行检测等 "练"：进行应急预案现场演练和安全防护用品、灭火器材使用的现场操作		
检查频次	业主代表（安全管理人员）：每周一次（针对安全管理、现场文明施工和安全防护设施为主） 项目公司：每月一次邀请专家参与的专业性检查（针对超过一定规模的分部分项工程和关键节点） 建设单位：每季一次联合检查评比	1. 监理工程师：每天巡查 2. 监理项目部：每月一次 3. 监理单位：每季一次	1. 安全管理人员日常检查 2. 项目部每周一次 3. 分（子）公司每月一次 4. 集团公司每季一次
检查频次	季节性（台风暴雨季度）或敏感期（如节假日、重要政治与社会活动期间）前进行一次专项检查		

续表

检查主体	建设单位	监理单位	施工单位
隐患治理	对各级检查确认的重大事故隐患实行挂牌督办、协调整改，并复查销项； 建立重大事故隐患报告和举报奖励制度	对监理、建设单位和政府部门检查发现并书面通知整改的隐患的整改落实情况进行复查、签字	对一般事故隐患，施工单位（项目部、工区、队等）负责人或者有关人员立即组织整改。对重大事故隐患，由施工单位主要负责人组织制定治理方案并实施。 安全监督管理部门及其安全管理人员负责对整改落实情况进行监督、验收
其他	1. 凡是检查发现存在安全隐患，应下达《隐患整改通知书》，附现场图片，明确整改要求和完成期限。 2. 凡是需要整改的隐患，应进行整改复查经由复查人员签字，并附整改前后对比图片。 3. 对于一般安全问题或需要提请注意（预警）的事项，可下达《安全检查告知书》		

注：一般事故隐患是指危害和整改难度较小、发现后能够立即整改排除的隐患；重大事故隐患是指危害和整改难度较大、应当局部或者全部停工、并经过一定时间整改治理方能排除的隐患，或者因外部因素影响致使施工单位自身难以排除的隐患。

（五）应急预案与响应

建设单位应当编制地铁工程安全事故应急预案，督促施工单位编制施工单位级和项目部级的应急预案，建立健全安全生产预警和应急协调保障机制，确保预案之间的衔接，以及与城市政府（部门）工程安全事故应急救援预案的衔接，包括各层级预案响应的事故最低级别、扩大应急响应的条件、统一指挥机制和应急机构职责的衔接，以及前期处置和上级介入后的相应安排。同时，建设单位应建立工程安全风险管理平台，及时收集信息、分析、处理，明确监控量测指标和预警分级标准，明确信息通报层次和对象；建立适应地铁工程所有线、单条线（区域）、施工标段、工点等不同层次的安全事故应急救援队伍和应急物资保障体系，对地铁工程应急队伍、应急物资进行统筹安排，分级、分类在不同层面进行应急物资储备，实现应急抢险队伍、设备物资的配置的统一、系统、高效与合理，适应地铁工程安全事故的特点和应急救援的需要。

【案例1】 上海等城市轨道交通工程部分关键节点条件验收主要内容

1. 盾构始发条件验收

（1）检查设计、勘察交底记录、内容，注意现场是否存在较大设计疑问。

（2）检查工作井结构标高、洞门中心轴线、结构尺寸、结构强度等各项技术参数符合设计和规范要求，并能满足盾构施工各阶段受力要求；检查端头井场地移交情况。

（3）检查施组、出洞方案、监理细则等审批程序。

（4）检查交底内容是否具有针对性，交底形式是否至操作层。

（5）检查加固范围、深度、强度、抗渗等是否达到设计要求；注意施工记录和检测方式，判断加固质量是否存在问题。

（6）检查探孔数量、深度；观察是否有流泥流砂现象。

（7）检查反力架计算书；现场察看后靠支撑系统安装是否牢靠。察看盾构基座受力结构是否存在缺陷,焊接质量是否合格;盾构在基座上的平面、高程偏差符合要求。

（8）检查始发端头加固范围、深度、强度、抗渗等是否达到设计要求;注意施工记录和检测方式,判断加固质量是否存在问题。

（9）管线保护应办妥管线单位的监护交底,获得相关资料。

（10）检查重要保护对象是否制定专项方案,并经单位技术负责人审批或专家评审,并按审核意见认真落实。

（11）检查监测初始值的确定是否合理;检查总包、监理是否按有关要求对监测点的布置进行验收。

（12）控制点应固定牢靠,不易碰动,并已经监理和第三方复核。

（13）人员报审工作已完成,配备情况满足质保体系要求,特殊工种持证上岗。

（14）盾构机已调试完成并通过验收;始发前,应进行系统检修。

（15）行车已通过有关部门验收并整改销项;始发前进行检修。

（16）工程涉及的原材料是否按要求做好相关复试工作。

（17）对工程风险的辨识和分析应全面、具体,并制定控制措施、责任人。

（18）应急预案包括技术上的补救措施和抢险方案,应有强针对性;应急预案须进行实战或桌面演练。

2. 盾构到达条件验收

（1）检查工作井结构标高、洞门中心轴线、结构尺寸、结构强度等各项技术参数符合设计和规范要求,并能满足盾构施工各阶段受力要求;检查端头井场地移交情况。

（2）检查到达方案、监理细则等审批程序。

（3）检查交底内容是否具有针对性,交底形式是否至操作层。

（4）检查到达端头加固范围、深度、强度、抗渗等是否达到设计要求;注意施工记录和检测方式,判断加固质量是否存在问题。

（5）检查探孔数量、深度;观察是否有流泥流砂现象。

（6）察看盾构基座受力结构是否存在缺陷,焊接质量是否合格;检查盾构在基座上的平面、高程偏差符合要求。

（7）检查重要保护对象是否制定专项方案,并经单位技术复杂人审批或专家评审,并按审核意见认真落实。

（8）到达端头前,盾构机、行车等设备应进行系统检修、保养。

（9）对盾构到达端头施工风险的辨识和分析应全面、具体,并制定控制措施,明确责任人,落实抢险人员、物资。

3. 盾构法隧道贯通节点验收

（1）端头井与隧道管片接头、联络通道结构施工已完成（未完成的,则应制定专项方案确保其施工不影响隧道堵漏及嵌缝抹孔施工质量）。

（2）贯通测量轴线偏差（高程、平面）符合设计和规范要求。

（3）管片环拼装纵缝、环缝、高差汇总,总体情况符合设计和规范要求。

（4）管片破损点汇总,并已进行修补,修补质量符合设计要求。

(5) 隧道渗漏情况汇总，总体符合设计要求。
(6) 防迷流测试满足设计要求。
(7) 提供当期隧道及地表环境监测成果，并确保后期按既定频率定期监测。
(8) 隧道内已清理干净，满足嵌缝和手孔封堵施工条件。
(9) 嵌缝和手孔封堵施工的相关材料已报审，并已按要求进行复试工作。
(10) 施工现场分部、分项安全技术交底已按要求完成。
(11) 相应质量保证资料齐全。

4. 联络通道（泵房）开挖条件验收

(1) 施工现场是否已完成设计、勘察（补勘）交底。
(2) 检查设计要求的开挖加固措施，各项加固指标是否已达到设计要求。
(3) 检查探孔是否发现异常情况。建议在开挖区中部和边角部位各打一个探孔。
(4) 检查防护门启闭是否灵活。
(5) 联络通道结构开挖、冻融变形控制设计、施工方案应经专家评审，并通过单位技术负责人和总监审批；监理细则已经编制并审批通过。
(6) 周围环境监测控制点按监测方案布置完成，且已取得初始值。
(7) 人员（按合同）、机械（按方案）、材料（数量满足进度需求、质量符合设计要求）都已到位。
(8) 对工程潜在的风险进行辨识和分析，编制完成了具有针对性、可操作的应急预案，并落实抢险人员、物资（应配备聚氨酯、聚氨酯泵和防毒面具），应进行实战或桌面演练。

【案例 2】 某地铁工程建设单位承包商安全生产考核与履约评价管理办法的核心内容

1. 考核评价目标

(1) 安全事故和重大险情的控制目标；
(2) 安全管理人员配备要求和能力要求；
(3) 安全生产、文明施工的定期（如季度）检查得分。

2. 考核评价依据

(1) 各级政府对安全事故和重大险情的认定；
(2)《城市轨道交通工程质量安全检查指南（试行）》的《施工单位安全检查评分表》。

3. 奖励

奖励种类	条件	奖励	备注
定期检查优秀奖	得分优良且排名前（20%）	通报表扬、流动奖牌、奖金	
定期检查进步奖	评分80分以上且比前一季度增加（5分）或排名升（3名）以上	通报表扬	
年度考核、履约评价	每个季度得分80分以上、两个季度获流动奖牌，未受到政府部门批评	固定奖牌、年度履约评价优良、登报公告	

续表

奖励种类	条件	奖励	备注
合同期内合格单位	未发生安全生产事故和重大险情、历次季度考核合格	合格证书、一定奖金	
合同期内优良单位	未发生安全生产事故和重大险情、历次季度考核80分以上，获得固定奖牌	优良单位证书、重奖、履约评价优秀	
市、省、国家级文明工地、双优工地	获市、省、国家级安全生产、文明施工"双优工地"或"安全标准化工地"；或在国家级安全检查中受到通报表扬	通报表扬、奖金	
应急救援贡献	响应迅速，积极给予救援	通报表扬、奖金	
重大风险监控	对高等级风险实施了有效监控	奖金	
优秀个人	在未发生生产安全事故的施工单位中评选施工安全先进经理、安全管理人员和作业班组长	证书、奖金	

4. 处罚

处罚种类	条件	处罚	备 注
定期检查	安全生产不合格	通报批评，罚款、现场立黄色警示牌	
	文明施工不合格	通报批评，罚款	
	退步（排名退5位）	约谈项目经理予以训诫、警告	
安全隐患	施工现场存在严重安全隐患	按预先制定的隐患及其处罚标准（附表）进行处罚（数百元到数千元不等）	
	安全隐患超时未改或整改不彻底	前一次罚款的1.5~2倍，属重大隐患的每逾一天可罚款（0.5~1）万元	
安全事故	发生死亡等安全生产事故	1. 罚款； 2. 取消年度的各种先进单位的评选资格； 3. 施工单位项目经理、单位代表公开检讨； 4. 施工现场立"安全生产红色警示牌"； 5. 建议施工单位撤换项目经理或副经理	参见死亡事故、重大险情处罚标准
重伤、重大险情	发生重伤或重大险情		
履约评价	年度内两季度检查不合格或百亿产值死亡率超标	年度履约评价不合格，限制参加下一年度地铁工程投标（或在评标中扣5~10分）	
	合同期内两年履约评价不合格或发生一次较大以上死亡事故	合同期内履约评价不合格，限制参加下一期地铁工程投标（或在评标中扣10~15分）	

注：1. "公开检讨"是在地铁工程建设范围内的检讨。

2. 合同期内事故和险情的罚款总额不超过合同总价的15%。

施工现场安全生产死亡事故处罚标准

次序	一次死亡	1人	2人	3人以上	10人以上
第1次		1. 罚款　万元 2. 项目经理公开检讨	1. 罚款　万元 2. 分管领导公开检讨	1. 罚款　万/人 2. 施工单位法人代表公开检讨	1. 罚款　万/人
第1次		3. 取消事故发生年度的各种先进单位的评选资格 4. 年度内在施工现场立"安全生产红色警示牌" 5. 建议施工单位撤换项目经理或副经理			
第2次		1. 罚款　万元 2. 分管领导公开检讨	1. 罚款　万元 2. 施工单位法人代表公开检讨	1. 罚款　万/人	1. 罚款　万/人
第2次		3. 取消事故发生年度的各种先进单位的评选资格 4. 施工现场立"安全生产红色警示牌" 5. 建议施工单位撤换项目经理或副经理			
第3次		1. 罚款　万元	1. 罚款　万元	1. 罚款　万/人	1. 罚款　万/人
第3次		2. 取消事故发生年度的各种先进单位的评选资格 3. 施工单位法人代表公开检讨 4. 施工现场立"安全生产红色警示牌" 5. 建议施工单位撤换项目经理或副经理			
备注		后一起事故的罚款比前一起事故罚款增加　万	后一起事故罚款比前一起事故罚款增加　万	后一起事故罚款比前一起事故罚款增加　万/人	后一起事故罚款比前一起事故罚款增加　万/人

注：第2次从该合同标段的百亿元产值生产安全事故死亡人数超出政府建设行政主管部门下达的地铁建设工程安全生产年度责任指标值的85％时算起。

施工现场安全生产非死亡事故和重大险情处罚标准

分类		处罚
非死亡事故	3人以上集体中毒住院的事故直接经济损失100万元以上	1. 取消全年的安全生产先进单位的评选资格 2. 处罚　万元
非死亡事故	重伤（含急性中毒）事故	1. 取消全年各种先进单位的评选资格； 2. 每1人罚款　万元（根据伤残等级定）； 3. 施工单位项目经理在地铁工程建设范围内书面检讨
重大险情	施工造成地铁、铁路、道路交通中断、通信中断、电力中断、漏水、漏气等重大险情	在地铁工程建设范围内通报批评，罚款　万元
重大险情	经济损失较大或被媒体曝光的火灾、设备、交通事故	在地铁工程建设范围内通报批评，罚款　万元
重大险情	洞内较大塌方、涌水、冒顶等险情	在地铁工程建设范围内通报批评，罚款　万元
重大险情	其他性质严重的安全险情	在地铁工程建设范围内通报批评，罚款　万元

第四节 检查评价和改进措施

检查和评价包括绩效测量与监测、事故（险情、事件）的调查、审核与管理评审，目的是要求建设单位定期或及时地发现工程安全管理体系运行过程或自身所存在的问题，并确定问题产生的根源或需要持续改进的地方。

（一）绩效测量与监测

测量和监测包括主动测量和被动测量。

主动测量内容包括：

（1）地铁工程安全生产目标的实现情况；

（2）地铁工程安全管理方案的各项计划及运行控制中各项运行标准的实施与符合情况；

（3）系统检查评价各项管理制度、技术措施、现场施工机具和机电设备、现场安全设施以及个人防护用品的实施与符合情况；

（4）对国家法律法规及其他要求的符合情况。

被动测量内容包括：

（1）对与工程有关的事故、险情、事件的确认、报告和调查；

（2）对不良的安全绩效和管理失效的确认、报告和调查。

可采用《城市轨道交通工程质量安全检查指南（试行）》所提供的相关安全检查评分表对建设、施工、设计、监理、监测等单位的安全管理绩效进行测量和监测，采用《地铁工程施工安全评价标准》GB 50715—2011 对地铁工程安全管理整体绩效进行评价。

（二）事故（险情、事件）的调查分析

建设单位应建立地铁工程事故报告与调查处理管理程序，对地铁工程的事故、险情、事件及严重事故隐患，进行调查、分析和报告，识别和消除此类情况发生的原因，防止类似事故（事件、险情）再次发生，并通过程序的实施，发现、分析和消除安全隐患的潜在原因。

值得再次强调，将工程安全事故简单地归因于作业人员的不安全行为是不科学的，把工程事故的责任和控制事故发生的任务简单地归于施工单位也是不科学的。事故分析需要分析直接原因、间接原因和深层次原因，预防、控制工程事故需要"综合治理"。

（三）审核与管理评审

建设单位或委托社会中介机构定期开展地铁工程安全管理体系的审核、管理评审，以评价管理体系及其要素的实施能否适当、充分、有效地保护建设者的安全与健康，预防各类事故的发生。

（四）改进措施

建设单位应针对安全管理体系绩效测量与监测、事故事件调查、审核活动所提出的纠正和预防措施的要求，制定具体的实施方案并予以保持，确保体系的自我完善功能，并不断寻求方法持续改进工程安全管理体系及其安全绩效，从而不断消除、降低或控制安全危险与安全风险。改进措施包括纠正与预防措施和持续改进两个方面。

第五章 岩土工程勘察安全风险管理

岩土工程勘察一般采用钻探、挖探、物探、原位测试、室内试验等勘察手段获取为设计（总体方案设计、初步设计、施工图设计和深化设计）提供的岩土、（工程、水文）地质基础资料，查明地质条件、环境影响，为地铁工程建设项目地基基础及基坑、隧道、路基、桥梁工程方案设计与施工提供重要依据，为确保地铁工程建设的结构安全、施工安全和环境安全提供基础，因此，必须对岩土工程勘察的安全风险进行有效管理。

第一节 勘察阶段与主要工序

（一）勘察阶段划分

依据项目可行性研究、总体方案设计、初步设计、施工图设计、施工等不同阶段对岩土工程勘察技术要求的不同，地铁工程勘察可以划分为可行性研究勘察、初步勘察、详细勘察和施工勘察四个阶段。当地铁工程沿线或场地附近存在对工程设计方案和施工有重大影响的岩土工程问题时还应进行专项勘察。

可行性研究勘察根据线路或比选线路方案，通过必要的调查和勘察工作，研究线路场地的地质条件，重点研究对线路方案有重大影响的不良地质作用、特殊性岩土及重点地段的工程地质问题，提供线路方案研究所需的地质依据，评价场地稳定性和适宜性。

初步勘察在可行性研究勘察的基础上，针对线路敷设方式、各类工程的结构形式、施工方法等要求开展工作，查明地下工程的水文地质和工程地质条件并进行评价，同时初步查明可能影响工程施工的不良地质和特殊地质的性质、特征、范围，提出初步治理的措施。

详细勘察在初步勘察的基础上，针对地铁各类工程的建筑类型、结构形式、埋置深度和施工方法等要求开展工作，满足施工图设计要求，勘察报告应包括不良地质风险评价等专项内容，提供其对施工工法适应性分析及设计处理方案的建议。

施工勘察在详细勘察的基础上，研究已有勘察资料，掌握沿线各类工程及不良地质作用、特殊性岩土等特殊地质条件，有针对性地开展勘察工作。施工勘察应针对具体的工程地质问题进行分析评价，提供所需岩土参数，提出工程处理措施建议。

专项勘察是指地铁工程沿线或场地附近存在对工程设计方案和施工有重大影响的岩土工程问题（包括不良地质作用、地质灾害、特殊性岩土）且勘察各阶段均难以查清时，需要采取专项措施查明其地质条件的工作。专项勘察可以根据工程需要在任何一个勘察设计阶段开展工作。

除施工勘察由施工单位或其委托的勘察单位完成外，其他勘察由建设单位委托有相应资质的勘察单位完成。

(二）勘察工序与管理流程

岩土工程勘察包括收集资料、现场踏勘、编写大纲、作业准备、外业实施、室内土工试验、内业整理并提交报告、报告的评审与验收、后续服务（地质交底、设计施工配合、验槽、验洞等）等九个主要工序。岩土工程（初步、详细）勘察的管理流程如图5.1所示。

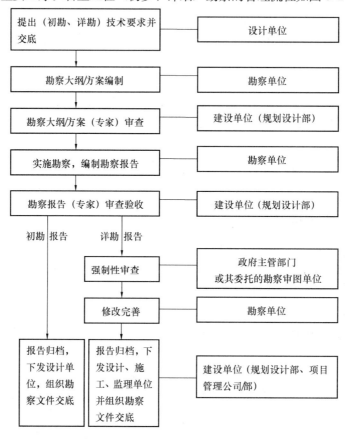

图5.1 岩土工程（初步、详细）勘察的管理流程

第二节 岩土工程勘察安全风险及其控制

岩土工程勘察安全风险包括勘察、调查实施过程中的勘察作业本身安全风险（简称为勘察作业风险）和勘察资料不完整、评价不正确等勘察质量问题引起设计、施工安全问题的风险（简称为勘察质量风险）。

（一）勘察作业风险控制

勘察实施过程中常见的风险主要包括勘察作业造成地下管线、既有地铁线、地下建（构）筑物或架空线路受到损害，行人和车辆的伤害，钻（挖）探的人身伤害（机械伤害、触电）、交通安全事故等。勘察单位应在勘察作业前进行风险识别，勘察作业时应当严格执行操作规程，采取措施保证各类管线、既有地铁线、设施和周边建筑物、构筑物的安全。钻孔前，必须严格按照"调查、访问、探测、挖探、保护"的程序对地下管线、既有地铁线、地下建（构）筑物进行避让和保护，钻探孔位确定、开钻等关键环节必须有管理人员现场监控。勘察完成后，应当按规定及时回填勘探孔，取出钻孔中遗留的钻杆、取土器等硬质金属物件，避免对工程施工等造成影响。

（二）勘察质量风险控制

勘察质量风险是指地质勘察深度和精度不能满足设计和施工需要，导致设计变更、工程投资增加或工程安全质量事故发生。地质勘察风险主要来自：

（1）勘察单位责任心不强、诚信度不高，同类工程经验缺乏，质量管理体系不健全，违法分包或转包挂靠等不正当行为。

（2）勘察大纲质量和水平不高，勘察方法、工作量布置未能满足规范及设计要求，未根据当地复杂多变的实际地质环境（土体的空间变异性）布置勘察孔（位置、数量和深度），地层（特别一些对工程建设质量和安全具有致命影响的粉细砂层、软弱夹层或软弱结构面）描述精确程度不够。

（3）原位测试技术、室内试验方法的不确定性，计算公式的不确定性及土体参数的统计误差，岩土工程分析与评价不准确、不全面等。

（4）现场勘探完成后的钻孔及其遗留物不处理、不标识或封孔质量不过关。

尽管不同勘察阶段需要重点解决的地质安全风险问题不同，但基本要求是，勘察单位应按照法律、法规和工程建设强制性标准进行勘察，岩土工程勘察应按工程建设各阶段的要求，正确反映工程地质条件，查明不良地质作用和地质灾害，提出资料完整、评价正确、真实、准确的勘察文件。详细勘察文件应满足《城市轨道交通岩土工程勘察规范》GB 50307—2012要求，根据工程地质和水文地质条件，指出不良地质风险在拟定的工法和工程环境条件下，在施工中可能出现的安全风险及控制措施建议，必要时针对特殊地质条件提出专项勘察建议，以满足建设工程安全生产的需要。同时，对于因现场场地或现有技术手段限制仍存在的不确定或无法探明的工程地质、水文地质因素，分析其对设计、施工带来的影响，提出采取下一步勘察工作的建议及应重点解决的问题，并书面通知建设单位。在具备现场勘察条件后，应当及时进行勘察。

建设单位要认真组织勘察、设计等单位对勘察大纲/方案、勘察报告进行审查，必要时组织专家审查（专项勘察报告应进行专家审查）。

（三）勘察与设计施工的相互配合

在勘察过程中，设计单位代表应全程跟进配合，遇到地质疑难点时，及时协调补勘，提供工程优化建议。在设计阶段，勘察单位按照建设单位要求向设计单位进行勘察文件交底，定期与设计单位沟通，确保所使用资料为最新版本，确保依据新的设计方案进行必要的补充勘察；在施工过程中，勘察设计单位应提供岩土工程勘察服务，包括地质交底，明挖基坑地基验槽、暗挖施工验洞，及时解释或澄清勘察报告使用时发现的问题等，尤其是对勘察阶段未完成的钻孔，应进行补充勘察（钻孔、物探等）；在坍塌等施工事故应急抢险中，复核勘察报告中土层划分、工程参数，必要时补查事故地点周边是否存在地下管线（尤其是供排水管线），是否存在不良地质体等，为事故调查及制订有针对性的应急抢险方案提供必要的技术支持。

第三节　建设单位在岩土工程勘察阶段的风险管理内容

在岩土工程勘察风险管理中，工程勘察单位承担风险管理实施责任，对勘察质量负责，提供的勘察文件应当真实、准确，满足建设工程安全生产的需要；建设单位主要承担组织与协调责任。建设单位在岩土工程勘察阶段的安全风险技术管理的主要内容是：

（1）通过招标选择有岩土工程勘察综合甲级资质且具有轨道交通工程建设岩土工程勘察经验的单位，并通过合同条件约定，杜绝转包或违法分包，严格限制不合理分包；

（2）确定合理的勘察工期和勘察安全措施费，向勘察单位提供真实、可靠的原始资料和必要的进场条件；

（3）组织对初步勘察、详细勘察等阶段的勘察大纲和方案的论证，对方案实施实行监督，组织勘察报告的专家审查、验收，对勘察单位进行安全质量管理履约检查（使用《城市轨道交通工程质量安全检查指南—勘察单位质量安全检查评分表》）；

（4）负责勘察单位与工程周边环境相关各管理单位、地铁工程参建单位（设计、施工等）的协调工作，包括协助办理各种审批手续，协调好勘察与设计、勘察与施工的相互配合工作，组织设计单位及时提出勘察技术要求（包括特殊地质条件的专项勘察、设计变更后必要的补充勘察），及时组织勘察单位向设计单位进行勘察文件交底，在施工前组织勘察、设计单位向施工、监理、监测等单位进行勘察、设计文件交底；

（5）当线路、地质条件、工程设计或施工条件发生变化时，应当及时组织或督促勘察单位进行补勘工作。

第四节　工程管理人员应重点关注的工程地质条件

地质体既是地铁工程的载体也是工程施工改造的对象，地质条件及其探明程度直接关系到工程建设的质量安全；施工过程中地质条件与工程周边环境的相互作用、相互影响也关系到工程建设的质量和安全。因此，建设单位管理人员对工程地质和水文地质的认识，是搞好工程安全管理的基础。为此，在认真组织审查勘察各个阶段的勘察大纲和勘察文件的同时，应了解岩土工程勘察报告，认真消化报告的"结论与建议"，重点关注不良地质及特殊岩土；地层情况、参数及其工程特点，地下水位及类型，施工方法和技术的选择；督促施工单位在施工前应进行必要的地质调查（补勘、物探），在施工过程中做好工作面地质素描、超前钻孔等超前地质预报。

（一）不良地质作用、特殊岩土与地下水

不良地质作用、地质灾害、特殊岩土、地下水是影响工程施工安全的重要因素。工程设计、施工首先应了解场地内有无影响工程安全的活动断裂、岩溶、滑坡、泥石流、采空区、地裂缝、砂土液化等不良地质作用，有无软土、湿陷性土、冻土、膨胀土等特殊岩土，有无上层滞水、潜水和承压水，应了解地质勘察报告"岩土工程分析与评价"包括"地下水对工程的影响分析评价"、"特殊岩土与不良地质作用影响评价"。地铁工程常见地质风险及其处理措施汇总于表5.1。

第四节　工程管理人员应重点关注的工程地质条件

地铁工程常见地质风险及其处理措施　　　　表 5.1

序号	类别	地质风险	处理措施
1	人工填土	填土由于其松散性和不均匀性，往往给地基、基坑边坡和围岩的稳定性带来风	加固或换填
2	人工空洞（采空区）	人工空洞对地下工程的施工带来潜在风险。城市地区浅表层受人类工程活动影响，易形成人工空洞。容易形成空洞的地段一般包括：雨污水管线周边、深基坑工程附近、地下水位动态变化较大地段、原有空洞部位（菜窖、墓穴、鼠洞等）、管线渗漏地段、砂土复合地层结构地段等	做好超前地质预报，对探明的空洞使用砂浆或混凝土充填
3	卵石、漂石地层	卵石、漂石地层中的漂石会给围护桩施工、管棚和小导管施作以及盾构施工带来困难和风险；卵石、漂石地层的高渗透性也会给工程降水和注浆带来困难	施工中注意避让，盾构施工前处理（爆破等）
4	饱水砂层透镜体	饱水砂层透镜体由于其分布的随机性，详细勘察阶段不容易被发现；施工时，隧道开挖范围遇到它会造成隧道涌水和流砂	隧道开挖注意短进尺、超前加固，做好应急预案
5	上层滞水	上层滞水由于其分布的随机性和不稳定性，又因详细勘察距施工的时间较长，造成其不容易被查清，给施工带来一定风险	认真做好水压力监测，排水措施到位
6	岩溶和溶洞	在熔岩地区岩溶和溶洞的分布无规律，且不易勘察，易给后期施工带来难以预见的风险。饱水的大型溶洞还易造成施工中的地下水突涌	做好超前地质预报，对探明的空洞采用砂浆或混凝土充填
7	断层破碎带	在各断裂的断层破碎带之中，隧道在破碎地层中增加塌方风险，基坑开挖施工容易受到地质断裂带中沿岩石裂隙面滑动的滑动力不利影响，这种滑动也会带来很大的风险	做好超前地质预报，隧道开挖注意短进尺、超前加固，做好应急预案。盾构施工注意防止喷涌
8	承压水、高压裂隙水	软土地层的高承压水易导致地下工程涌水和失稳等风险，岩石地层的高压裂隙水容易造成地下工程的突水风险。在上海等长江下游地区，地铁工程所遇到的重大风险绝大部分与承压水、微承压水或地下水条件下（粉）砂性土层有关，例如车站围护结构渗漏等造成基坑外侧地面沉降，导致钢支撑变形、地连墙折断	认真做好水压力、水量监测，研究水压力的分布规律，并根据现场情况有针对性地采用注浆堵水、冷冻法、地连墙隔水（包括接头增设旋喷桩）、井点降水等措施
9	有害气体	赋存地层中的可燃或有毒气体易造成隧道施工中的爆燃或施工人员的中毒等风险	加强对有害气体的日常监测，防护措施到位，做好应急预案
10	湿陷性地层	湿陷性地层在不同含水量时的承载能力和变形特性差异较大	做好施工监测，采取注浆加固等措施
11	高灵敏度淤泥质地层	此类地层对工程活动的扰动敏感，稳定性差，易出现基坑等工程的失稳等风险	做好施工监测，采取注浆加固或换填等措施

续表

序号	类别	地质风险	处理措施
12	液化地层	液化地层中的地铁结构易在地震和列车运行振动作用下出现基底变形下沉风险	做好施工监测，采取加固或换填等措施
13	高地压地层	高地压地层（岩层）条件下易出现岩爆等风险	做好超前地质预报，隧道开挖注意短进尺，释放地层压力
14	高硬度岩层	高硬度岩层在采用掘进机类设备施工时有设备适用性风险	做好超前地质预报，隧道开挖注意短进尺，尽量避让，备用设备充足
15	粉细砂地层	含水的粉细砂地层易产生流砂等风险，造成隧道坍塌、地下连续墙渗漏、钻孔灌注桩夹泥和断桩	做好超前地质预报，隧道开挖注意预支护、短进尺、强支护、勤量测。对深基坑，根据现场情况有针对性地采用注浆堵水、冷冻法、地连墙隔水（包括接头增设旋喷桩）、井点降水等措施

（二）地层结构及其工程特点

不同类型的地层的物理力学性质、岩土工程特性，以及对地铁工程的意义与影响各异，例如，在第四系地层中，土体的沉积时代与其工程性质有较密切的关系，见表5.2。而地层结构往往是工法、工艺选择的主要制约因素和参考依据。第四系土体的地层结构可划分为均一结构、多薄层结构和多厚层结构等三种类型，岩体结构类型分类及工程特征见表5.3。

土体沉积时代与工程性质的关系 表5.2

类　型	地质时代	工程性质
老沉积土	第四纪晚更新世（Q_3）及其以前沉积的土层	土体一般呈超固结状态，具较高的强度和较低的压缩性
一般沉积土	第四纪全新世（文化期以前Q_4）沉积的土层	土体一般呈正常固结状态
新近沉积土	文化期以来新近沉积的土层Q_4	土体一般呈欠固结状态，且强度较低，压缩性较高

岩体的结构类型及工程特征 表5.3

结构类型	岩体地质类型	结构面发育情况	岩土工程特征	岩土工程问题
整体状结构	巨块状岩浆岩、变质岩、巨厚层沉积岩	以层理面和原生构造节理为主，多呈闭合型	整体性强度高，岩体稳定	要注意由结构面组合而成的不稳定结构体的局部滑动或坍塌，深埋洞室要注意岩爆
块状结构	厚层状沉积岩、块状岩浆岩、变质岩	只具有少量贯穿性较好的节理裂隙	整体强度较高，结构面互相牵制，岩体基本稳定	

续表

结构类型	岩体地质类型	结构面发育情况	岩土工程特征	岩土工程问题
层状结构	多韵律的薄层及中厚层状沉积岩	层理、片理、节理裂隙,但以风化裂隙为主	岩体接近均一的各向异性体,其变形及强度特征受层面控制,可视为弹塑性体,稳定性较差	可沿结构面滑塌,可产生塑性变形
破裂状结构	构造影响严重的破碎岩层	层理及层间结构面较发育	完整性破坏较大,整体强度很低,并受软弱结构面控制,多成弹塑性体,稳定性很差	易引起规模较大的岩体失稳,地下水加剧岩体失稳
散体状结构	断层破碎带、强风化及全风化带	构造及风化裂隙密集,结构面错综复杂,并多充填黏性土	完整性遭到极大破坏,稳定性极差,岩体接近松散介质	

(三)围岩分级

在地下工程领域,围岩指的是隧道周围一定范围内,由于受开挖影响而发生应力状态改变、对洞身的稳定有影响的岩(土)体。地下洞室开挖以后,洞壁围岩由于失去了原有岩(土)体的支撑而向洞内松胀变形,如这种变形超过了围岩本身所能承受的能力时,围岩就会产生破坏。对于地铁工程中暗挖隧道、盾构区间的围岩,由于岩性不同、结构类型不同、物理力学性质不同以及地下水的参与影响程度不同,使围岩质量相差悬殊。因此,在地铁工程建设时,为了对围岩质量好坏有一个综合、明确的概念,就必须对围岩进行工程地质分类即围岩分级,这是地铁工程的岩土工程勘察所特有的也是至关重要的环节,也是地铁工程设计的依据、施工安全控制的关键点。地铁工程围岩分级执行的是国家标准《城市轨道交通岩土工程勘察规范》GB 50307—2012。见表5.4。

隧道围岩分级　　　　　　表5.4

围岩级别	围岩主要工程地质条件		围岩开挖后的稳定状态(单线)	围岩压缩波波速 V_P (km/s)
	主要工程地质特征	结构形态和完整状态		
Ⅰ	坚硬石(单轴饱和抗压强度 f_{rk}>60MPa);受地质构造影响轻微,节理不发育,无软弱面(或夹层);层状岩层为巨厚层或厚层,层间结合良好,岩体完整	呈巨块状整体结构	围岩稳定,无坍塌,但可能产生岩爆	>4.5
Ⅱ	坚硬岩(f_{rk}>60MPa);受地质构造影响较重,节理较发育,有少量软弱面(或夹层)和贯通微张节理,但其产状及组合关系不致产生滑动;层状岩层为中厚或厚层,层间结合一般,很少有分离现象;或硬质岩偶夹软质岩石;岩体较完整	呈大块状砌体结构	暴露时间长,可能会出现局部小坍塌,侧壁稳定,层间结合差的平缓岩层顶板易塌落	3.5~4.5
	较硬岩(30MPa<f_{rk}≤60MPa);受地质构造影响轻微,节理不发育;层状岩层为厚层,层间结合良好,岩体完整	呈巨块状整体结构		

续表

围岩级别	围岩主要工程地质条件 主要工程地质特征	围岩主要工程地质条件 结构形态和完整状态	围岩开挖后的稳定状态（单线）	围岩压缩波波速 V_P（km/s）
Ⅲ	坚硬岩和较硬岩：受地质构造影响较重，节理较发育，有层状软弱面（或夹层），但其产状组合关系尚不致产生滑动；层状岩层为薄层或中层，层间结合差，多有分离现象；或为硬、软质岩石互层	呈块石状镶嵌结构	拱部无支护时可能产生局部小坍塌，侧壁基本稳定，但爆破震动过大易塌落	2.5~4.0
Ⅲ	较软岩（15MPa<f_{rk}≤30MPa）和软岩（5MPa<f_{rk}≤15MPa）：受地质构造影响严重，节理较发育；层状岩层为薄层、中厚层或厚层，层间结合一般	呈大块状砌体结构		
Ⅳ	坚硬岩和较硬岩：受地质构造影响极严重，节理较发育；层状软弱面（或夹层）已基本破坏	呈碎石状压碎结构	拱部无支护时可产生较大坍塌，侧壁有时失去稳定	1.5~3.0
Ⅳ	较软岩和软岩：受地质构造影响严重，节理较发育	呈块石、碎石状镶嵌结构		
Ⅳ	土体：1. 具压密或成岩作用的黏性土、粉土及碎石土；2. 黄土（Q_1、Q_2）；3. 一般钙质或铁质胶结的碎石土、卵石土、粗角砾土、粗圆砾土、大块石土	1、2呈大块状压密结构；3呈巨块状整体结构		
Ⅴ	软岩受地质构造影响严重，裂隙杂乱，呈石夹土或土夹石状，极软岩（f_{rk}≤5MPa）	呈角砾碎石状松散结构	围岩易坍塌，处理不当会出现大坍塌，侧壁经常小坍塌；浅埋时易出现地表下沉（陷）或塌陷至地表	1.0~2.0
Ⅴ	土体：一般第四系的坚硬、硬塑的黏性土，稍密及以上、稍湿或潮湿的碎石土、卵石土、圆砾土、角砾土、粉土及黄土（Q_3、Q_4）	非黏性土黏性土呈松散结构，黏性土及黄土松软状结构		
Ⅵ	岩体：受地质构造影响严重，呈碎石、角砾及粉末、泥土状	黏性土呈软状	围岩极易坍塌变形，有水时土砂常与水一齐涌出，浅埋时易塌至地表	<1.0（饱和状态的土<1.5）
Ⅵ	土体：可塑、软塑状黏性土、饱和的粉土和砂类等土	黏性土呈易蠕动的松软结构，砂性土呈潮湿松散结构		

注：1. 表中"围岩级别"和"围岩主要工程地质条件"栏，不包括膨胀性围岩、多年冻土等特殊岩土。
2. Ⅲ、Ⅳ、Ⅴ级围岩遇有地下水时，可根据具体情况和施工条件适当降低围岩级别。

第六章 工程周边环境调查风险管理

工程周边环境主要是地铁工程建设影响范围（施工场地及其毗邻区域）内的建筑物、构筑物、道路、管线、地铁线、地表水体等。工程建设与工程周边环境存在相互影响、连锁反应，一旦发生事故和险情（如过量沉降、差异沉降、倾斜、开裂，甚至倒塌、断裂等），后果（人员伤害、经济损失和社会影响）往往极为严重，影响工程建设顺利进行，影响城市功能发挥和社会稳定和谐。因此，地铁工程周边环境是地铁工程建设的主要风险源之一，工程周边环境调查与保护是地铁工程安全管理的重要内容之一，必须高度重视工程周边环境调查不到位等风险的管理。

第一节 工程周边环境保护原则与保护措施

（一）工程周边环境保护原则

（1）避让原则：确定城市轨道交通线路和车站位置时，对严重影响工程实施或因工程施工可能造成其严重损害的重要建、构筑物及设施，应当尽可能避让。

（2）拆迁原则：对需要拆除、改造、迁移的工程周边建、构筑物及设施，建设单位应当依法向政府有关部门提出拆除、改造、迁移申请，经批准后组织实施。

（3）保护原则：对因工程施工可能造成损害且不能进行拆除、迁移的工程周边建、构筑物及设施，应当采取有效措施进行保护。

（二）工程周边环境保护措施

（1）工程周边环境现状调查。建设单位组织工程周边环境调查，获取工程周边环境资料。

（2）工程周边环境现状评估。对无法避让且因条件所限不能进行拆除、迁移的工程周边环境，建设单位应当根据设计要求和工程实际，组织开展现状评估。

（3）工程周边环境资料提供。工程开工前，建设单位及时向设计、施工、监理、监测等单位提供工程周边环境资料（包括现状评估报告），并确保资料的真实、准确、完整。

（4）工程周边环境风险评估。建设单位组织开展工程周边环境风险辨识、评估，确定风险等级，实行分级管理。

（5）专项设计及其专家论证。设计单位应当充分考虑工程周边环境保护的需要，对涉及工程安全质量的重点部位和环节在设计文件中注明，对重大风险工程提出设计处理措施，必要时进行专项设计。设计单位应当会同相关单位对风险工程的专项设计方案组织专家论证。

（6）管线管理单位现场交底。建设单位组织地下管线产权单位或管理单位向施工单位进行现场交底。

(7) 开展工程周边环境现场核查。勘察、设计、施工、监测等单位应当对工程周边环境进行核查，查清地下管线等工程周边环境与地铁工程的相对位置。当工程周边环境实际状况与建设单位提供的资料不一致时，及时报告建设单位。建设单位应当组织补充完善。

(8) 签订地下管线安全保护协议。根据有关法律、法规和规章规定，燃气、电力、供水、电信、供热等地下管线两侧一定距离内依次划分为安全保护区和安全控制区。在地下管线安全保护区内，严禁进行机械开挖、爆破及其他特别禁止的施工行为。对于在地下管线安全控制区内进行的施工（包括勘察钻探作业），建设单位应组织施工单位与管线管理单位签订地下管线（如燃气、电力管线等）保护协议。

(9) 专项施工方案编制与审查。施工单位应当对影响工程周边环境安全的风险工程编制专项施工方案和保护措施，并会同相关单位进行专家论证。

(10) 安全保护技术交底。施工单位在施工前将地下管线、地下构筑物等基本情况、相应保护及应急措施等向施工作业班组和作业人员作详细说明，并在现场设置明显标识。

(11) 保护技术措施实施。根据不同的保护对象，采用注浆加固、冻结加固、止水帷幕、基础托换、管线悬吊保护等工程技术措施，对工程周边环境进行保护。

(12) 施工监测与第三方监测。施工图设计文件应当包括工程及其周边环境的监测项目及其控制指标、监测技术要求等内容，设计单位应当会同相关单位对工程周边环境的监测项目及其控制指标组织专家论证。施工单位应当进行施工监测，建设单位应委托有资质的监测单位对受工程影响的周边环境实施第三方监测。通过监测，及时掌握工程周边环境变化，进行动态设计和施工。

第二节　工程周边环境调查与风险评估

(一) 工程周边环境调查

建设单位负责组织工程周边环境调查工作，并在工程概算中确定工程周边环境调查费用。建设单位可以委托相关单位开展工程周边环境调查工作，对于初步调查、详细调查，一般委托相应线路的勘察单位承担。对于文物调查，应委托文物部门进行专项调查；对于管线调查，应委托具有相应测绘资质的单位承担。

为规范城市轨道交通工程周边环境调查工作，保证工程周边环境调查资料满足工程勘察、设计、施工需要，确保工程及其周边环境安全，住房和城乡建设部于 2012 年 4 月 12 日发布了《城市轨道交通工程周边环境调查指南》，明确了地铁工程周边环境的调查程序、调查范围和调查内容。

1. 调查范围

工程周边环境的调查范围应根据地铁工程的线路位置、敷设方式、埋置深度、结构形式、施工方法、地质条件及工程周边环境重要性等因素综合确定。城市轨道交通地下工程主要施工工法的调查范围可参考表 6.1 确定，而地面线、高架线工程的调查范围原则上不小于线路结构外边线两侧各 30m。

调查范围参考表　　　　　　　　　　　　　　　　　　　　　　　　表 6.1

工法类别	调查范围	备注
明（盖）挖法工程	不小于基坑结构外边线两侧各 30m（或 3H，取大值）	H——基坑设计开挖深度
矿山法工程	不小于隧道结构外边线两侧各 30m（或 $3H_i$、$3B$，取最大值）	H_i——隧道设计底板埋深 B——隧道设计开挖宽度
盾构法工程	不小于隧道结构外边线两侧各 30m（或 $3H_i$、$3D$，取最大值）	H_i——隧道设计底板埋深 D——盾构隧道设计外径

2. 调查内容

根据设计和施工需要，地铁工程周边环境调查可分为可行性研究阶段、初步设计阶段、施工图设计阶段和施工阶段的环境核查。工程周边环境调查内容包括调查对象的外观及现状病害，功能（用途），结构、基础、地基特征（设计参数、施工工法及沉降变形允许值），与地铁工程的空间关系。不同阶段对环境调查的资料深度要求有区别，参见表 6.2。

不同设计阶段对工程周边环境调查的深度要求　　　　　　　　　　　　表 6.2

调查对象	调查深度要求		
	方案设计阶段（1）	初步设计阶段（2）	施工图设计阶段（3）
既有地铁线路	施工工法、结构类型等	(1)＋结构现状病害情况等	(2)＋结构配筋、裂缝分布、地铁结构及轨道变形控制值
既有铁路	铁路等级，构筑物的工法、结构类型	(1)＋产权单位	(2)＋交通流量，结构配筋，轨道、道床及路基不均匀沉降允许值
房屋结构	层数、结构类型、用途，地下室设计、基础形式	(1)＋建造年代，高度，房屋现状	(2)＋房屋整体沉降及不均匀沉降允许值
管线	管线类型、管径、在管网中重要性	(1)＋管线走向、数量，管材	(2)＋建设年代、使用情况、病害情况，管线标高，接头位置及构造、载体特征，管线不均匀沉降允许值及接头允许转角或张开量
桥梁及基础	桥梁上部结构形式，基础类型	(1)＋产权单位、使用现状，上部跨度，截面类型	(2)＋病害情况，基础设计参数、安全系数，基础及上部结构允许沉降量
水体	河湖宽度、水深	(1)＋河床构造	(2)＋水文特点，淤积程度、有无防渗，流速、流量、冲刷线、防洪功能、断流或导流条件，水工建筑的地基变形允许值
道路	公路等级、路面、路基类型，构筑物的工法、	(1)	(2)＋构筑物的配筋，道路沉降允许值

3. 调查程序

地铁工程周边环境调查的一般程序,如图 6.1 所示。

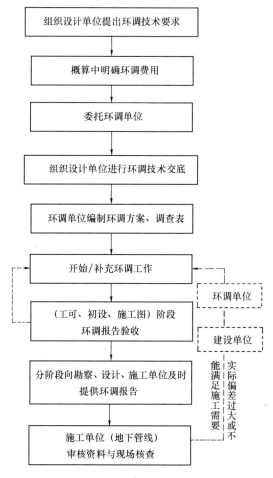

图 6.1 地铁工程周边环境调查基本程序

4. 调查方法

地铁工程周边环境调查方法包括实地调查、资料查阅、现场量测和结构检测。

实地调查是指调查单位到调查对象所在地进行现场访问、目测查看和拍照等获取调查对象的一般属性信息。

资料查阅是指调查单位到调查对象资料管理单位(城市档案管理部门、调查对象的使用管理单位,甚至设计、施工单位)获取调查对象信息。

现场测量是指采用探测仪器、挖探手段、测量仪器等手段对调查对象进行现场量测以获取信息。根据调查对象的需要,可单独采用探测、挖探和测量手段或综合几种手段进行。

结构检测是指采用相关的测试方法对调查对象的结构和建筑材料等进行测试,以评价调查对象的安全状态。

（二）工程周边环境风险评估

在环境调查、风险辨识的基础上，对环境风险进行评估，确定风险等级，以便进行分级管理。

下列属于风险等级比较高的工程周边环境：

（1）居民区、保护建筑、共同沟及其他主要建（构）筑物或沉降敏感区；

（2）已运营或已建成的城市轨道交通设施、城市主干道、城市高架桥或下立交，以及铁路、高速公路、大型越江隧道工程或靠近江河湖泊（水库）的工程；

（3）给水、原水、燃气、航油管等压力总管或干管、市政排水总管（合流总管）、110kV以上的高压电缆、军缆、党政专用通信或股票证券专用通信等重要管线。

雨水污水合流管道由于渗漏、错位、变形等因素的影响，其已接近临界状态，地铁工程基坑、隧道一旦施工，打破其稳定平衡，使其超过临界状态，加速管道的渗漏、错位、变形。多次反复后，造成管道漏水，有的与基坑围护结构、隧道支护结构薄弱部位连通，形成渗水、漏水通道，造成周边土体沉陷，反过来作用于污水管道，形成恶性循环，产生对环境和工程的致命危害。尤其是市政排水总管在管线改排后"割接"形成的"骑马"，对基坑工程极具风险。

表6.3是北京市地铁工程周边环境调查对象重要性等级划分，可供参考。

北京市地铁工程周边环境调查对象重要性等级划分　　表6.3

重要性等级	Ⅰ	Ⅱ	Ⅲ
破坏后果	很严重，重大国际影响或非常严重的国内政治影响，经济损失巨大	严重，严重的政治影响，经济损失较大	一般，有一定的政治影响和经济损失
建筑物	古建筑物、近代优秀建筑物、重要的工业建筑物、10层以上高层、超高层民用建筑物、大于24m的地上构筑物及重要的地下构筑物	一般的工业建筑物，4～6层的多层建筑物，7～9层中高层民用建筑物，10～24m的地上构筑物，一般地下构筑物	次要的工业建筑物，1～3层的低层民用建筑物，小于10m的地上构筑物，次要地下构筑物
地下管线	直径大于0.7m的自来水管总管、煤气管总管、雨污水管总管	直径0.3～0.7m的自来水管刚性支管、煤气管支管、雨污水管支管	自来水管柔性支管
城市桥梁	城市高架桥、立交桥主桥连续箱涵	立交桥主桥简支T梁、异性板、立交桥匝道桥	人行天桥及其他一般桥梁
城市道路	停机坪、城市快速路、主干道、高速路	城市次干路	城市道路、人行道

第七章 工程可行性研究与设计安全风险管理

工程可行性研究和工程设计是地铁工程建设的关键环节，工可研究和设计成果的质量与建设工程投资、质量、安全、进度、技术水平等都有着极为密切的关系，起到决定性作用。设计文件的质量特性包括功能性、可信（靠）性、安全性（施工安全性和运营安全性）、可实施性（可施工性）、适应性、经济性。安全性虽是设计文件的质量特性之一，但地铁工程属于公共基础设施，安全性尤其重要。设计单位不仅要对地铁工程建成后的使用安全负责，而且也对工程在施工过程中的安全负有设计保证、安全指导和施工配合的责任。

第一节 工程可行性研究的风险管理

工程可行性研究是依据项目具体情况和国家相关法规规定，对项目建设的必要性、工程可行性、经济评价、投融资方案、风险评估、工程筹划与建设时机；线路复杂环境条件下的工程方案，设计文件的编制是否符合国家、行业的相关规范；主要危险因素分析的完整性、针对性以及与工程方案的一致性，风险分析评价结果是否可信，防范和降低风险对策是否有效等，提出风险应对建议。

工程可行性研究（报告和方案）应广泛征求有关部门、专家、公众的意见，并根据国家有关法律法规取得相关政府部门的行政审批和许可。

（一）可行性研究风险管理主要工作

工程可行性研究阶段的风险管理主要工作包括：
(1) 地铁工程现场风险调查；
(2) 工程可行性方案风险分析评估；
(3) 重要、特殊地下结构设计和施工方法的适用性风险分析；
(4) 施工及运营环境影响风险分析；
(5) 车辆及机电设备系统选型与配置风险分析；
(6) 可行性方案风险综合比选与方案优化，确定方案；
(7) 提出降低可行性方案风险的处置措施，包括工程保险建议方案。

可行性研究风险管理实施主要内容包括现场风险调查、可行性方案风险评估等。

（二）可行性研究阶段主要程序

(1) 业主委托具有资质的单位开展相应工作，辨识风险，形成风险工程清单；
(2) 可研报告和方案编制单位对可能存在的重大安全风险的控制性工程，必要时开展专题评估研究，形成专题报告；

(3) 建设单位将控制性工程和重大工程环境的风险评估专题报告及审查意见作为可研报告的组成部分，报可研报告审批单位。

(三) 可行性研究阶段主要安全风险因素

可研阶段风险分析（评估）十分重要，如果出现安全风险辨识偏差、风险源遗漏、可研报告和方案深度不足，将会造成不可挽回的损失，故宜慎重进行。

可行性研究阶段应重点关注的风险主要有：
(1) 自然灾害；
(2) 区域特殊不良工程地质与水文地质条件；
(3) 地下工程施工方法选择与工期确定；
(4) 地下工程对周边环境的影响；
(5) 施工场地拆迁及交通疏解；
(6) 重大关键性节点工程；
(7) 工程施工环境保护，包括污染、粉尘、噪声、振动或地下水流失；
(8) 危及人员与工程安全的各种物质，包括地下水、气体、化学品空气体污染物、爆炸物及放射性物质等；
(9) 线路建设规模、客流预测以及车辆、机电设备及系统选型与配置对服务水平、工程投资的影响；
(10) 地下工程运营及其对周边区域环境的影响。

(四) 建设单位在可行性研究阶段风险管理职责

建设单位在可行性研究阶段的安全风险管理的主要职责是：
(1) 组织专家对控制性工程和重大工程环境风险清单进行审查；
(2) 组织专家对控制性工程和重大环境风险控制措施及初步设计方案进行审查，确保满足可研报告的深度要求及后期建设规划的整体要求；
(3) 组织风险工程分级和方案设计的实施及其成果复审，并组织专家对线路特级、一级风险工程清单及方案设计文件进行终审、论证；
(4) 科学确定合理的工期和工程概算。

第二节　工程设计安全风险管理

(一) 设计阶段划分

地铁工程设计，依时序可划分为总体设计、初步设计、施工图设计、施工配合等阶段。对于工程复杂的项目，宜做试验段工程，试验段工程必须在总体设计指导下进行。

1. 总体设计

总体设计也称总体规划设计，其设计任务是解决一个区域内几条线或者一条线分期建设的总体部署和重大原则问题，如总设计规模和多种建设方案合理组合，总平面规划，总建设进度以及总投资和分期投资的投资估算,以编制出最佳建设方案。

2. 初步设计

初步设计的任务是根据批准的设计任务（或可行性研究报告、总体设计方案），确定全线的设计原则、设计标准、重大技术问题，确定各专业设计方案，编制出初步设计文件与总概算。初步设计文件应符合已审定的设计方案和落实的接口条件，能据以确定土地征用、主要设备及材料的准备，以及建筑物和构筑物的搬迁、管线改移。初步设计和总概算经上级主管部门审查批准后，确定建设项目的投资额，组织主要设备订货，并作为编制施工图设计的依据。初步设计应有"节能、防灾、环境保护"、"安全防护"等方面的文字说明和图纸。

3. 施工图设计

施工图设计是根据批准的初步设计文件及主要设备订货情况，进行施工图设计计算，绘制施工图纸并编制有关施工说明，并据以指导施工。

（二）设计阶段主要工作流程

设计（初步、施工图）阶段的主要工作流程见图7.1。设计单位完成的设计文件均应接受各级审查（包括各级政府部门）。设计分包单位完成的设计图纸应经相关单位会签、审定后，方可交付使用。深基坑支护、地下暗挖、高边坡、高支模等危险性较大分部分项工程的设计方案应由设计单位按照政府部门有关规定召开专家会议进行评审，施工图文件应由建设单位送审查机构或建设主管部门审查。

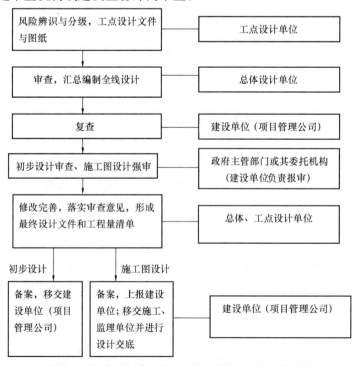

图 7.1 设计（初步、施工图）阶段的主要工作流程

（三）设计主要风险及其控制对策

设计阶段的安全风险管理包括两个方面，一是设计本身质量缺陷可能导致的施工安全风险、运营安全风险的管理，二是设计阶段应该进行土建工程安全风险的辨识、评估和管理。设计阶段的主要质量风险及其控制措施汇总于表7.1。下一节则介绍后一方面的内容。

设计阶段主要质量风险及其对策　　　　　　　　　　　表7.1

序号	阶段	主要风险	管理措施
1	初步设计	1）自然灾害； 2）不良工程地质及水文地质条件； 3）地层物理、力学参数的取值，工程荷载与计算模型，工况选取不当或失误； 4）车辆及机电设备系统配置不当； 5）设计方案变更等不确定性	1）补充地质勘探资料，提高勘察精确性，获取可靠的设计计算参数； 2）对周围环境建（构）筑物进行调查，并提出保护性措施； 3）建立风险等级审查、设计变更管理办法； 4）制定重大风险控制文件； 5）聘请有经验的设计咨询单位参与初步设计建设风险管理，选择成熟的设计和标准化设计
2	施工图设计	1）自然灾害； 2）不良工程地质与水文地质及不明地下障碍； 3）工程结构变形、沉降和位移； 4）工程施工偏差； 5）结构形式与施工方法不适应； 6）车辆、机电设备及系统选型与配置不当； 7）工程运营功能调整； 8）现场施工场地及周边环境条件限制	1）实行风险等级审查制度； 2）对重大建设风险进行多级审查； 3）审查工程控制性节点风险控制方案； 4）加强相关单位间的沟通与交流； 5）建立施工图设计变更管理办法； 6）在施工过程中实行动态设计，及时调整工程方案，及时化解工程施工风险； 7）实行可施工性设计，集中组织一次全方位审查施工图的可施工性
3	设计管理	1）转包或违法分包，无证设计，越级设计，私人设计，盲目设计； 2）设计单位诚信度和责任心不强，设计人员不遵守相关规范； 3）地铁工程设计经验少，设计人员缺乏经验，设计计算疏忽大意，设计安全系数过小； 4）各专业之间"错、漏、碰、差"； 5）缺乏设计可施工性管理，设计和施工脱节，或可施工性差	1）选择有实力和经验的设计单位，签订严谨合理设计合同，通过合同条件严格限制不合理分包，杜绝转包、违法分包； 2）定期审查设计单位（分包单位）的质量控制体系的建立及其运行有效性，建立合理的考核激励机制； 3）设计单位应建立学习型组织，加强知识管理，加强设计交流、培训，提高设计人员素质； 4）总体总包单位组织建立设计接口管理小组，强化接口管理。各专业间要经常进行设计条件传递和资料互提、设计文件会签；强化设计文件校审和强审；加强专业设计变更的控制，当设计变更涉及多专业且影响较大时，召开设计评审会对设计变更的影响进行评估

（四）设计单位的安全风险管理职责

设计单位和注册建筑师等注册执业人员应当对其设计负责，不但对地铁工程建成后的使用安全负责,而且也对工程在施工过程中的安全负有设计保证、安全指导、施工配合和应急抢险的责任。

- 设计保证:设计单位应当按照法律、法规和工程建设强制性标准进行设计,防止因设计不合理导致生产安全事故的发生。例如,要考虑各种载荷(自重、施工载荷和自然因素作用等),确保工程在施工各个阶段所形成的结构状态的自身安全;认真考虑施工程序和方法,避免结构在形成过程中出现某种不安全状态等设计缺陷;应当考虑安全施工的需要,给工程留有必要的操作面、支撑点以及设置施工临时设施的其他条件。
- 安全指导:设计单位应当考虑施工安全操作和防护的需要,对涉及施工安全的重点部位和环节在设计文件中注明,并对防范生产安全事故提出指导意见;采用新结构、新材料、新工艺的建设工程和特殊结构的建设工程,应当在设计中提出保障施工作业人员安全和预防生产安全事故的措施建议;应当包括工程及其周边环境的监测要求和监测控制标准等内容。
- 施工配合:设计单位应当在建设单位组织下就审查合格的施工图设计文件向施工单位进行设计交底,对设计图纸的主要内容、重点关注的风险点(参见本章第三节)等进行说明。同时,应积极配合施工单位,及时消除设计缺陷和满足施工安全对设计变更的要求,尤其是遇到与原设计不符的工程地质条件或工程周边环境时,需对设计方案进行校核,必要时进行设计变更并报建设单位审批。
- 应急抢险:当施工中出现基坑坍塌、周边邻近建(构)筑物结构开裂、基坑周边地面塌陷、基坑内涌水、涌砂;洞内坍塌、透水、流砂,管线断裂、地面沉降、塌陷等突发事件时,设计单位应配合相关单位,制定应急抢险技术方案,同时对设计文件进行核查。

(五) 建设单位在设计阶段的风险管理职责

建设单位在设计阶段的风险管理职责主要有:

(1) 通过招标选择具有相应资质的设计单位,并通过合同条件约定,杜绝转包或违法分包,加强对总体设计、工点设计单位及其人员的管理;

(2) 明确项目功能、工程投资、设计资料、接口协调、设计进度及设计管理方面的目标和要求,以此作为设计指导文件;

(3) 组织开展初步设计阶段的风险评估并组织专家审查;

(4) 组织初步设计和施工图设计的实施,包括:

1) 对初步设计、施工图设计阶段的安全风险清单与高级别风险工程的专项设计,以及施工设计图阶段的特级、一级环境风险工程的施工附加影响分析等进行专家审查、论证;

2) 将初步设计文件、施工图设计报送当地政府主管部门或其委托的审图机构进行强审。

(5) 监督和检查各级审查、论证意见的落实情况;

(6) 在施工前,及时组织设计单位向施工、监理单位进行设计交底,重点说明设计文件中涉及工程安全质量的内容。

(六)工程设计阶段的安全风险管理内容

1. 总体设计阶段

总体设计阶段安全风险管理的主要任务是:从工程实施的角度出发,结合线位、站位选择,研究确定与地质和环境条件相适应的地下结构形式和主要施工工法,确定合理埋深,合理安排地下结构与临近建(构)筑物和设施的关系,估计相互影响程度,识别和评价工程实施的风险,尽量规避不良地质、重要周边环境。

总体设计阶段成果是:设计文件中应包含工程风险(工程自身风险和工程周边环境安全风险)的工程设计内容,给出重大风险工程清单,并对重大风险的工程设计方案及风险控制方案给予初步说明。

2. 初步设计阶段

初步设计阶段安全风险管理的任务主要是细化总体设计阶段初步选定的地下结构方案,进一步分析和识别地下结构工程的自身风险和周边环境安全风险,提出具体的工程实施方案和风险控制措施。

(1)全线工程的安全风险分级,提出全线安全风险清单。

(2)对存在高等级环境安全风险的工程进行安全性专项设计。专项设计内容主要包括风险分析评价、周边环境监测控制指标、工程技术措施、环境安全保护设计措施、监控量测设计方案等。

(3)对于地位特别重要、影响特别重大的高等级周边环境风险,必要时进行现状评估,通过各种理论分析手段进一步验证其影响程度和范围。

(4)初步设计应包含监控量测方案,提出初步的工程环境影响控制指标;提出施工图设计阶段在安全风险方面的重点工作内容和方向。

初步设计的安全风险清单和专项设计应经过建设单位组织的专项审查。

3. 施工图设计阶段

施工图设计安全风险管理主要任务包括:

(1)施工附加影响分析。分析、预测地下结构施工对工程环境所造成的附加荷载和附加变形影响,评价环境风险设施的安全性,判断施工工法、加固措施等能否满足工程环境所允许的剩余承载能力和剩余变形能力。施工附加影响分析原则上只针对特、一级环境风险工程开展。

(2)提供监控量测设计要求和对工程周边环境影响的控制指标。

(3)落实与安全风险控制有关的具体措施,使其达到可施工的深度,并预估这些措施的效果。不同工法的常用风险控制或工程环境保护工程措施,可参见表第九章。

(4)在施工设计文件中体现地下结构自身的安全风险控制的各项措施和要求。

施工设计的施工影响分析、安全风险清单和针对工程高等级风险的专项设计应通过由建设单位组织的专家评审。

第三节 地铁主要风险工程的设计技术

工程设计是土建工程实施的龙头,设计阶段应加强对土建工程安全风险的识别、评估及管理工作,以深化工程设计内容,制定具有针对性和可操作性的安全风险控制措施,满足工程设计的深度要求和安全风险管理的实际需要。

(一) 工程风险分级

根据地铁工程及其风险的特点,工程设计中涉及的工程风险包括工程自身风险和周边环境安全风险两大类。工程自身风险是指由于工程结构自身的难度而导致工程实施过程中可能出现的安全风险;周边环境安全风险是指工程结构施工对工程周边环境影响或工程周边环境影响工程结构施工安全性而导致的各类安全风险。

根据《城市轨道交通地下工程建设风险管理规范》GB 50652—2011和国内外有关地铁建设城市的经验,工程风险按照事故发生的可能性和损失程度,由大到小分为一、二、三、四级。同时,根据工程风险的类别,工程风险分级应区别或综合考虑工程自身风险和周边环境安全风险。

目前全国各地铁建设领域关于土建工程风险等级划分尚无统一的标准。以下是北京等城市的地铁工程设计阶段安全风险管理中的分级标准,供参考。

1. 工程自身风险分级

工程自身风险分级考虑的基本因素包括不良地质条件、基坑或隧道深度、工程结构特性(地下结构层数、跨度、断面形式、覆土厚度、开挖方法)等。不同类施工工法的工程自身风险分级原则及标准可参见表7.2。

各类工法的工程自身风险分级表(北京) 表7.2

风险级别	工法及工程特点		
	明(盖)挖法	暗挖法	盾构法
一级	地下四层或深度超过25m(含25m)的深基坑	双层暗挖车站或净跨超过15.5m的暗挖单层车站	较长范围处于非常接近状态的并行或交叠盾构隧道
二级	地下三层或深度15~25m(含15m)的深基坑(注1、2、3、4)	断面大于6m的暗挖法工程(注1、2、3、5) 较长范围处于接近状态的并行或交叠隧道(注1、2、3)	盾构区间的联络通道盾构始发到达区段
三级	地下二层或一层或深度5~15m(含5m)的基坑(注1、2、3、4)	一般断面暗挖法工程(注1、2、3、5) 较长范围处于较接近状态的并行或交叠隧道(注1、2、3)	一般的盾构法区间

注:在工程自身风险基本分级的基础上,当遇到以下情况时可进行调整:
1. 当工程地质及水文地质条件复杂时风险等级可上调一级;
2. 当新建地铁工程采用与工程施工安全有关的新技术、新工艺、新设备、新工法施工时,风险等级可上调或下调一级;
3. 结合新建地铁工程风险因素的识别和深入分析,确有需要调整时;
4. 对基坑平面复杂、偏压基坑等,风险等级可上调一级;
5. 对断面复杂、存在偏压、受力体系多次转换的暗挖工程,风险等级可上调一级。

2. 周边环境安全风险

周边环境安全风险分级考虑的基本因素包括周边环境与地铁地下结构的接近度、工程影响范围及与环境设施的关系、环境设施的重要性及自身特点、地铁地下结构的工法特点等。

（1）环境设施的重要性及自身特点。位于地铁地下工程影响区范围内的环境设施的重要性按照重要和一般两个等级划分。各类环境设施的重要性类别划分见表 7.3。

各类环境设施的重要性类别划分表　　　　表 7.3

环境设施类别	环境设施重要性类别		备注
	重要	一般	
地面和地下	既有地铁线路和铁路		
既有建（构）筑物	省市级以上的保护古建筑； 高度超过 15 层（含）的建筑； 年代久远、基础条件较差的重点保护的建筑物； 重要的烟囱、水塔、油库、加油站、汽罐、高压电线铁塔等	15 层以下的一般建筑物；一般厂房、车库等构筑物等	
既有地下构筑物	地下道路和交通隧道、地下商业街及重要人防工程等	地下人行过街通道等	
既有市政桥梁	高架桥、立交桥的主桥等	匝道桥、人行天桥等	
既有市政管线	雨污水干管、中压以上的煤气管、直径较大的自来水管、中水管、军缆等，其他使用时间较长的铸铁管、承插式接口混凝土管	小直径雨污水管、低压煤气管、电信、通信、电力管（沟）等	
既有市政道路	城市主干道、快速路等	城市次干道和支路等	
水体（河道、湖泊）	江、河、湖	一般水塘和小河沟	
绿化、植物	受保护古树	其他树木	

注：在环境风险工程基本分级的基础上，当遇到以下情况时可进行调整：
1. 当工程地质及水文地质条件复杂时风险等级可上调一级；
2. 当新建地铁工程采用盾构法施工时风险等级可下调一级；
3. 当新建地铁工程采用与降低工程施工安全风险有关的新技术、新工艺、新设备、新工法施工时，风险等级可下调一级；
4. 结合新建地铁工程风险因素的识别和深入分析，确有需要调整时。

（2）工程周边环境与地铁地下工程的接近程度。根据不同地下结构施工方法确定的接近程度分类见表 7.4。

不同工法情况下周围环境设施的接近程度分级　　　　表 7.4

施工方法	距离	接近程度
明（盖）挖法	<0.7H 0.7H~1.0H 1.0H~2.0H >2.0H	非常接近 接近 较接近 不接近
暗挖法	<0.5B 0.5B~1.5B 1.5B~2.5B >2.5B	非常接近 接近 较接近 不接近
盾构法	<0.3D 0.3D~0.7D 0.7D~1.0D >1.0D	非常接近 接近 较接近 不接近

注：1. B 为暗挖法隧道毛洞宽度，D 为隧道的外径，H 为新建基坑深度。
　　2. 当隧道采用爆破法施工时，应另外研究爆破振动的影响。

（3）工程影响区。宜根据不同地下工程施工方法进行划分，通常情况下可以将影响区域划分为强烈影响区、显著影响区和一般影响区。

明（盖）挖法基坑影响区域的划分按表7.5和图7.2确定。

基坑影响区域划分表　　　　表 7.5

受基坑影响程度分区	区域范围
强烈影响区（Ⅰ）	基坑周边 0.7H 范围内
显著影响区（Ⅱ）	基坑周边 0.7H~1.0H 范围内
一般影响区（Ⅲ）	基坑周边 1.0~2.0H 范围

注：1. H——基坑开挖深度；
　　2. 本表适用于深度大于 5m 的基坑。

暗挖法隧道施工影响区域的划分按表7.6和图7.3确定。

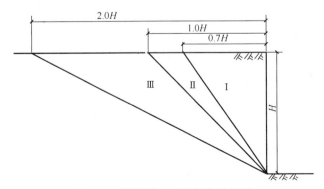

图 7.2　基坑影响区域划分示意图

暗挖法隧道影响区域划分表 表 7.6

受隧道影响程度分区	区域范围
强烈影响区（Ⅰ）	隧道正上方及外侧 $0.7H_i$ 范围内
显著影响区（Ⅱ）	隧道外侧 $0.7H_i$~$1.0H_i$ 范围内
一般影响区（Ⅲ）	隧道外侧 1.0~$1.5H_i$ 范围

注：1. H_i——暗挖法施工隧道底板埋深；
  2. 本表适用于埋深小于 3B（B 为暗挖法隧道毛洞宽度）的隧道，大于 3B 也可参照本分区。

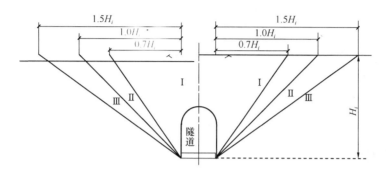

图 7.3 暗挖法隧道影响区域划分示意图

盾构法隧道施工影响区域的划分按表 7.7 和图 7.4 确定。

盾构法隧道影响区域划分表 表 7.7

受隧道影响程度分区	区域范围
强烈影响区（Ⅰ）	隧道正上方及外侧 $0.7H_i$ 范围内
显著影响区（Ⅱ）	隧道外侧 $0.7H_i$~$1.0H_i$ 范围内
一般影响区（Ⅲ）	隧道外侧 $1.0H_i$~$1.5H_i$ 范围

注：1. H_i——盾构法施工隧道底板埋深。
  2. 本表适用于埋深小于 3D（D 为盾构隧道洞径）的隧道，大于 3D 时也可参照本分区。

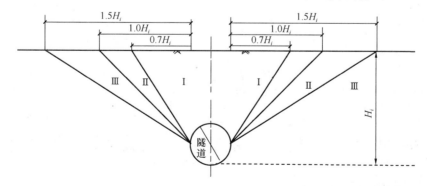

图 7.4 盾构法隧道影响区域划分示意图

（4）周边环境安全风险分级。参照表 7.8 确定。

环境风险分级参考表 表7.8

风险等级	环境风险工程	新建地铁工程与周边环境相对关系	备注
特级	暗挖法施工下穿既有线（地铁、铁路）	下穿	
	盾构法施工下穿既有线（地铁、铁路）	下穿	
	暗挖法、盾构法施工上穿既有线（地铁）	上穿	
一级	暗挖法施工邻近既有线（地铁）	非常接近范围内（距离小于0.5B）	
	盾构法邻近既有线（地铁）	非常接近范围内（距离小于0.3D）	
	明（盖）挖法施工邻近既有线（地铁）	非常接近范围内（距离小于0.7H）	
	盾构、暗挖、明挖法施工邻近既有桥梁	邻近，强烈影响区（穿越距离小于2.5D，且破裂面影响桩长大于1/2（D桩径））	环境设施重要性类别为"重要"的桥梁
	暗挖法施工下穿既有雨、污水管线	下穿，强烈影响区	盾构法降低一级
	暗挖法施工下穿既有上水、煤气管线	下穿，显著影响区	盾构法降低一级
	暗挖法施工下穿既有热力管线	下穿，显著影响区	盾构法降低一级
	暗挖法施工下穿既有建（构）筑物	下穿，显著影响区	盾构法降低一级 环境设施重要性类别为"重要"的建筑物
	明（盖）挖法施工邻近既有建（构）筑物	邻近，强烈影响区（邻近距离小于1.0H，且破裂面影响基础面积大于1/2（H坑深）或者地基压力扩散角在基坑范围内）	盾构法降低一级 环境设施重要性类别为"重要"的建筑物
	暗挖法施工下穿既有河流、湖泊	下穿	盾构法降低一级
二级	暗挖法施工邻近既有线（地铁）	接近范围内（0.5B～1.5B）	
	盾构法施工邻近既有线（地铁）	接近范围内（0.3D～0.7D）	
	明（盖）挖法施工邻近既有线（地铁）	接近范围内（0.7H～1.0H）	
	盾构、暗挖、明（盖）挖法施工邻近既有桥梁	邻近，显著影响区（穿越距离大于2.5D，且破裂面影响桩长小于1/2大于1/3（D桩径））	环境设施重要性类别为"重要"的桥梁
	暗挖法施工下穿既有雨、污水管线	下穿，一般影响区	盾构法降低一级
	暗挖法施工下穿既有上水、煤气管线	下穿，一般影响区	盾构法降低一级
	暗挖法施工下穿既有热力管线	下穿，显著影响区	盾构法降低一级
	盾构法施工下穿既有建（构）筑物	下穿，一般影响区	环境设施重要性类别为"一般"的建筑物
	明（盖）挖法施工邻近既有建（构）筑物	邻近，显著影响区（邻近距离大于1.0H，且破裂面影响基础面积小于1/2且大于1/3（H坑深））	环境设施重要性类别为"一般"的建筑物
	盾构法施工下穿既有河流、湖泊	下穿	
	盾构、暗挖、明挖法施工邻近既有桥梁	邻近，显著影响区（穿越距离大于2.5D，且破裂面影响桩长小于1/3（D桩径））	环境设施重要性类别为"一般"的桥梁

续表

风险等级	环境风险工程	新建地铁工程与周边环境相对关系	备注
三级	盾构法施工下穿既有雨、污水管线	下穿，一般影响区	管线直径超过3m或方沟面积大于9m²风险等级上调一级
	盾构法施工下穿既有上水、煤气管线	下穿，一般影响区	
	盾构法施工下穿既有电力、通信等管线	下穿，一般影响区	
	暗挖法施工下穿既有热力管线	下穿，一般影响区	
	明（盖）挖法施工邻近既有建（构）筑物	邻近，显著影响区（邻近距离大于1.0H，且破裂面影响基础面积小于1/3（H坑深））	环境设施重要性类别为"一般"的建筑物

注：1. 对有特殊要求的环境设施可根据产权单位的特殊要求进行调整。
2. 以上风险分级还需根据表7.3进行调整。

（二）地铁主要风险工程的设计技术

地铁工程安全风险事故主要发生在土建施工期间，既有工程自身风险问题，如基坑失稳、隧道塌方；也有工程周边环境安全问题，如基坑开挖引起周边楼房倾斜、隧道开挖引起地下管线断裂。

1. 深基坑工程

深基坑工程的设计内容包括：围护结构、支撑系统、挖土方案、换撑措施、降水方案及地基加固。这几方面的内容互相关联，在设计时应综合考虑。

（1）围护结构。基坑围护结构的形式按制作方式分为预制方式和现浇方式。预制方式中含桩板式墙、钢板桩墙（分钢板桩和钢管板桩）、预制混凝土板桩（含预制地下连续墙），现浇方式中含柱列式（如灌注桩）和壁式（如 SMW、地下连续墙、稳定液固化墙和水泥土搅拌桩挡墙等）两种。钻孔咬合桩、地下连续墙的刚度及止水性能要比钻孔桩、SMW 桩的好。连续墙的槽段接头形式可根据需要采用十字钢板、工字钢、预制桩等受力性能和止水性能均较优越的接头形式。对于存在承压水、微承压水或地下水条件下（粉）砂性土层施作的连续墙，为确保槽段接头止水效果，可在槽缝外侧进行注浆加固。

（2）支撑系统。深大基坑工程的支撑系统的作用是用来支挡围护结构，承受围护结构侧土层及地面超载在围护结构上的侧压力。支撑系统由支撑、围檩、立柱三部分组成。常见的支撑布置方式有斜角撑、直撑、桁架、圆撑、斜撑、斜拉锚等。支撑的材料包括钢支撑、钢筋混凝土支撑、钢与钢筋混凝土混合支撑、拉锚等。支撑的水平间距一般控制在10～12m，竖向间距一般控制在3～4m。每种支撑布置方式、支撑材料有其自身特点及适用范围。当需要严格将基坑开挖引起的地层变形限制在需要的范围内，应采取支撑加强措施，如增加钢支撑的道数、提高预加轴力值、首道或多道采用钢筋混凝土支撑等。首道（甚至多道）钢筋混凝土支撑、钢筋混凝土斜角撑等采用钢筋混凝土支撑，有助于围护结构支撑体系的整体稳定（钢筋混凝土支撑既可以限制围护结构向内位移，也可限制围护结构向外位移）。对于超过 22m 的宽基坑，一般要中间立柱（常用格构型钢立柱），此时防止自身变形或随土层水压波动、其他外力作用而变形，保持立柱稳定，对于确保支撑对中性与稳定具有重要作用，设计和施工都需要高度重视。在软土质地区立柱不能直接支撑于地基上，需支撑于立柱桩（常用一定直径的钻孔灌注桩）上。

（3）挖土方式。基坑开挖应根据工程地质与水文地质资料、结构和支护设计形式、环境保护要求、施工场地条件、基坑平面形状、基坑开挖深度等，遵循"分层、分段、分块、对称、平衡、限时"和"先撑后挖、限时支撑、严禁超挖"的原则设计土方开挖方案。分层开挖层厚、台阶开挖的坡度应有限制。机械挖土应挖至坑底以上 20～30cm，余下土方应采用人工修底方式挖除，减少对坑底土方的扰动。

（4）换撑措施。在基坑工程设计中，应注意换撑措施设计。必须待底层和下一段侧墙混凝土达到设计强度的 90% 后，根据基坑深度需要，继续架设上一层倒换撑，之后拆除倒数相应道的支撑。

（5）降水方案。为防范在深大基坑工程中因流砂、管涌、坑底失稳、坑壁坍塌而引起的工程事故，当基坑开挖深度内存在饱和软土层、含水层或坑底以下存在承压含水层时，需要选择合适的方法进行基坑降水和排水，且宜尽量采用坑内降水方法。但同时应防止降水不当对工程周边环境造成过量影响，如地面沉降、地下管线和建（构）筑物不均匀沉降等。为此，对降水方案需要认真设计、施工，对降水系统认真维护。对于基坑周边环境保护要求严格、坑内疏干含水层与坑外地下水力联系较强的基坑工程，应严格执行"按需疏干"的降水运行原则，避免过量降低地下水位。降水方案制订和优化前，都需要进行抽水试验，以测定含水层的水文地质参数，包括含水层富水性、渗透性（渗透系数）、流速及流量与水位降深的关系、降水漏斗影响范围和形态等特性。对于地面沉降控制有严格要求的，需利用基坑支护本身或另设隔水帷幕切断坑外地下水的涌入，降水场地外缘设置回灌水系统保持保护部位的地下水位。在正式抽水前应进行试抽水；在抽水过程中应防范抽水带走土层中的细颗粒；尽量避免间隙和反复抽水。同时，应在基坑内、外进行地下水位监测，记录水位与流量。

（6）地基加固。基坑地基加固是针对区域性的场地，通过对软弱地基掺入一定量的固化剂或使土体固结，以提高地基的力学性能。场地的地基土加固通常分为结构物地基加固（永久性加固）和施工期间地基加固（基坑土体加固）。结构物地基加固是从地面或基坑内向坑外地层中注浆，以填充地层孔隙及空洞，或加固建（构）筑物地基；基坑土体加固处理的对象为由淤泥质土、人工填土、或其他高压缩性土层构成的软弱地基，主要是为提高土的强度和降低土的压缩性，确保施工期间基坑本身的安全和基坑周边环境安全。加固的方法包括注浆（各种注浆工艺、双液速凝注浆等）、双轴搅拌桩、三轴搅拌桩、高压旋喷桩、降水等加固方式。其中，人工填土可用高压旋喷法，淤泥质土和黏性土可用双轴水泥搅拌法、三轴水泥搅拌法和高压旋喷法，粉性土可用上述各种加固方法，砂性土则应慎用双轴水泥搅拌法。

2. 暗挖法工程

地铁工程多用到的是浅埋暗挖施工方法。浅埋暗挖法整个工艺流程应从地质调查开始，包含设计、施工、监测反馈等过程，强调地层的预支护和预加固，其工艺技术要求是

"管超前、严注浆、短开挖、强支护、快封闭、勤量测"。

(1) 工程自身风险的工程设计

1) 特大断面：对于采用浅埋暗挖法施工的断面较大的双线隧道或跨度较大的渡线部分以及地铁车站，对在开挖和浇注二衬过程中，支护体系受力转换复杂以及初支、二衬交替受力的大断面或体型复杂的结构，应着重从洞室分割、开挖步序、初支和临时支撑的连接构造以及初支破除或二衬浇注过程中临时支撑的置换等方面优化设计，确保施工过程中围岩和支护体系的稳定以及结构受力可靠。

为保证施工安全，通常需要分部开挖，如中隔壁法、双侧壁导坑法、三台阶分步平行开挖法、微台阶分部开挖法和"PBA"工法（地下式盖挖法），以及"中洞法"、"侧洞法"、预切槽法，并采取有效的预加固措施，这样可以有效地将地层变形控制在允许范围之内。例如，在超浅埋大跨度隧道开挖情形下，CRD 法也能控制地表下沉在 35mm 以内，水平位移在 10mm 以内。

2) 马头门：优先采用"先衬砌后开口"的原则或采取"加强初期支护强度并加设横向支撑再开设马头门"的措施，提出确保马头门施工安全的结构措施和施工措施。

3) 出入口或风道转弯段：提出出入口或风道转弯段的详细设计和施工要求。

4) 变断面：着重从开挖步序、初支和临时支撑的连接构造以及临时支撑的顶替与置换方面优化设计，确保暗挖法变断面的支护体系稳定与结构受力可靠。

5) 明暗分界面：着重从明、暗挖施工步序等方面优化，确保结构和围岩的稳定。

(2) 周边环境安全风险的工程设计要求

1) 根据详勘地质资料和周边环境的详细调查结果对周边环境进行施工影响性预测，提出周边环境的变形控制指标和保护措施。

2) 对于隧道拱部横穿或平行设置的地下建（构）筑物、污水管、有压水管和煤气管等由于渗漏和破坏可能引发灾难性后果的工程，应提出明确的防护措施和监控要求（包括施工前探明管线渗漏及管底土体的软化情况，对管内水体的引排、防渗或对管体的加固措施，施工中对管线附近掌子面渗漏情况的超前探测以及对管线变形和渗漏情况的全过程监控等）。

3) 针对周边环境的监控量测进行详细的设计，如测点布置、监测频率的设计等。

4) 根据周边环境特点指出关键风险点，要求施工单位针对各种可能的突发事故制定相应的应急预案。

(3) 常用风险控制或环境保护工程措施

暗挖法隧道施工需要解决的安全问题是掌子面的稳定性，近距离穿越桩基、地下管线等地下构筑物或重要道路需要解决的安全问题时降低隧道开挖造成的不利影响。

1) 超前地层加固：可采用小导管注浆、长导管注浆、开挖面深孔注浆、管棚超前支护、冻结法、预衬砌法等工法，对前方地层进行预加固，以加强地层的强度及刚度，降低隧道开挖造成的不利影响。

2) 隔离桩：当暗挖法隧道近距离侧向穿越房屋、大型地下构筑物等重要设施前，可在隧道与重要设施之间从地面施作隔离桩，将隧道开挖引起的地层扰动及变形限制在隧道与隔离桩范围以内，保护周边的重要设施免受或少受隧道开挖的不利影响。

3) 建（构）筑物加固或临时功能限制措施：在采用了所有可采用的施工辅助措施后，

隧道施工仍然不能保证周边建（构）筑物的结构安全或正常使用时，可对该建（构）筑物采用结构加强措施或临时功能限制措施。如当暗挖法隧道下穿既有地铁车站或区间、侧向穿越立交桥桩基等，可采取既有隧道衬砌加固、桩基加固或托换、限速或交通管制等措施。

3. 盾构法工程

(1) 工程自身风险的工程设计要求

1) 在初步设计确定的技术原则和技术方案的基础上（一般在不影响站位和车站纵断面的前提下，允许微调），根据详勘提供的地质资料，完成各项施工图设计。

2) 明确施工管理要求，包括掌子面稳定控制，隧道线型控制、壁后注浆管理及接近施工管理等。

3) 盾构始发、到达端头部位：着重考虑水、砂、压力同时存在情况下的加固工法选择、加固体尺寸、加固体强度、加固体渗透性，洞门破除、临时止水装置等的优化设计，确保始发和接收的安全。

4) 联络通道：着重考虑联络通道部位加固工法选择、加固体尺寸、加固体强度、加固体渗透性，管片破除时的临时支撑的优化，一般情况下应该按照先加固后通过的原则进行，确保整体的稳定。

5) 根据工程自身风险的特点指出关键风险点，要求施工单位针对各种可能的突发事故制定相应的应急预案。

(2) 周边环境安全风险的工程设计要求

1) 根据详勘地质资料和周边环境的详细调查结果对周边环境进行施工影响性预测，提出周边环境的变形控制指标和保护措施。

2) 针对周边环境的监控量测进行详细的设计，如测点布置、监测频率的设计等。

3) 根据周边环境特点指出关键风险点，要求施工单位针对各种可能的突发事故制定相应的应急预案。

(3) 常用风险控制或环境保护工程措施

1) 地面加固：由于盾构设备的限制，很难从洞内对地层进行加固。所以，当盾构隧道近距离穿越地下建（构）筑物、桥桩、重要管线等设施，且在已采取加强盾尾同步注浆、衬背二次注浆等一般性施工措施后仍不能满足地层变形控制要求时，可提前在地面对需保护的设施周边地层进行加固，可有效地降低盾构施工对其的不利影响。

2) 地层冻结：当地下水丰富，且隧道周边地层为粉细砂、粉土、砂卵石等渗透性地层时，盾构机掘进时的风险较大。特别是当隧道埋深也较大（或超浅），盾构机在上述地层中进行始发、接收或联络通道施工时，可考虑采用冻结法加固地层，以保证地层强度和止水性能的均一性，保证盾构区间关键节点的施工安全。

4. 邻近既有建（构）筑的隧道工程

隧道工程近邻既有建（构）筑物（房屋建筑、桥梁、铁路、地铁、地下通道、地下管线等）施工，无论是采用明（盖）挖法还是浅埋暗挖法亦或盾构法，开挖产生的土层变形（土体损失）均不可避免地会传递到邻近建（构）筑物上。这种影响轻则导致既有建（构）

筑物产生一定的沉降和侧移，影响其正常使用，重则引起既有建（构）筑物开裂，甚至倒塌。

在该类工程中，隧道本身的施工安全是一方面，既有建（构）筑物的安全更是重中之重。由于隧道的施工技术已较为成熟，隧道自身安全易于保证，而在隧道施工过程中如何保证既有建（构）筑物的安全和正常使用往往成为重点和难点。判断一个既有建（构）筑物是否需要保护，一方面要考虑隧道施工对既有建（构）筑物的影响程度，另一方面还取决于建（构）筑物自身，包括其使用功能、破坏后果以及自身结构抵抗变形的能力大小。因此，首先应对既有建（构）筑物进行现状调查，其次，确定既有建（构）筑物的容许变形量。然后，估算既有建（构）筑物由于隧道施工可能产生的变形量。若变形量大于建（构）筑物自身容许变形量，则应进行保护。

保护方法可分为既有建（构）筑物基础托换、结构补强、千斤顶主动支护等直接法和地层改良、隔断法、冻结法等间接法两大类。直接法通过对既有建（构）筑物的补强加固，旨在增强既有建（构）筑物自身抵抗因地下工程施工引起的变形的能力；间接法则在不改变既有建（构）筑物抗变形能力的条件下，直接减小地下工程施工对既有建（构）筑物的扰动。二者的核心都是"先加固，后施工"。直接法和间接法可以单独采用，也可以联合采用。

当暗挖隧道施工中需要将建筑物的桩基切断或可能使其产生过大的变形时，常采用基础托换予以保护。该法需预先在隧道两侧或单侧影响范围外设置新桩基和承台梁，以代替或承托原基础。托换法按其对建筑物的支承方式又可分为下承式、补梁式、吊梁式等。

第八章　招投标的安全风险管理

一项成功的建设工程安全生产控制策略由六部分组成，一是选择合适的投标人，二是识别出给定工程范围内的危害与风险，三是从安全质量方面检查投标人并选择承包人，四是承包人保证遵守发包人的规则，五是现场对承包人的管理，六是完成合同后的检查与评价。由此可见，选择合适的投标人和承包人，在合同中合法、合理约定安全质量管理要求，是地铁工程安全生产的基础。队伍素质要从招标阶段抓、安全投入要从投标价抓。

第一节　合适承包商的识别方法

建设单位应建立一种机制，掌握承包人对安全标准的知识及实际能力，保证所挑选的承包人在安全标准的知识和能力方面是合格的，这是极为重要的。一般采取下述方法识别和确定合适的承包人。

（1）每一个进入"合格名单"的投标人都要回答一份预先准备好的调查表，提供自身关于其安全政策，包括职责、经验、工作安全系统和培训标准等方面的细节报告。

（2）通过适当的实地考察和对调查表反馈信息的核实，进一步了解哪些投标人未能在实践中证明其具备条件。考察内容包括潜在投标人 5 年内所承担国内地铁工程的安全绩效（如建设单位履约评价结果、所获得的奖励；事故和重大险情发生情况、当地建设主管部门给予的不良行为记录等）。

（3）准备一份安全检查表，此表能体现在工程建设过程中可能出现的安全问题。该表在投标前，应作为标书的一部分包括在标书中与潜在投标人进行沟通，并且在审查投标书时，必须对其进行审查，以保证投标人对控制风险方面所提出的条件和要求，而投标人也认识到工程的危险有害因素。

第二节　招投标文件的编制

（一）招标文件的编制

招标文件和合同应当确定合理工期和造价，应纳入安全生产管理规定和风险管控等条款：

（1）在招标文件中，包含工程施工技术及其他方面的安全生产、安全风险管理的要求，确定工程建设各方应承担的工程安全生产和风险管理的内容、责任；

（2）招标文件明确说明对投标人的安全生产、安全风险管理实施的要求，并要求投标人回答招标文件中安全检查表列出的在工程建设过程中可能出现的安全问题；

（3）在编制工程概算时，应当以《企业安全生产费用提取和使用管理办法》确定的比例为基础,并考虑工程复杂程度,确定建设工程安全作业环境及安全施工措施所需费用。在编制工程量清单时,应当将安全措施费用单列,施工单位竞标时不得删减。

应当明确安全作业环境及安全施工措施费用的预付、支付计划、使用要求及调整方式等条款。

(4) 在编制工程概算时,还应当包括安全质量风险评估费、特殊地质勘察费、工程监测费、工程周边环境调查费及现状评估费、远程监控费等。

(5) 对于施工过程中可能出现的未能预先考虑的重大施工技术措施所需的费用,招标文件应有适当预先安排。

(6) 明确工程发生险情、事故或影响较大事件时,施工单位法定代表人和项目经理应及时到位、到场,并组织抢险救援,进行危机公关处理。对于施工单位难以处置的重大险情,宜对委托建设单位指挥事宜进行适当安排。

(7) 提供一份调查表,要求投标人提供自身关于其安全政策,包括职责、经验、工作安全系统和培训标准等方面的细节报告。

(8) 招标文件中明确提出承包人在分包商管理方面的要求,包括应把业主所有有关安全方面的要求通知分包商,承包人应对分包商安全生产进行有效管控等。

(9) 评标方法选择应充分体现出业主对安全质量的重视,优先采用综合评标法,价格因素占评标因素的比例不能过大,充分考虑承包人的综合实力、技术力量等因素并保证承包人合理的利润。

(二)投标文件的编制

在投标文件中,施工单位的安全生产管理、风险管理方案和措施应符合招标文件要求。对招标文件的安全生产、安全风险管理条款有实质性响应,并不存在负偏离,对有关要求提供资料和承诺。

第三节 标准合同的安全规则

下面以国家 9 部委颁布的 2007 版标准施工招标文件中的合同为主线,结合 FIDIC 合同条件(红皮书),就合同中涉及安全质量的主要条款来认识安全质量方面的合同安排。

(一)同时涉及安全和质量的条款

1. 法制环境

合同双方进行工程建设行为必须遵守国家和地方法规,同样必须遵守国家和地方关于建设领域的质量、安全法规。在合同 1.3 款"法律"中写明了应遵守国家和地方的法律、行政法规、部门规章,以及地方法规、自治条例、单行条例和地方政府规章。这是大前提、大环境。同时在合同 2.1 款"遵守法律"和 4.1.1 款"遵守法律"中分别指明合同双方应遵守法律,并保证对方免于承担因己方违反法律而引起的任何责任。

2. 标准（规范）体系

标准体系的安排是以合同约定为准，一般来说应遵守国家和地方、行业和企业或协会等社会组织颁布有关建设领域的技术标准、安全标准等，某些缺项的也可参照国外相应的技术标准和安全标准。鉴于国家和地方、行业和企业各种标准之间的差异，双方应在合同中约定选择的标准。各种标准在合同专用条款、合同组成文件（技术标准和要求、图纸、清单和其他合同文件）中具体体现（合同 1.4 款"合同文件的优先顺序"）。人的标准：普工、泥瓦工、电工、焊工、司机、机械操作工、测量工等等各种作业工人的标准；材料标准：构成工程的各种材料应符合的标准；设备标准：包含工程设备和施工设备，各种设备的技术标准和操作规范；工艺标准：各种工法的技术安全标准等；成品标准：分部、分项、单位工程、系统工程验收标准。

3. 对工法的要求

在合同承包人的一般义务 4.1.4 款"对施工作业和施工方法的完备性负责"中要求"承包人应按合同约定的工作内容和施工进度要求，编制施工组织设计和施工措施计划，并对所有施工作业和施工方法的完备性和安全可靠性负责。"，同时在合同 14.3 款"现场工艺试验"中要求"承包人应按合同约定或监理人指示进行现场工艺试验。对大型的现场工艺试验，监理人认为必要时，应由承包人根据监理人提出的工艺试验要求，编制工艺试验措施计划，报送监理人审批。"。

4. 对人的要求

承包人人员管理——在合同 4.6 款"承包人人员的管理"中规定，首先要求"承包人应在接到开工通知后 28 天内，向监理人提交承包人在施工场地的管理机构以及人员安排的报告，其内容应包括管理机构的设置、各主要岗位的技术和管理人员名单及其资格，以及各工种技术工人的安排状况。承包人应向监理人提交施工场地人员变动情况的报告。"；其次要求"为完成合同约定的各项工作，承包人应向施工场地派遣或雇佣足够数量的下列人员：(1) 具有相应资格的专业技工和合格的普工；(2) 具有相应施工经验的技术人员；(3) 具有相应岗位资格的各级管理人员。"；第三要求"承包人安排在施工场地的主要管理人员和技术骨干应相对稳定。承包人更换主要管理人员和技术骨干时，应取得监理人的同意。"；第四要求"特殊岗位的工作人员均应持有相应的资格证明，监理人有权随时检查。监理人认为必要时，可进行现场考核。"；第五在合同 4.7 款"撤换承包人项目经理和其他人员"中要求"承包人应对其项目经理和其他人员进行有效管理。监理人要求撤换不能胜任本职工作、行为不端或玩忽职守的承包人项目经理和其他人员的，承包人应予以撤换。"。

保障人员的合法权益——在合同 4.8 款"保障承包人人员的合法权益"中规定承包人要做到以下几点：①预防疲劳作业。"承包人应按劳动法的规定安排工作时间，保证其雇佣人员享有休息和休假的权利。因工程施工的特殊需要占用休假日或延长工作时间的，应不超过法律规定的限度，并按法律规定给予补休或付酬。"②伤病救治。"承包人应为其雇佣人员提供必要的食宿条件，以及符合环境保护和卫生要求的生活环境，在远离城镇的施工场地,还应配备必要的伤病救治和急救的医务人员与医疗设施。"③保险措施。"承包人应按有关法律规定和合同约定,为其雇佣人员办理保险。"④伤亡处理。"承包人应负责处理其雇佣人员因工伤亡事故的善后事宜。"。

5. 对施工设备和设施的要求

保障施工设备和临时设施——在合同 6.1 款"承包人提供的施工设备和临时设施"中要求"承包人应按合同进度计划的要求,及时配置施工设备和修建临时设施。进入施工场地的承包人设备需经监理人核查后才能投入使用。承包人更换合同约定的承包人设备的,应报监理人批准。"。在合同 6.3 款"要求承包人增加或更换施工设备"中规定"承包人使用的施工设备不能满足合同进度计划和(或)质量要求时,监理人有权要求承包人增加或更换施工设备,承包人应及时增加或更换,由此增加的费用和(或)工期延误由承包人承担。"。

6. 对应急的要求

发生事故时承包人、监理人和发包人的处理程序和基本要求在合同 9.5 款做了规定:工程施工过程中发生事故的,承包人应立即通知监理人,监理人应立即通知发包人。发包人和承包人应立即组织人员和设备进行紧急抢救和抢修,减少人员伤亡和财产损失,防止事故扩大,并保护事故现场。需要移动现场物品时,应作出标记和书面记录,妥善保管有关证据。发包人和承包人应按国家有关规定,及时如实地向有关部门报告事故发生的情况,以及正在采取的紧急措施等。同时在合同 22.1.6 款"紧急情况下无能力或不愿进行抢救"中规定:"在工程实施期间或缺陷责任期内发生危及工程安全的事件,监理人通知承包人进行抢救,承包人声明无能力或不愿立即执行的,发包人有权雇佣其他人员进行抢救。此类抢救按合同约定属于承包人义务的,由此发生的金额和(或)工期延误由承包人承担。"

7. 对保险的要求

保险是安全质量事后的补救措施,从保险可获得赔偿及减少损失。同时保险公司为了减少理赔,会针对可能发生事故的点,事前进行监督、事中进行检查,所以应该说保险公司的行为构成了工程建设中质量安全的一种保障措施。合同第 20 条专就保险事宜提出了要求:涉及工程保险(20.1 款);人员工伤事故的保险(20.2 款);人身意外伤害险(20.3 款);第三者责任险(20.4 款);其他保险(20.5 款),为进场施工设备、进场的材料和工程设备等办理保险。

8. 基本管理手段

合同中安全质量管理的基本手段是:事前审批、事中检查、事后验收;撤换人员、撤换设备、清除不合格产品;缺陷责任和保修责任、保险。

有关事前审批的条款:承包人提供文件的审批(1.6.2 款);组织设计交底(2.5 款);承包人人员的报批(4.6 款);承包人提供的材料和工程设备报批(5.1.2 款);更换施工设备应报监理人批准(6.1.1 款);施工控制网报监理人批准(8.1.1 款);编制施工安全

措施计划报送监理人审批（9.2.1款）；应急预案报送监理人审批（9.2.4款）；合同进度计划和修订计划报监理人批准（10.1、10.2款）；开工审批（11.1.1款）；提交工程质量保证措施文件给监理人审批（13.2.1款）；变更指示（条15）。

有关事中检查的条款：承包人人员岗位资格检查（4.6款）；监理人的质量检查（13.4款）；工程隐蔽部位覆盖前的检查（13.5款）；试验和检验（14条）。

有关事后验收的条款：组织竣工验收（2.7款）；承包人提供的材料和工程设备到货验收（5.1.3款）；发包人提供的材料和工程设备到货验收（5.2.3款）；竣工验收（18条）。

撤换人员的条款：撤换承包人项目经理和其他人员（4.7款）。

撤换材料和设备的条款：禁止使用不合格的材料和工程设备（5.2.3款）；要求增加和更换施工设备（6.1.2款）；

清除不合格产品的条款：返工直至符合合同要求为止（13.1.2款）；清除不合格产品（13.6款）。

缺陷责任和保修责任：(19条)。

保险：(20条)。

（二）仅涉及安全方面的条款

1. 安全总要求

在合同承包人的一般义务4.1.5款"保证工程施工和人员的安全"中要求"承包人应按第9.2款约定采取施工安全措施，确保工程及其人员、材料、设备和设施的安全，防止因工程施工造成的人身伤害和财产损失。"

2. 安全专条要求

安全责任在合同通用条款第9条"施工安全、治安保卫和环境保护"中分别对发包人和承包人进行了规定，同时隐含了对监理人的责任规定。

发包人的安全责任首要方面是对施工行为进行监督、检查，这种监督和检查应同时授权监理进行（通用条款9.1.1）；其次是对其雇佣人员在现场因非承包人的原因的工伤事故承担责任（通用条款9.1.2）；第三是负责赔偿非承包人的原因造成的第三者人身伤亡和财产损失（通用条款9.1.3）。

承包人的安全责任首先是编制安全措施计划报送监理人批准和执行监理人有关安全工作的指示（通用条款9.2.1）；其次是加强安全管理，尤其是对危险品的管理和危险作业的管理（通用条款9.2.2）；第三是制定安全操作规程、配备安保设施、进行安全教育、发放安全手册和劳保用具（通用条款9.2.3）；第四是制定应急预案并报监理批准（通用条款9.2.4）；第五是按法规规定，安全费用专款专用（通用条款9.2.5）；第六是承担自身原因导致的工伤事故责任（通用条款9.2.6）；第七是承担自身原因导致第三者伤亡和财产损失（通用条款9.2.7）。

3. FIDIC 合同安全条款安排

FIDIC 条款抛弃了将安全问题专章规定的模式，其采取的是另一种模式：将整个施工过程中与安全相关的所有环节统一考虑，并将相应的内容分别置于各自条款之下。在整个文本中，关于"安全"的规定出现了 25 处之多，散见于雇主人员、承包商的一般义务、安全措施、进度报告、承包商的现场工作、劳动法、健康与安全、承包商的人员、承包商的监督、实施方式、检查、补救工作、进入权、停止工作、与承包商设备的撤离等条款中，其中以第 4.8 条 "安全措施" 及第 6.7 条 "安全与健康" 为主。因为安全问题已渗透进了工程建设的各个环节，其所涉及的问题远不仅限于责任与费用两个方面，相比之下，FIDIC 条款的模式更符合工程建设的实际需要，有利于安全管理与工程其他管理有机结合、融合。

（三）地铁工程合同的业主要求

根据具体地铁工程，结合建设单位管理架构，在合同条件的基础上扩展和细化，以体现建设单位在安全质量管理方面的纲要、方法、程序等管理制度，安全质量控制点、操作细则等这部分内容可纳入"技术标准和要求"或"业主要求"中。一般应明确列出建设单位关于建设工程安全质量规定（办法），把"地铁工程安全生产考核与履约评价管理办法"的主要内容在合同中明确。

地铁工程作为政府投资工程，目标应该是多因素的，除成本外，应该更多地考虑对于社会、环境和文化等方面的影响。因此，地铁工程很有必要采用更为严格的安全标准，强调安全管理的重要性，为社会投资工程起到示范作用。

地铁工程项目集成化管理模式要求建立带有一定关系型的新合同体系，体现以下特点：

（1）公平合理的奖励机制。这种机制不仅要以项目实施的结果为依据，更要考虑一个承包商参与项目组织和与其他各方合作的程度。这种机制是参与方利益的直接体现，是促使其积极参与项目合作的源动力。

（2）合理分配风险。应避免使某一方承担不合理的风险，做到风险与报酬相一致。

（3）将伙伴式的合作关系引入到项目管理的过程中，鼓励项目参与各方进行合作和创新。

（4）能够促进主动性的提高，即不只是能迅速对出现的问题做出反应，进行及时的计划调整和控制，而且应该主动采取措施来提高计划执行的可靠性。

（5）能够促进各参与方之间的相互交流，使参与方愿意与其他项目组织成员分享自己的信息和意见，形成一种"开放"式的氛围。

第九章 施工阶段的安全风险管理

地铁工程施工是使设计意图最终实现并形成工程实体的阶段，也是最终形成工程产品质量和使用价值的重要阶段。施工阶段一般分为施工准备、施工过程、机电系统安装调试、试运行和竣工验收等阶段。施工安全风险因素一般包括地质、环境、工法、设计、施工工艺、设备因素和施工组织管理因素等。

第一节 施工阶段风险管理概述

在施工阶段，应建立有效的风险管理机制和工作流程，及时了解、沟通工程风险信息。在现场应建立完备的风险管理框架，明确各单位、部门的设定、权限和工作流程，使风险处理方案在施工各方迅速达成共识并及时实施。

（一）施工阶段风险管理流程

工程施工阶段应遵循的风险管理流程见图9.1，风险动态跟踪流程见图9.2。

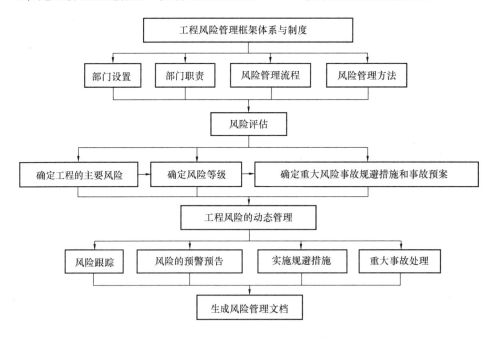

图9.1 工程施工阶段风险管理工作流程

（二）施工阶段风险管理主要内容

施工阶段风险评估包括施工方案安全性评估、施工组织合理性评估、施工过程的监控

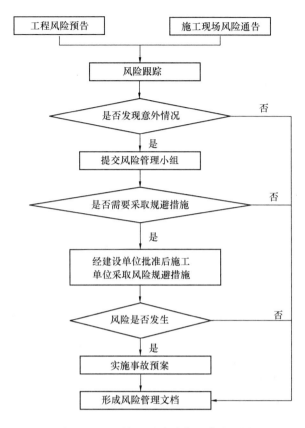

图 9.2 工程施工风险动态跟踪流程图

量测和评估等方面：

(1) 施工方案安全性评估：地质、环境因素对施工工艺的影响，施工设备在现场的适应性，施工对周边环境的影响，安全风险事件发生的可能性及严重程度。

(2) 施工组织合理性评估：施工场地部署、施工总体方案、施工顺序安排、施工队伍任务划分合理性，施工机械选择、技术准备、现场准备及抢险物资准备情况，安全风险组织机构、专职安全人员配置、安全生产管理（监督）制度、安全生产教育情况。

(3) 施工过程的监控量测和评估：开挖面地质状况（土层、土体、地下水）稳定性，支护、支撑稳定性（渗漏水、变形趋势），周边环境堆载、排水、建（构）筑物情况，施工工艺（开挖坡度、工序、开挖进尺、注浆、刀盘检修与刀具更换），施工组织管理及作业状况（人员设备、应急物资、防护措施、设计方案落实）情况。

（三）施工阶段风险管理的主要工作

(1) 建设各方施工风险分析及职责划分；
(2) 制定现场工程建设风险管理实施制度；
(3) 编制关键节点工程建设风险管理专项文件；
(4) 编制突发事件或事故应急预案。

地铁工程施工阶段管理应以建设项目目标、工程任务及场地条件为依据，对项目进行分解，根据项目施工组织方案和周边环境条件，编制现场风险检查表。

(四) 建设单位在施工阶段的风险管理职责

(1) 组织工程建设各方建立风险管理、培训制度;

(2) 在施工前,应做好以下几项工作:

1) 委托第三方监测单位对工程自身(重要、关键部位)和工程周边环境进行监测。

2) 组织勘察、设计单位向施工、监理、监测等单位进行勘察、设计文件、第三方监测设计交底,并形成文字记录,由各方签字并盖章。勘察、设计文件交底应当重点说明勘察、设计文件中涉及工程安全质量的内容。

3) 向施工、监测、监理单位提供最新的工程周边环境资料,并确保资料的真实、完整、准确。

4) 在施工前组织地下管线产权单位或管理单位向施工单位进行现场交底,并形成文字记录,由各方签字并盖章。

5) 督促施工单位对工程周边环境进行核查,查清地下管线等工程周边环境及其与地铁工程的相对位置。

(3) 全过程参与现场风险管理,检查各方风险管理实施状况,按照合同规定及时支付工程风险管理费用;

(4) 定期组织建设各方开展风险管理工作的沟通和交流,并对风险状况进行记录;

(5) 组织建设各方对建设风险处置措施进行审定,其中重大风险的控制方案须经施工单位组织专家评审后方可实施;

(6) 配合政府主管单位对现场施工风险管理活动进行同步监督管理;

(7) 监督风险管理实施和风险事故处置;

(8) 试运行中统一指挥、调度轨行区的设备系统安装及调试。

必要时成立风险管理小组,负责现场施工风险管理的组织、督促和协调等责任,同时协助工程风险事故的应急决策和组织。

建设单位应在勘察设计合同中约定勘察设计的现场服务、勘察回访责任,并在施工阶段进行检查、考核,保证勘察、设计、施工单位的无缝配合。例如,在施工遇到地质疑难点时,勘察人员立即到场跟进,补勘调查,提供建议,设计人员再补充防护设计,以满足施工安全要求。

(五) 工程监理单位在施工阶段的风险管理职责

监理单位在施工阶段的安全风险管理职责包括法定职责和委托监理合同双方约定的义务,主要体现为文件审查(资格审查、制度审查、方案审查、费用审查)、检查与巡视(日常检查、旁站监理、隐患处理)、平行检验与复核验收(材料设备查验、监测复核、验收)和协调管理,以及为实现上述职责需要建立的机构与人员、管理制度、监理规划与监理实施细则、信息档案管理等。

1. 按合同约定建立监理项目机构并配备安全监理工程师,明确总监、安全监理工程师和其他监理工程师、监理人员的安全监理职责,并在开工后一定时间(一般为一个月)内向建设单位备案。

2. 建立以总监理工程师为第一责任人的项目安全监理责任制和监理工作制度,根据工程特点编制包括工程安全质量监理内容的项目监理规划，对超过一定规模的危险性较大的分部分项工程和工程安全风险评估所确定的高风险工程编制专项安全生产监理实施细则，明确主要风险源、重点工序（环节）控制点、关键部位及其控制措施、旁站要求。

3. 组织施工图纸会审，审查出施工图中存在的问题及不合理情况并提交设计单位进行处理。

4. 认真审查施工组织设计和专项施工方案的安全技术和管理措施，确保施工安全工作达到规定要求。

（1）审查施工总分包单位资质和安全生产许可证、项目经理、专职安全生产管理人员和特种作业人员资格情况；

（2）审查施工组织设计中的安全技术措施、危险性较大分部分项工程专项施工方案、临时施工用电方案等是否符合工程建设强制性标准；

（3）审查施工单位安全工作计划、施工单位安全质量教育培训专项计划和教育培训提纲或教材；

（4）审查施工单位安全风险管理方案、施工单位应急救援预案；

（5）审查安全防护文明施工措施费用使用计划，审核措施费用使用报表。

5. 督促和审查施工单位进行施工准备期的地质勘察和环境核查等补充工作，以及施工过程中的地质超前探测、预报工作。

6. 按照工程监理规范的要求，采取旁站、巡视，对建设工程实施监理，确保施工的关键部位、关键环节、关键工序监理到位，并做好安全风险预警。

（1）项目总监按规定现场带班检查，监理人员按监理实施细则实施旁站；

（2）组织监理项目部开展日常检查、定期检查，及时发现安全事故隐患，督促施工单位整改、消除。情况严重的（包括不按工程设计、施工组织方案、专项方案、标准规范要求施工，不按监测方案进行监测的，项目主要管理人员不到位或资格、数量不符合要求的），应当要求施工单位暂时停止施工，并及时报告建设单位。施工单位拒不整改或者不停止施工的，应当及时向有关主管部门报告。

7. 应当会同有关单位按照施工技术标准规范和有关规定进行隐蔽工程和分部分项工程验收，并对工程重要部位和环节进行施工前条件验收。

（1）对施工单位的特种设备、机具和材料的进场进行复核、验收和见证送检，对不合格的责令退场并见证；

（2）及时比对、分析施工监测和第三方监测数据及巡视信息。发现异常时，及时向建设、施工单位反馈，并督促施工单位采取应对措施；

（3）组织或参与现场安全防护设施、施工现场临时建筑设施消防和深基坑、高大模板、脚手架工程、起重机械安装、盾构进出洞、穿越既有地铁线、联络通道施工及其他危险性较大的关键节点施工前条件验收。

8. 按规定召开工地周例会和专题会议，总结、分析安全质量形势，及时解决安全质量问题。

9. 按规定做好监理日记、旁站记录，向安全质量监督机构、建设单位报送监理周报、月报、快报。

10. 事故发生后，要求施工单位及时向有关主管部门报告，并参与和监督事故的应急处置工作。

第二节 施工安全风险管理要素

无论是施工单位，还是监理单位、建设单位，地铁工程安全管理的对象最终是要落实到施工现场安全管理的直接要素。这些直接要素包括人、机、物、环和管理制度、管理信息。人包括管理人员、作业人员及利益攸关的第三方，机主要指机械设备、装置、安全设施等，物料主要包括建筑构配件和建筑材料，环境包括作业现场、工程地质与水文地质环境、工程周边环境、自然与气象环境和社会环境等，规章制度包括管理目标、管理制度、操作规程、应急预案等和施工组织设计、专项施工方案等。

本节以面向对象的方式介绍了地铁工程安全管理的基本对象及其安全管理措施、技术控制措施。在本章第三节及后续各节中，则按施工的不同阶段和分部分项工程，介绍这些安全管理技术措施的应用。

（一）人员管理

人的不安全行为是导致事故的直接原因之一。人的不安全行为是指在施工作业中存在的违章指挥、违章作业以及其他可能引发和招致生产安全事故发生的行为。《企业职工伤亡事故分类标准》UDC658.382 GB 6441—1986 对不安全行为给出了分类（表现形式）。此外，杜荣军等编著的《建设工程安全管理10讲》对建筑施工中常见的不安全行为的表现形式进行了比较全面的归纳与分类。

人员安全管理的重点是如何控制人的不安全行为和使人的安全行为习惯化。常用的有效措施有：对人员进行安全教育培训，提高人的安全素质；根据岗位需求，选择合适人员，提高人与工种（尤其是特种作业）的匹配程度；采取奖罚等激励手段，使人自觉遵守安全行为规范；建立岗位操作标准，提高人员的操作安全水平；经常进行现场检查，及时纠正人的不安全行为。根据安全行为学原理，人的行为是由其意识、动机等决定的。因此，近年来人们越来越重视安全文化的作用和建设，营造强烈的安全生产氛围，利用安全文化的导向、凝聚、激励、约束、规范等功能与作用，解决一个组织的法制、管理、技术和经济手段等无法解决的"人因错误"等深层次问题，在思想上、认识上和行动上真正把安全生产摆到第一的位置。

特种作业人员管理是施工人员安全管理的重点。地铁工程特种作业人员主要包括：电工、金属焊工、起重机械安装拆卸工、起重机械司机、起重信号司索工、场内机动车辆驾驶员、登高架设作业人员（架子工）和爆破作业人员，以及经省级以上人民政府建设主管部门认可的其他特种作业（例如，广东省将建筑桩机工、门式起重机司机和安装拆卸工列为建筑特种作业工种）。从事这些特种作业的人员必须按照国家有关规定经专门的安全作业培训，取得特种作业操作资格证后，方可上岗作业。

（二）环境管理

地铁工程施工安全环境因素包括作业现场环境、工程地质与水文地质环境、工程周边环境、自然与气象环境、社会环境等。地铁工程施工风险比其他建设工程的高，其客观原因主要为地质条件的复杂性和变异性，工程周边环境的复杂性和不确定性。同时，施工易受自然和气象灾害影响，作业环境潮湿、狭小，施工也容易引起居民投诉甚至阻挠。因此，必须高度重视工程施工环境管理的重要性。

1. 工程水文地质环境

地质体既是地铁工程的载体也是工程施工改造的对象，地质条件的好坏及其探明程度大小直接关系到工程建设的质量安全问题；施工过程中地质条件与环境因素的相互作用、相互影响也关系到工程建设的质量和安全。地铁工程常见地质类型、风险及其处理措施参见表5.1。

地铁工程应高度重视工程地质与水文地质风险，除在岩土工程勘察阶段应全面查明不良地质及特殊岩土、地层情况、参数及其工程特点、地下水位及类型，在设计阶段正确选择与工程地质水文地质相匹配的施工技术与施工方法外，在施工阶段，施工单位在施工前应进行必要的地质调查（补勘、物探），在施工过程中做好工作面地质超前预报，采用地质素描、超前钻孔、物理探测等手段、方法，查明（或预测预报）下列内容：

（1）断层及其影响带和节理密集带的位置、规模和性质；
（2）软弱夹层的位置、规模及性质；
（3）岩溶发育位置、规模及其性质；
（4）不同岩类间接触界面位置；
（5）工程地质灾害可能发生的位置和规模；
（6）隧道围岩级别变化及其分界位置；
（7）不同风化程度的分界位置；
（8）不良地质体（带）的成灾可能性；
（9）隧道涌水位置、水压及水量。

2. 工程周边环境

工程周边环境主要是指城市轨道交通工程建设影响范围（施工场地及其毗邻区域）内的建筑物、构筑物、道路、管线、地铁线、地表水体等。工程建设与工程周边环境存在相互影响、连锁反应，一旦发生事故，后果（人员伤害、经济损失和社会影响）往往极为严重。因此，工程周边环境调查与保护是地铁工程安全监督管理的重要内容之一，建设单位应做好工程周边环境调查与保护的综合协调管理工作，施工单位应按照设计图落实工程周边环境保护措施。

（1）建设单位的工程周边环境保护工作

1）提供工程周边环境资料。工程开工前，建设单位向设计、施工、监理、监测等单位提供最新的工程周边环境资料。

对于客观条件所限而不能调查的区域，或者最近一次调查后经过了较长时间，或者接到施工单位关于管线资料不准确的报告后，应及时组织补充调查。

2）组织管线管理单位现场交底。在施工前，建设单位组织地下管线产权单位或管理单位向施工单位进行现场交底。

3）组织签订管线安全保护协议。对于在管线安全控制区范围内进行的施工（包括勘察钻探作业），建设单位组织施工、管线管理单位签订地下管线（如燃气、电力管线等）保护协议。

4）委托工程周边环境第三方监测。建设单位应委托有资质的监测单位对受工程影响的周边环境实施第三方监测。并委托监理单位对施工监测、第三方监测进行比对、分析，及时掌握工程周边环境变化，组织动态设计和施工。

（2）施工单位的工程周边环境保护工作

1）工程周边环境现场核查。施工、勘察等单位应当对所有需要开挖（包括钻探）范围及其影响范围内的工程周边环境（包括废弃的管线和地下工程）进行详细的调查和确认，对照建设单位提供的资料，采用现场量测、探测和挖探等方法，查明管线的实际位置，查明工程周边环境的现状、结构特点以及对开挖变形的承受能力。未查明地下管线的，不能开挖（钻探）。

当工程周边环境实际状况与建设单位提供的资料不一致时，及时报告建设单位。管线未探明前，不能施工。

2）编制专项施工方案。施工单位应当对影响工程周边环境安全的风险工程编制专项施工方案和保护措施，并会同相关单位进行专家论证。

3）安全保护技术交底。施工单位在施工前将地下管线、地下构筑物等基本情况、相应保护及应急措施等向施工作业班组和作业人员作详细说明，并在现场设置明显标识，划出燃气管线的安全保护区域，告知作业人员严禁擅自移动钻孔位置，安全保护区内严禁机械开挖。

4）落实保护技术措施。根据不同的保护对象，采用注浆加固、冻结加固、止水帷幕、基础托换、管线悬吊保护等工程技术措施，对工程周边环境进行保护。在燃气等地下管线安全保护区内，严禁进行机械开挖、爆破及其他特别禁止的施工行为。对废弃的管线和地下工程也应妥善处理。

5）实施施工监测。施工单位应当进行施工监测，通过监测及时掌握工程周边环境变化，进行动态施工。

3. 自然环境

在自然异常变化造成的自然灾害中，对地铁工程建设有影响的主要包括：洪涝、台风、暴雨、冰雹、暴雪、高温、雷电等气象灾害，山体崩塌、滑坡、泥石流、地震等地质灾害。

地质灾害和台风暴雨等自然灾害的防范措施主要包括：

（1）做好办公、生活场所、变配电设施的选址，不应设置在低洼易涝或受（基础或周边）山体滑坡、土体坍塌、泥石流影响的区域；保证围墙、临时建筑的基础要牢固，墙体具有足够的抗风强度。

（2）采取"拦、封、堵、衬"等物理隔绝防护，"监、测、注"等科技辅助手段，"巡、值、疏、抽"等人机机动补充等多种措施，实施综合防汛。这是北京地铁工程迎战2012年"6.24"、"7.21"两次特大暴雨的经验总结。

1）拦：在地面明挖基坑和暗挖竖井等敞口部位砌筑高挡水墙，确保地面积水不流入基坑；

2）封：特大暴雨来临前对暗挖作业面采用喷混凝土临时封闭，明挖作业面采用彩条布覆盖，避免因雨（渗）水冲刷引发局部坍塌。

3）堵：对改移管线和废弃管道进行封堵，防止雨水倒灌，对可能影响工程安全的上游河流垒坝拦截，适时泄洪。

4）衬：对临近在建地铁工程 20m 范围内的直径大于 1000mm 的雨水管线、污水管线，在管内加设 PVC 衬套或 CIPP 翻转内衬，防止因管道接头等渗漏而引发工程安全隐患。

5）注：对临近河流湖泊的基坑、暗挖掌子面渗流和不良地质地段实施注浆加固技术处理，增加土体支护强度和抗渗性能。

6）疏：对施工现场 20m 范围内的地下排水管道、雨污水井等进行定人定期清淤，确保工程周边排水系统畅通。

7）抽：在暗挖竖井、明挖基坑、风亭出入口等容易形成积水的低洼部位提前安设抽水泵，专人盯守，确保进入坑内、井内积水及时得到抽排。

8）监：利用在建工程视频监控系统，对现场实施动态监控，及时发现并处置异常情况。

9）测：利用工程施工监测和第三方监测，对汛期基坑和暗挖等支护结构及地面下沉情况进行动态监测，及时反馈信息，指导防汛施工。

10）巡：安排专人进行雨前、雨中、雨后巡查，及时发现并处置异常情况。

11）值：指定专门部门负责气象信息的收集，做好自然灾害的预警和预防措施的落实，实行应急值守、定时报送信息。

同时，应高度重视雨中人员安全和雨后复工安全，防止人员触电或淹溺，认真落实雨后土方开挖安全措施（包括基坑、管线改迁沟槽的防坍塌措施）。

4. 作业场所环境

作业环境的主要有害因素包括：粉尘、毒气、热湿、辐射。要实施施工现场环境布设、安全标志布设、安全防护设施的标准化，开展安全定置管理（如"6S"管理：整理、整顿、清扫、清洁、素养、安全），保证现场照明充足，采用通风等技术措施将热湿、粉尘、毒气、辐射控制在允许浓度下。

暗挖隧道、盾构隧道（尤其是盾构密闭仓）、人工挖孔、地下管道（如污水管道）、暗沟、地坑等地下有限空间属于（特殊）缺氧危险作业场所，场所空气中的氧含量可能低于 19.5% 的状态，同时可能存在或产生其他有害气体（如爆破后的一氧化碳、污水管道中的沼气等）。进入这些场所时，应遵守《缺氧危险作业安全规程》GB 8958，按照先通风、再检测、后作业的原则，在作业开始前，必须准确测定作业场空气中的氧含量和有害气体浓度，必须保证氧气浓度在 19.5% 以上，有害气体浓度低于允许浓度。

地下有限空间的应急救援应十分谨慎，应先通风，否则救援人员必须配备并使用空气呼吸器或软管面具等隔离式呼吸保护器具。严禁使用过滤式面具（过滤式面具在缺氧环境下是无效的）。

5. 周边社会环境

周边社会环境是指工程项目所处的周边社区环境，它容易形成对项目的外部干扰，造成工程不能按计划实施，间接对施工安全造成不利影响。对此，需要参建各方高度重视。

建设单位应做好地铁线路规划及其环境影响评价、意见征求，消除周边居民对于地铁运营风亭（井）排废气的担心；做好交通疏解，尽量减少对居民生活和出行的影响；积极争取政府监管部门、资源供应单位和周边社区的支持，办理好工程各种报建手续，扫清征地拆迁、交通疏解、管线迁移等前期工程中存在的工程障碍，为施工创造一个良好的社会环境。

施工单位要提前落实防止房屋过大沉降、开裂等措施，注重文明施工，做好噪声、振动、粉尘、废水排放的控制。同时，设立接待室及时处理居民的投诉，加强与周边居民、新闻媒体的沟通、解释工作，最大程度上争取理解、支持。

6. 施工组织界面

在施工阶段，施工单位与建设、勘察、设计、监理、监测等单位都存在密切关系，产生组织界面。在同一区域内施工的两个或两个以上的承包商之间也产生组织界面。界面具有复杂性、不确定性、风险性以及容易出现责任盲区等特点，往往是系统比较薄弱的环节。因此，界面管理在地铁工程安全管理中非常重要，需要高度重视。建设单位对各单位之间的界面工作内容和责任做出说明，对参建单位的安全生产工作进行统一协调管理。施工单位应在建设单位的统一协调管理下，积极利用工程项目的计划和控制系统加强相互之间的信息交流。

对在同一区域或在存在相互影响的区域内施工可能危及对方的，例如，安装装修阶段的轨行区、车站等区域存在多个土建、安装装修承包商同时进场施工，设备联调涉及多个区域和多个承包商；不同施工单位毗邻区域的塔吊产生多塔作业的碰撞问题。这些场所的安全问题，都应由建设单位进行统一协调、管理。通常做法，一是在合同中明确车站地盘管理商（通常是常规设备安装承包商）并委托其进行地盘管理，规定其他承包商服从地盘管理商的管理；二是建设单位牵头成立总调度室和轨道安装等各承包商调度组，对轨行区实行统一调度、管理；三是通过各方参加调度例会、安全专题会议，协调解决项目重难点、突出的安全问题；四是督促施工单位相互之间签订安全生产管理协议，明确各自的安全生产管理职责和应当采取的安全措施，并指定专职安全生产管理人员进行安全检查与协调，服从地盘管理商的管理。

（三）机电管理

建设工程施工机械、设备设施主要有盾构机等掘进机械，起重机械（塔式、履带式、汽车式起重机，施工升降机、物料提升机等），挖掘（槽）机，翻斗车、装载机等运输机械，钻孔、搅拌、注浆机械，打桩机，电焊机，水（泥浆）泵，钢筋机械，平刨，电锯，手持电动工具，预应力张拉机械，振捣器具，气瓶等压力容器。其中，起重机械、场内机动车辆和压力容器属于特种设备。

尽管这些机械设备设施的功能、形态各异，但基本的危险有害因素及其管理措施、技术措施可以归纳为有限的若干类。

1. 机电设备安全风险控制的管理措施

机电设备安全风险的管理措施包括机械设备的购置、进场、安装、调试的安全审查和

第二节 施工安全风险管理要素

验收，安全操作规程制定，运行安全检查，维修保养，监控（监护），安全检测检验，设备信息档案管理等。对于重要设备，还应制定设备运行前安全条件确认等制度。

特种设备的安装、拆卸和操作属于特种作业，容易发生事故。地铁工程在许多场合必须使用起重机械进行吊装作业，盾构机装车、卸车和组装过程的吊装、竖井运输吊装、基坑内吊装、基坑边吊装。以及高架、车辆段（停车场）的施工起重吊装，都是高风险作业，特别是在基坑内、基坑近邻发生起重机械倾覆、倒塌事故，可能诱发基坑支撑受损、基坑变形甚至坍塌等重大安全事故。因此，特种设备安全管理是地铁工程安全管理的重点之一。

《特种设备安全监察条例》、《建设工程安全生产管理条例》对特种设备的设计、制造、购买（租赁）、安装、附着、顶升、验收、检验、使用、维修保养和报废等环节的安全管理做出了明确规定；《建筑起重机械安全监督管理规定》明确了建筑起重机械出租单位、安装单位、使用单位和施工总承包单位的安全管理责任。起重机械安全管理环节及其要求见表9.1。

起重机械安全管理环节及要求 表9.1

环 节	内 容
购买/租赁	施工、监理单位审核制造许可证、产品合格证、制造监督检验证明（租赁机械的定期检测合格证）、备案证明、安装使用说明书； 施工单位与出租单位签订租赁合同，明确双方安全责任
安装/拆卸/顶升/附着	施工总承包、监理单位审核安装/拆卸单位资质和安全生产许可证、安装作业人员的特种作业操作资格证； 签订安装拆卸合同，明确双方安全管理责任； 安装单位编制、审批专项方案和应急预案； 安装单位安装、拆卸前告知当地施工安全监督机构； 安装单位、施工总承包单位指定专职安全管理人员监督检查安装、拆卸情况
验收	安装后安装单位自检； 验收前应经有资质的机构检验合格； 施工单位组织出租、安装、监理单位进行验收（或委托有资质的检测机构验收）； 使用（施工）单位办理使用登记； 移动式起重机械应完成申报、验收后方可进场，进场监控、定位后检查及试吊顺利后方可正式作业
使用	使用单位制定技术档案管理办法、安全操作规程和事故应急救援预案； 起重信号工、起重司机、司索工应取得特种作业操作资格证书（对于租赁单位的人员，应进行针对地铁工程吊装特点的专门安全教育）； 使用单位指定专职管理人员进行检查，定期组织检查、维护和保养，定期委托监督检验（检验周期：在用起重机2年一次，载人升降机1年一次），确保安全保护装置、吊钩、钢丝绳等安全关键部件、构件的完好，以及龙门吊轨道、塔吊基座、移动式起重机械行走路面等基础平稳； 制定并落实防止近邻多个塔吊、同一轨道上多个龙门吊的互相碰撞措施； 起重吊装作业严格执行"十不吊"规定； 大型吊装作业应安排专人安全监控； 监理单位应对上述行为进行监督检查
报废	对超过使用年限的，或检验不合格的，或国家禁止使用的，予以报废

注："十不吊"是指：①信号指挥不明不吊；②斜牵斜挂不吊；③吊物重量不明或超负荷不吊；④散物捆扎不牢或物料装放过满不吊；⑤吊物上有人不吊；⑥埋在地下物不吊；⑦安全装置失灵或带病不吊；⑧现场光线阴暗看不清吊物起落点不吊；⑨棱刃物与钢丝绳直接接触无保护措施不吊；⑩六级及以上强风不吊。

2. 机电设备安全风险控制的技术措施

产生一起伤亡事故或职业病需要能量或有害物质、传播途径和人等三个要素同时存在并相互作用。因此，可以针对这三个要素采取具体的工程技术，控制能量的不正常转移。

安全技术的基本原则。目前针对机电设备设施的危险有害因素所采取的技术措施，可归结为如下十二种原则的应用：

1）消除潜在危险原则。即在本质上消除不安全因素，如用不可燃材料代替可燃材料。

2）降低（减弱）潜在危险因素数值原则。当危险和有害因素无法根除时，应采取措施使之降低。如减少施工现场可燃材料的数量，限制施工现场机动车辆和龙门吊等轮轨式行走机械的行驶速度，以及塔吊、移动式起重机械的转动速度等。

3）冗余性或坚固性原则。以安全为目的，提高设备的结构强度，提高安全系数，尤其在设备设计时更要充分运用这一原理，例如起重设备的钢丝绳和吊钩、坚固性防爆电机外壳，以及系统中增加备用装置或设备，双路供电等措施。

4）设置薄弱环节原则。利用薄弱的元件，在设备上设置薄弱环节，在危险因素达到限定值而又未达到危险值以前，已预先将薄弱元件破坏，使危险终止。例如电气设备上的保险丝，压力容器上的安全阀、乙炔、氧气瓶的易熔塞等。

5）屏蔽和隔离原则。即在危险因素的作用范围内设置障碍，使其与操作人员隔离开来，避免危险因素对人的伤害。如转运、传动机械防护罩、安全帽、放射线的铅板屏蔽、高频电磁场的屏蔽、隔声屏（间）等。

6）防止接近原则。使人不能落入危险、有害因素作用地带，或防止危险、有害因素进入人的操作地带。如采用安全栅栏、安全带等。

7）距离防护的原则。生产中的危险有害因素对人体的伤害往往与距离有关，依照距离危险因素越远事故的伤害越弱的道理，采取安全距离防护是很有效的。如对有毒气体、放射性物质、电离辐射、噪声、振动的防护，都可应用距离防护的原理来减弱危险因素对人体的危害。

8）时间防护原则。使人处于危险和有害因素作用环境中的时间缩短到安全限度之内，对所有的有害因素都可采用这一防护原则，如对体力劳动和严重有毒有害作业实行缩短工时制度。

9）闭锁原则。以某种方法使一些元件强制发生互相作用，以保证安全操作。例如，载人或载物的升降机的安全门不关上就不能合闸开启，如高压配电屏的闸门在未断电前是不打开的，各种限超位、限超载装置，漏电保护装置等也是应用了闭锁原理。

10）取代操作人员的原则。如用自动控制装置代替人工操作，使用盾构法施工取代矿山法施工。

11）个体防护原则。根据不同作业性质和条件配备相应的保护用品和用具，如安全带、安全帽等。

12）禁止、警告和报警原则。对危险部位给人以文字、声音、颜色、光等信息，提醒人们注意安全，如设置警告牌、信号等。

机械、电气设备的危险因素及其控制技术措施汇总于表 9.2。预防机械设备机械性伤害的重点是要对危险区域（简称危区）进行防护。机械设备的危区是指运行时对人体可产生机械性伤害的危险部位，包括正常危区和故障危区。正常危区包括静止型危区（尖角、毛刺、带刃锋利部位等）、回转型危区（由旋转物件构成）、往复型危区（由平动或往复运动的机件构成）和复合型危区等。故障危区是指发生故障时才出现的危区，它由可动物件运动的可能方向和范围构成。起重机吊装时正常的吊物运动区域属于正常危区，而起重机倾覆、吊物抛落的方向和范围则构成了故障危区。危区常采用防护盖、罩、屏、栏等进行屏障隔离，或划定安全警戒区，防止人员接触或进入危区。

机电设备危险因素及其技术控制措施 表 9.2

类型	表现形式	控制原理	措施（举例）
机械性危险因素	物体打击（压、撞、割）压力爆炸振动危害	提高机械本身安全性；附加安全装置（联锁、保险、防超限、监控、紧急制动、危区防护罩/盖/屏/栏）	临边或预留洞口防护、安全带等措施防高处坠落；安全帽保护头部（免受物体打击或撞击）；（氧气、乙炔）气瓶易溶塞防超温超压爆炸；起重机械的安全防护装置（超载限制器、力矩限制器、极限位置限制器、缓冲器、门舱联锁保护装置和停层保护装置等）；钢丝绳断丝检测、吊钩裂纹或磨损检测；砂轮机开口前1.0~1.5m处设置金属网进行屏障隔离防砂轮（碎片）飞出伤人等
电气性危险因素	电伤触电	绝缘、屏护（隔离）、安全距离、安全电压；自动切断供电的防护（接地/接零保护、漏电保护、过流保护、过压保护）；电气隔离、加强绝缘	脚手架或起重机械周边与外电架空线之间最小允许距离（安全距离）或搭设遮栏等；临时施工用电采用TN—S系统和三级配电两级保护、漏电保护器；隧道施工及人工挖孔桩等狭小、潮湿场所作业照明使用安全电压（36V以下）或特别绝缘保护线路或灯具；电焊机的空载降压保护器或熄弧自动断电装置；具有加强绝缘的Ⅱ类手持电动工具（铭牌有"回"形标志）；潜水泵使用YHS潜水泵专用防水电缆
化学性危险因素	燃烧爆炸	消除火源、控制可燃物、隔绝空气、灭火（隔离法、冷却法、窒息法、抑制法）	施工现场临时生活、办公建筑必须使用A级防火材料搭设；生活办公用房与危险物品可燃材料库保持足够安全距离；施工现场合理配置灭火器材（灭火器、消防水系统）

根据《施工现场临时用电安全技术规范》JGJ 46—2005，地铁工程施工临时用电采用"不低于三级配电两级保护"的TN—S系统（即"变压器中性点接地、电气设备接零保护"系统），如图9.3所示。

（四）物料管理

地铁工程的模板工程、脚手架工程和深基坑支撑（支护）结构、隧道初支等，需要使用钢筋、工字钢（H型钢）、钢板、水泥、钢锚索、钢管及其扣件等，安装装修工程需要使用大量安装装修材料。这些材料、构配件的质量尤其是力学性能和燃烧性能直接关系到施工安全。施工单位应当按照规定对进场建筑材料、建筑构配件进行检验。无合格证明的，或未经检验或检验不合格的，不得使用。对涉及结构安全的试块、试件及有关材料，

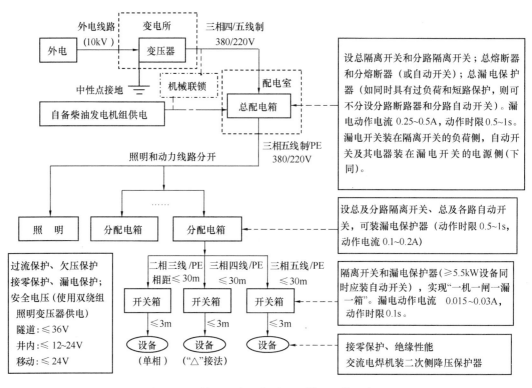

图 9.3 地铁工程施工临时用电供电系统示意图

注释

(1)"三级配电两级保护"是指总配电箱、分配电箱和开关箱等三级配电,总配电箱和开关箱必须安装漏电保护器。

(2)TN—S系统是指变压器中性点接地、电气设备保护接零的系统。

(3)"一机一闸一漏一箱"是指一台用电设备单独使用一配电箱、一闸刀开关、一个漏电保护器。

(4)"三相五线"是指三相用电设备应有一条工作零线、一条保护零线。

(5)"机械联锁"是指自备发电机组电源与外电源必须通过机械联锁,严禁并列运行和向外电源反送电。

施工单位应当在监理单位见证下,按规定进行现场取样,委托具有相应资质的检测单位进行质量检测。

在使用过程中,要做好维护保养,预防、减少腐蚀,确保各种力学性能满足要求;对各种易燃性材料应设专用存储场所并与生活、办公区保持足够的安全距离。

(五)制度管理

施工安全规章制度,是国家安全生产法律、法规的延伸和具体化,通过规范施工安全管理工作的各项要求和实施细则,成为管理工作的依据和员工工作与施工生产行为的守则,也是施工单位建立良好施工安全氛围的工作基础,而良好的安全生产氛围则是实现生产安全要求的重要条件之一。狭义的安全规章制度保障体系包括适用于施工单位的安全生产法律法规、施工安全管理制度与安全操作规程。广义的安全规章制度保障体系还包括施工组织设计、专项施工方案、作业程序文件与作业指导书。

根据建设工程安全生产管理的有关法律、法规和规章,施工安全责任制度、施工安全教育培训制度、施工安全检查制度、特种设备安全管理制度、专项施工方案管理制度、应急管理与事故调查处理制度等是基本的、重要的制度，施工单位及其项目部必须制订、宣贯和落实。

施工安全管理制度必须把建设工程安全生产法律法规关于施工单位安全生产的要求具体化，结合实际情况，明确落实这些要求的主管部门（人员）、配合部门（人员）和监督部门（人员），以及落实措施（组织保障、资源报告、技术保障、信息保障和奖罚制度等）。

（六）过程管理

地质条件的复杂性与变异性、工程周边环境的复杂性与不确定性，以及施工技术、工法和机械设备、作业的多样性与适用性，以及自然环境与气象条件的变化性，决定了工程项目过程安全管理的重要性。施工过程安全管理的重点是工程监控测量管理，施工组织设计和危险性较大分部分项工程专项施工方案的安全技术措施落实的监督检查，过程与作业标准化程序、作业指导书的符合性的监督检查，关键节点安全条件验收（确认）、安全关键控制点（危险作业）的监控管理，过程界面管理，人的行为的抽样调查，也包括施工过程中地质条件、工程周边环境和自然与气象条件变异性的管理，做好超前预测、预警和预报。在安全管理工作中，变化被看作是一种潜在的事故致因。因此，组织变化（如一个组织主要负责人更换）、计划变化（如劳动竞赛、抢工期等）、技术变化（如"四新"技术采用）、规程变化（如新规章制度、操作规程的实施初期）、工序转化（如、时间变化（如节假日、非正式工作时间、夜间或交接班时段）和环境变化（如台风、暴雨、冰冻、雷电等）等，都是过程管理中需要予以重视的不安全因素。

应急处置和事后管理属于过程管理的特殊阶段，鉴于其特别重要性，将两者作为单独要素予以阐述。

（七）应急管理

当地铁工程事故征兆出现或不可避免地发生时，采取有效的应急措施控制事故的扩大，可以中断事故的发展，减少事故损失。因此，应加强应急管理。应急管理包括事故的预防与应急准备、监测与预警、应急处置与救援、事后恢复与重建等活动。施工单位应急管理重点是"三制一案"的建立和落实。"三制"指应急管理体制、机制和法制（管理规章制度），"一案"指应急预案。具体工作包括：根据建设工程施工的特点、范围，对施工现场易发生重大事故的部位、环节进行监控，制定并实施施工现场生产安全事故应急救援预案；建立应急救援组织或者配备应急救援人员，配备必要的应急救援器材、设备，并定期组织演练。

（八）事后管理

事后管理包括事故管理和保险理赔。事故管理主要是事故调查、分析、处理，事故的统计分析与报表；保险理赔包括工伤保险理赔、人身意外伤害保险（专为危险性较大的作业人员、应急抢险人员购买）和工程保险理赔等，工伤保险理赔管理工作包括工伤认定、劳动能力的鉴定、评残、补偿金的申请办理等，工程保险理赔管理工作包括事故原因分析、损失确认和补偿申请等。

(九) 隐患管理

在工程建设活动中存在可能导致事故发生的物的危险状态、人的不安全行为和管理上的缺陷，都是事故隐患。施工单位应当组织安全生产管理人员、工程技术人员和其他相关人员开展日常检查、专项检查、定期检查，认真排查事故隐患。对排查出的事故隐患，应当按照事故隐患的等级进行登记，建立事故隐患信息档案，并按照职责分工，实施分级监控治理，按照"三定"原则（定责任人、定措施、定整改时间）进行整改、复查、销号。施工项目安全管理部门及其安全管理人员负责对整改落实情况进行监督、验收，并报监理复查。在事故隐患治理过程中，应当采取相应的安全防范措施，做到资金、物资、人员、措施和预案"五到位"。事故隐患排除前或者排除过程中无法保证安全的，应当从危险区域内撤出作业人员，并疏散可能危及的其他人员，设置警戒标志，暂时停工或者停止使用，处理好抢险与抢险人员安全的关系，防止人员伤亡事故的发生；对暂时难以停工（如停工后隐患可能加速发展，或造成新的更大的其他隐患，这是地下工程的一个特点，应予特别注意），应当加强支护，处理好停工整改、隐患治理与抢险、加固的关系，防止更严重的安全事故发生。例如，对于存在坑底涌水涌砂风险的深基坑，需要快速施作（钢筋）混凝土垫层（封底），切不可因为一些无关紧要的安全质量缺陷而停工整改，延误战机，铸成大错。

(十) 信息管理

安全管理是借助于大量的安全信息来实现的，安全管理信息系统的建立与有效运行是安全管理体系有效实施和运行的重要保障条件之一。安全信息包括现场安全状态信息、安全管理活动信息和安全指令性信息，信息管理主要环节有信息获取（收集）、处理、决策和反馈，信息的质量和价值取决于信息的及时性、准确性和适用性。因此，必须建立一个高效、灵敏的企业、项目的安全信息系统，准确、及时地搜集各种安全信息，规范各种安全信息的传递方法和程序，在企业、项目内形成畅通无阻的信息网，并设专人负责处理。传统信息管理方法主要是建立安全管理台账和档案，现代安全信息处理大多数借助计算机网络技术、通信技术、监测技术等，建立实时监测与视频监控系统和信息管理系统，大大提高了信息的质量和价值。

第三节 前期工程的安全风险管理

前期工程主要包括现场临时建筑设施、地下管线补充调查与核查、补充地质勘察、征地与房屋拆迁、管线改迁、交通疏解、绿化迁移等。这些前期工程具有临时性、交叉性等特点，存在安全文明施工风险，存在钻孔与开挖作业损坏地下管线、既有地铁线路等工程周边环境的风险，也存在由此引发的社会安全风险，以及前期工程推进不力而压缩主体工程实际工期的风险。

(一) 临建设施风险管理

地铁工程施工现场临时建筑设施的安全风险主要包括搭建作业安全风险和设施消防安

全风险。前者主要包括高处坠落、物体打击、触电、起重伤害等常见风险,风险管理和控制措施见本章第二节相应部分。后者主要是指临时建筑设施未执行有关消防安全技术规范,存在质量问题所带来的火灾风险。

根据《建设工程施工现场消防安全技术规范》GB 50720—2011,地铁工程施工现场临时办公、生活、生产和物料存储区应独立设置并保持足够的防火距离;宿舍、办公用房不应超过3层,每层面积不应超过 $30m^2$;宿舍、办公用房、发电机房、变配电房、厨房操作间、锅炉房、可燃材料库房及易燃易爆危险品库房等建筑构件的燃烧性能等级应达 A 级;施工现场、办公、生活区应设置临时消防给水系统,配备灭火器;临建设施应经过消防检查验收合格后方可投入使用。

(二) 地质补勘风险管理

主要风险来自没有探明、核查清楚地下管线前盲目作业,造成地下管线、既有地铁线路受损事件。所以,补充地质勘察钻孔和管沟开挖前一定按照地下管线、既有地铁线路的安全保护工作流程,做好钻孔与开挖现场及其毗邻区域的地下管线调查、管线产权或管理单位的现场交底、施工单位现场核查,以及按规定签订管线、既有地铁线路的保护协议,落实保护措施。由于补充地质勘察钻孔较为零散,现场管理难度更大。所以,必须认真做好作业班组安全教育与交底,做好开钻前孔位标识、钻机定位与开钻监控,严防作业人员随意移动钻机钻孔位置。

(三) 交通疏解风险管理

占道围挡施工、交通疏解施工的主要风险来源于路面交通,主要表现形式是:来车与施工现场围挡或交通疏解防护栏碰撞、车辆冲进施工现场、车辆对作业人员造成伤害等。预防措施主要有:建设单位按道路交通管理规定事前及时办理占道申报手续,并监督参建各方必须在完善占道审批手续后,再进行占道施工;施工单位按照施工设计图进行占道施工(包括围挡施工)和交通疏解;主体结构施工单位、交通疏解单位在围挡车辆出入口处、新建侧分带端头处、交通疏解工程防护栏端部等位置放置反光防撞砂桶,并在距来车方向安全距离处设置明显的安全警示标志、黄色闪烁警示灯,并在适当位置设置反光防护桩、铁马、分道指示器等交通安全设施,及时完善地面道路交通标线,在围挡、波形护栏上加贴反光膜。

(四) 管线改迁风险管理

为了保护基坑开挖影响范围内或交通疏解范围内的地下管线,需要采取改迁、悬吊保护等措施。地下管线保护、防管沟坍塌、防中毒和文明施工是管线改迁安全的重点。由于管沟不深,临时性更强,项目管理人员、监理人员和作业人员对此往往重视不够,抱侥幸心理,支撑措施往往不到位甚至缺失,极易引发坍塌,导致人员死伤事故;既有排水管线改迁、管线碰口等作业需要进入既有排水管道等密闭空间前,如通风不足,容易导致进入人员和随后盲目施救人员的中毒死亡。电力、燃气等线路改迁工程由于涉及电力、燃气,本身危险性很大,专业性强、安全措施要求严格,必须高度重视,确保施工人员、网路安全和改迁质量。改迁施工前应按相关程序进行申请,并分别委托有专业施工、监理资质的单位承担施工、监理任务。有限的施工现场及其毗邻区域内往往存在多家产权不同、监管部门不同、施工单位不同的管线拆迁同时进行，建设单位要统筹管线迁移的综合设计和现场协调管理。

（五）房屋拆除风险管理

房屋拆除工程应当按照建设工程的安全生产管理要求进行，同时，应重视拆除工程的特有风险的防范措施，包括划定危险区域，做好作业现场的隔离与封闭，设置警戒和警示标志；对既有管线进行切断、移位、封堵或防护；正确安排和落实拆除构件和部位的顺序，禁止立体交叉拆除作业；拆除部分构件时，防范相邻部分坍塌，对保留部分的预先进行加固；设置拆除物垂直运输设备或专用溜放槽，严禁向下抛物。

第四节 土建工程施工安全风险管理

地铁工程车站、隧道等主体结构和出入口、风道等附属结构的施工方法有多种，主要根据施工范围内的工程地质和水文地质勘探资料，工程埋置深度、结构形状和规模、使用功能、工程要求、周围环境及交通等情况进行技术、经济综合比较后确定。我国地铁工程常用的施工方法包括明（盖）挖法、暗挖法（矿山法）、盾构法和高架法。辅助施工措施包括降水、注浆加固等。选择、应用这些措施时，应考虑保护地铁工程周边环境的需要和工程周边环境对地铁工程的影响。

土建工程施工安全风险管理既要重视独立车站基坑、区间隧道及其附属结构施工风险，也要关注多个车站、区间联通，尤其是线路洞通、线网（包括穿越运营线路）形成后的巨大水淹风险。某一处涌水或外部水倒灌都可能造成整条线、整个线网的灾难性后果，要特别注意附属结构封堵墙拆除后可能引发的水淹风险，注意车站、区间人防门防洪功能的利用。

（一）明（盖）挖施工风险

1. 明（盖）挖施工方法与主要工序

明（盖）挖法是修建地铁的常用施工方法，是先从地表面向下开挖基坑至设计标高，然后在基坑内的预定位置由下而上地建造主体结构及其防水措施，最后回填土并恢复路面。按其主体结构的施作顺序，明（盖）挖法又可分为：明挖顺作法、盖挖顺作法、盖挖逆作法、盖挖半逆作法等。

明挖施工一般可以分为四大步骤：围护结构施工→（立柱桩设置）→支撑架设→内部土石方开挖→工程结构施工→管线恢复及覆土，其中支撑架设与土方开挖交替进行。对于宽度较大（如超过 22m）的基坑，需要在中间设置围护结构支撑的立柱桩。

2. 明（盖）挖施工安全风险及其控制措施

明（盖）挖法施工安全事故主要有基坑渗漏、支撑系统失稳、坑底隆起、围护结构整体失稳、坑底管涌流砂、坑内滑坡、围护结构折断或大变形、踢脚破坏、地下管线和建

（构）筑物沉降、起重机械事故、设备故障和其他施工风险等13类，主要发生部位有基坑长边中部、基坑底部、基坑阴角和基坑阳角等处。其主要原因列于表9.3。

施工过程中主要的风险因素有不良地质风险、边坡支护（围护结构）施工风险、基坑土体开挖施工风险、结构施工风险、地下水控制风险、工程周边环境影响风险，以及中柱施工风险和水平、垂直运输风险等。在基坑开挖期间，工程周边环境风险与基坑风险相互影响、互为作用，即"围护结构位移或失水→周边地表、地层沉降→地下管线、建（构）筑物破坏→水管渗漏水→基坑破坏加速"。各施工阶段风险及其主要防范措施见表9.4。

明（盖）挖法施工风险事故及其主要原因　　　　　　　表9.3

事故	原因	示意图
基坑渗漏	在饱和含水地层（特别是含有粉砂层等其他透水性较好的地层，或者近邻供排水管渗漏、断裂），围护结构的止水效果不好或止水结构失效。大量的水夹带砂粒涌入基坑，严重的水土流失会造成支护结构失稳和路面坍塌，还可能先在墙后形成洞穴面突发发生地面沉降、建（构）物受损	
支撑系统失稳	支撑的强度设计不足或支撑架设偏心、立柱升沉造成支撑偏心较大而达不到设计要求，造成基坑支撑系统失稳，有时会伴随基坑的整体滑动破坏	
坑底隆起	基坑底部土体的抗剪强度较低，致使坑底土体产生塑性流动而产生隆起破坏	
围护结构整体失稳	设计不合理，施工时挖土卸载太快，且没有及时支撑	

续表

事故	原　因	示意图
坑底管涌流砂	在粉砂层中开挖基坑时，在不设打井点或井点降水失效，或围护结构插入深度不够。坑底管涌流砂，严重时会导致基坑失稳	
坑内滑坡	在放坡挖土或分层、分台阶挖土时，放坡较陡、降雨或其他原因，导致滑坡，冲毁基坑内先期施工的支撑及立柱，导致基坑破坏	
围护结构折断或大变形	施工抢进度，超量挖土，支撑架设不及时，使围护墙缺少设计上必需的支撑；或者不按图施工，少加支撑，致使围护墙应力过大而折断或支撑轴力过大而破坏或产生危险的大变形。此外，立柱（格构柱）变形（沉降或上抬）导致支撑偏心、变形而失稳	
内倾破坏	设计强度不够或支撑架设不及时，使已加支撑轴力过大，或外力撞击，或坑外地表堆载造成不对称变形，导致围护结构四周向坑内倾倒破坏	
踢脚破坏	围护结构插入深度不够或坑底土质差，被动土压力小，造成支护结构踢脚失稳破坏	

第四节 土建工程施工安全风险管理

明挖法施工基本步骤及其重点风险 表 9.4

示意图	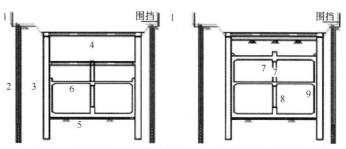 （1）围挡（2）降水井（3）围护墙（桩）（4）（钢筋混凝土或钢管）支撑 （5）底板（6）中板（7）顶板（8）中柱（9）侧墙		
	施工步骤	重点关注风险	主要控制措施
1	正式围挡	未办理占道手续的责任风险	建设单位应在围挡施工前办好占道手续
		占道围挡而引发交通事故	按规定进行交通疏解并安装安全设施和标识
		围挡倒塌或散落伤人	确保围挡具有足够强度和抗风能力
2	基坑加固、降水井施工	降水井施工或抽水造成工程周边地面、建（构）筑物受损或开裂、超限沉降甚至坍塌	钻井前查清地下管线等工程周边环境，降水设计、抽水试验、截水或回灌、过程监测
3	围护结构（地下连续墙、人工挖孔桩或钻孔桩或+止水帷幕）施工（对于围护桩，开挖土方至桩顶冠梁下 0.5m 处，施作桩顶冠梁）	墙、桩、止水帷幕等施工造成地下管线受损	事前查明地下管线埋设情况、签订保护协议，落实保护措施
		人工挖孔桩坍塌、中毒	确保孔壁混凝土强度，人进入前通风、气体检测合格
		冠梁施工中沟槽坍塌	加强冠梁沟槽壁支护
		钢筋笼吊装倾覆或撞人	严格落实起重作业安全要求
		人员坠入槽、桩孔	槽、桩孔口或边缘防护隔离
		墙、桩、止水帷幕质量差造成渗漏、管涌引发周边沉降、基坑变形甚至坍塌	加强围护墙、桩施工质量，正确选择止水帷幕方案并严格实施
4	分层开挖基坑，架设支撑，开挖到基坑底部，施作接地网、底垫层	基坑渗漏	确保围护结构的止水效果，及时封堵渗漏，防止流砂
		坑底隆起或管涌、流砂	确保围护结构插入深度，进行坑底突涌验算，必要时采取坑底加固、坑外井点降水、水平封底隔离或钻孔减压等措施
		支撑系统失稳	确保足够的支撑设计强度，防范立柱桩上格构柱的沉降或上抬，确保支撑架设对中性
		围护结构折断或大变形、整体失稳	合理设计围护结构，按图施工，严禁超量挖土、卸载过快，及时架设支撑（含施加预应力）

续表

	施工步骤	重点关注风险	主要控制措施
4	分层开挖基坑，架设支撑，开挖到基坑底部，施作接地网、底垫层	内倾破坏	确保设计强度足够，及时架设支撑；控制地表堆载和通行起重机等重型机械、围挡外道路上的社会车辆，防止起重机械倾覆等外力撞击支撑
		坑内滑坡	开挖过程中按设计放坡，及时封闭工作面防止雨水引发滑坡
		基坑开挖引发周边建（构）筑物超限沉降	事前查明工程周边环境，必要时进行注浆加固；严防渗漏、支撑系统和围护结构失稳事故；做好施工监测和第三方监测
		支撑架设时起重伤害：起重机（龙门吊）倾覆或吊物坠落、挖土机碰撞支撑引发坍塌	严格落实起重作业安全要求，安排专人监控
		高处坠落和物体打击（尤其是支护作业与挖土作业交叉进行）	基坑边设置排水沟＋防护栏杆＋安全网＋挡脚板；设置符合规定的上下人行通道；清除一切可能掉落的物料、混凝土（岩）块
		岩石爆破开挖飞石伤人	落实钢板、钢网、竹板等覆盖等防护措施
5	施作底板及站台层侧墙防水层，施工底板、底梁及立柱钢筋和混凝土	防水材料火灾	防范电焊火花落到防水材料上
		立柱混凝土浇筑过快引发坍塌	严格按设计速度进行浇筑
6	拆除下部支撑，施作侧墙防水层，依次施作边墙、中板、中梁、立柱钢筋和混凝土	混凝土浇筑过快或载荷过度集中引发支模坍塌；混凝土强度未达到规定值即进行拆模引发支模坍塌；（底、中、顶）板混凝土未达强度要求时拆除支撑，或支撑拆除与支撑替换不连贯造成基坑失稳	认真做好模板工程专项方案编制、审查、论证和实施，严格落实模板支撑系统验收制度。拆摸前应经技术负责人审批。拆撑和换撑前应经技术负责人和监理审批，按设计要求完成传力构造的施工
7	拆除中部支撑，依次施作站厅层侧墙、顶板、顶梁钢筋及混凝土，施作顶板防水层及压顶梁		
8	待顶板达到设计强度后，拆除第一道支撑，回填、恢复地下管线，施作永久路面		
9	施作车站内部结构	高处坠落、触电、物体打击	临边防护、触电防护、安全帽

如遇开挖面较大、顶板覆土较浅、沿线建筑物过近，为防止施工过程中地表沉陷对邻近建筑物的影响，可采用盖挖逆作法施工。盖挖逆作法的施工步骤：先在地表面（分侧）向下做基坑的围护结构（多采用地下连续墙、钻孔灌注桩或人工挖孔桩）和中间桩柱（多利用主体结构本身的中间立柱以降低工程造价）；随后开挖表层土至主体结构顶板底面标高，利用未开挖的土体作为土模浇注顶板，待回填土后将道路复原，恢复交通；然后在顶板覆盖下，自上而下逐层开挖并施作主体结构和防水措施直至底板。盖挖逆作法施工安全风险及其主要防范措施与明挖法的基本相同，但在盖挖逆作法施工中，对围护结构和中桩（柱）的沉降量控制严格，以减少对顶板结构受力变形的不良影响。同时，为保证不同时

期施工的构件（侧墙、中板、底板与中柱）间相互连接，必须将施工误差控制在较小范围内，并有可靠的连接构造措施。

3. 明挖施工风险管理重点

明挖施工的风险管理应重点考虑如下几个方面：

（1）针对工程地质风险、设计施工风险及工程周边环境影响风险，重点分析有可能引发较大生产安全事故的专项工程以及对施工安全影响较大的因素，编制工程项目安全事故应急救援预案，建立应急救援组织机构，配备救援器材、设备和应急救援人员，并定期组织演练。

（2）针对基坑支护、土方开挖工程、高支模工程、起重吊装工程、爆破工程、人工挖孔桩工程、人工降水，以及盖挖法的中柱施工、提升竖井施工等危险性较大的分部分项工程，应当按照《危险性较大分部分项工程专项方案安全管理办法》的规定，在施工前编制专项施工方案，明确关键节点及其验收条件，并在施工中严格落实。

施工方案应遵循"时空效应"理论，根据设计要求和现场条件选择施工程序和参数，即开挖顺序和每步开挖的空间尺寸、开挖时限、支撑时限和支撑预应力等各工序的定量施工管理指标。涉及承压水及微承压水的深基坑，降水是整个深基坑开挖安全的关键，必须强化降水试验、降水方案和降水监测（包括水位监测，连续墙接缝、接驳、接口等处的深层地表监测）。

（3）注浆加固、降水井施工和降水、基坑开挖前，都应查清施工现场及其影响范围内的地下管线等工程周边环境，落实保护措施，防止管线等受损。

（4）围护结构施工质量（如深度、垂直度、止水效果）、支撑质量（钢管对中性、围檩整体性、围檩与桩间密贴性、中间立柱稳定性、预加轴力大小）和支撑及时性是确保基坑安全、工程周边环境安全的关键点。水是基坑安全的大敌，应确保围护结构的止水效果，及时发现和处理桩间或墙幅间的渗漏（包括墙缝处事前开挖样沟检验、注浆加固止水），预测坑底隆起或突涌的风险并采取控制措施。采用地下连续墙围护结构，以及第一道（甚至第二、第三道）支撑和异形基坑变截面（奇点）处支撑采用钢筋混凝土支撑，对基坑安全是非常有利的；对于宽度大（一般在22m以上）的基坑，需要中间立柱。支撑立柱受土体回弹和承压水作用容易发生隆起，对基坑支撑有致命的影响。确保支撑施工质量并协调好挖土与支撑的关系是保证基坑安全的关键。

（5）进行基坑开挖时，严格按照审查通过的施工方案进行施工，做到"分层分段、先撑后挖、严禁超挖、对称限时"。要特别注意开挖深度和支护时间的关系，支护结构的施工必须及时跟上，严禁超挖，尽快浇筑基底、施作底板。这对在粉砂性土层、高灵敏性淤泥层中开挖的基坑尤为重要。当基坑开挖长度超过一定时（如80m），应高度关注基坑开挖边坡风险问题。边坡稳定关系到支撑安全，进而关系到基坑安全，应采取措施防止滑坡或滑坡可以撞坏支撑等险情出现。

（6）做好施工监测和第三方监测。设计应根据基坑的安全等级，确定监测的报警值。施工单位要有专人24小时值班巡查，对周边环境和基坑变化情况进行观察。要遵照信息化施工的各项原则，根据监测反馈的信息，及时调整施工方案。

（7）人工挖孔桩施工（围护结构的人工挖孔桩或盖挖逆作法的中桩）受限空间作业，

坍塌、涌水、触电、物体打击、中毒与窒息、高坠等风险并存,易发生事故,需要强化安全细节管理。

(8) 广州、深圳、大连、青岛等城市地铁工程隧道、车站施工常遇到硬岩,需要采用爆破法施工。这是一种高危作业方法,本身容易发生事故且后果严重,震动过大、过多也容易诱发隧道坍塌。因此,爆破设计和爆破专项施工方案都应经过专家评审,应认真审查、选择爆破专业分包单位,必要时聘请爆破震动监测单位;办理爆破作业许可与爆炸物品使用许可,实行爆破前条件验收和试爆,严格落实爆破专项方案,加强爆破物品运输、现场临时存放管理,严格控制一次爆破药量。

(二) 暗挖施工风险

1. 暗挖施工方法与主要工序

地铁暗挖法施工是不挖开地面,全部在地下进行开挖和修筑衬砌结构的隧道施工方法。它以加固、处理软弱地层为前提,采用足够强度与刚度的复合衬砌(由初期支护、二次衬砌及中间防水层组成)为基本支护结构。隧道施工常用的开挖方法有台阶法、CD工法、CRD工法、双侧壁导坑法(又称眼镜工法)等。车站等多跨隧道多采用桩洞法(PBA工法)、中洞法或侧洞法等。应根据工程特点、围岩情况、环境要求以及施工单位的自身条件等,选择合适的开挖方法及支护方式。暗挖施工主要工序包括地层的预加固与预处理(超前支护)、隧道开挖和初期支护(撑)、防水施工、二次衬砌及全过程的监控量测等。图9.4是CRD工法施工的主要步骤,具有一定的代表性。

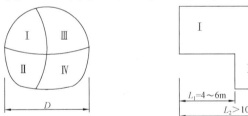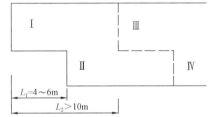

图9.4 CRD工法及工序示意图

第一步:开挖支护左上半断面Ⅰ;第二步:开挖支护左下半断面Ⅱ;第三步:
开挖支护右上半断面Ⅲ;第四步:开挖支护右下半断面Ⅳ;第五步:分段拆除
临时支护,施作仰拱衬砌;第六步:施作拱部及边墙衬砌

对于围岩自稳时间小于初期支护完成时间的地段,应根据地质条件、开挖方式、进度要求和使用机械情况,对围岩采取锚杆或小导管超前支护、小导管周边注浆等安全技术措施。当围岩整体稳定难以控制或上部有特殊要求时,可采用大管棚支护。超前支护必须确保注浆效果和大管棚的嵌入岩(土)层的深度。

隧道开挖时,必须在开挖过程中及时施作支撑与初期支护,确保施工安全。喷锚构筑法施工采用的支护形式主要有"锚杆+钢筋网+喷射混凝土"、"钢架(格栅)+钢筋网+喷射混凝土"和"钢架(格栅)+锚杆+钢筋网+喷射混凝土"联合支护三种。施工作业时应视不同地质条件和围岩稳定程度合理选用。初期支护(撑)必须有足够的整体强度和整体刚度,以保持围岩的稳定性和施工的安全性。为此,格栅或型钢支撑架设间距、喷射混凝土厚度、锚杆长度和数量等应符合设计要求。除了钢格栅或型钢架、立柱的单体强度、刚度外，应确保锁脚锚管（杆）或基础的强度和刚度，尽早施做仰拱并及时封闭成环；支撑与岩（土）层的紧密接触、钢格栅或型钢架、立柱之间环向、纵向牢固连接（一般使用拉杆或钢筋焊接），喷射混凝土与支架、岩（土）层密贴。

2. 暗挖施工安全风险及其控制措施

暗挖施工安全风险来自不良地质条件、工程周边环境和施工本身，主要有：隧道塌方、冒顶、涌（突）水风险，土层（体）变形过大引起的地下管线、建（构）筑物、既有地铁工程等工程周边环境风险，注浆加固、超前支护、土石方开挖、初期支护和二次衬砌施工中的机械伤害、触电、物体（浮石）打击、爆破作业爆炸、防水施工火灾和特殊地层开挖的中毒等风险。

暗挖施工安全风险具有如下特点：

（1）施工受工程地质和水文地质影响较大，风险因素具有隐蔽性、复杂性和不确定性。

（2）工程周边环境（地下及地上管线，建、构筑物等）与暗挖施工相互影响、相互干扰比较大，容易引起连锁反应。

（3）暗挖施工作业场所属于受限空间，狭小，潮湿，作业环境条件差，触电风险和物体（顶部浮石）打击风险增加。

（4）马头门、断面变化处、联络通道、出入口等空间变化部位的坍塌危险性增加。

暗挖施工的具体风险因素、风险事件以及控制措施，见表 9.5。

暗挖施工安全风险及其技术控制措施　　　　　　　　　　表 9.5

风险因素		风险事件	控制措施建议
不良地质条件	不良地层（松散砂层、粉砂层、软土、新近填土）	隧道变形过大、冒顶、塌方	超前注浆加固、加设支撑（支护）
	断层破碎带	围岩失稳，冒顶，坍塌	超前注浆加固
	地下水（尤其是上层滞水）	涌水、突水、坍塌	超前预测（钻孔探水、红外探水等）；超前加固止水（注浆封闭，包括超前深孔注浆、挤压劈裂注浆、渗透充填注浆、帷幕注浆）；适当引流排水；降水（洞内轻型井点降水、地面深孔井点降水）
	地层中有害气体	中毒	加强通风、检测，采用个体防护措施
地下建（构）筑物		地面、建筑物沉降过大、开裂、倾斜、失稳	施工前详细查明建（构）筑物、管线的类型和特征参数，设计相应保护方案；对地下建（构）筑物、地下管线实施改迁、托换或原地土体加固，对水底隧道围岩裂隙进行充填封闭，对松散软弱岩层进行预加固；隧道施工前进行条件验收；隧道施工中严格落实"管超前、严注浆、短开挖、强支护、快封闭、勤量测"原则，确保初支质量；加强施工监测和第三方监测
地下管线		沉降过大、破裂、漏气（引发燃烧、爆炸）或漏水（引发隧道坍塌）	
既有地铁线路		造成地铁线路沉降超限、中断运营	
穿越江河湖海		隧道涌（突）水、坍塌	

续表

风险因素	风险事件	控制措施建议
竖井施工	类似于基坑的明挖法施工的风险	类似于基坑的明挖法施工风险的应对措施
初期支护	支护结构质量差（强度、刚度不够）导致隧道变形、坍塌	按设计制作及安装钢格或型钢、立柱；及时施工锁脚锚管并确保质量；按设计挂网、喷射混凝土和背后注浆；环向、纵向钢架牢固连接（焊接）形成整体；隧道底部设置排水措施
土方开挖	坍塌	按设计和规范要求开挖，留设台阶和核心土，控制开挖进尺
爆破	震动过大造成隧道坍塌；炸药爆炸、飞石伤人；有毒气体造成人员中毒	采用光面爆破、预裂爆破，严格控制一次起爆药量，控制震速；采取覆盖，设置警戒区；爆破后保证足够通风并经检测合格方可进入
装渣运输	水平运输的行车伤害；物料提升的起重伤害	水平运输确保车辆制动性能良好，严格控制车速；物料提升应落实起重机械和起重作业的安全要求
二次衬砌	模板及支架坍塌；二次衬砌混凝土坍塌	按设计和规范安装模板和支架，及时验收；严格控制混凝土浇筑顺序、方量和间隔时间
电焊及机械用电	触电	确保设备和线路绝缘性能，电焊机配备降压保护器，焊工穿戴绝缘手套和绝缘鞋，掌握触电急救知识和人工呼吸等技能。具体见本章第二节机电管理的内容
隧道环境	隧道四周松动石块、孤石掉落伤人	爆破后安排有经验的人员清除隧道四周松动石块，进行地质素描，识别并及时处理孤石

3. 暗挖施工安全风险管理重点

暗挖施工的风险管理应重点考虑如下几个方面：

（1）对于整个暗挖工程和局部穿越既有地铁线和其他重要建构筑物、爆破作业、降水施工、变断面开挖、大管棚超前支护等危险性较大的分部分项工程，应按照《危险性较大的分部分项工程安全管理办法》编制、审查、专家论证、审批专项施工方案，并严格落实，确保施工质量。

（2）暗挖施工的专项施工方案应遵循"管超前、严注浆、短开挖、强支护、快封闭、勤量测"这一基本原则，强调通过地质详细勘察报告、补充勘察、地质雷达探测等手段全面掌握隧道工程沿线的地形、地貌、工程地质与水文地质情况，并做好隧道开挖掌子面的地质素描、钻孔等预测、预报工作。

（3）强调施工前应查清隧道周边区域的建（构）筑物和地下管线的状况，对需要保护的，制定并落实详实可行的保护措施。

（4）针对塌方、冒顶、涌水（泥）和建（构）筑物变形等突发事件，编制应急救援预案，建立应急救援组织机构，配备救援器材、设备和应急救援人员，并定期组织演练。

（三）盾构法施工风险

1. 盾构施工方法与主要工序

盾构法施工是以盾构机为隧道掘进设备形成隧道的施工方法。盾构机主要有五部分组成：圆柱盾（壳）体、推进（油缸、刀盘）系统、排土（螺旋机、泥水）系统、管片拼装系统和辅助注浆系统。盾构机的壳体由切口环、支撑环和盾尾三部分组成，并与外壳钢板连成一体；排土系统主要是由切削土体的刀盘、泥土仓、螺旋出土器、皮带传送机、泥浆运输电瓶车等部分组成。盾构机具有开挖切削土体、输送土渣、拼装隧道衬砌（管片）、测量导向纠偏等功能。盾构机工作时，以盾壳作支护防止开挖面崩塌并保持开挖面稳定，用前端刀盘切削土体，通过排土（螺旋机、泥水）系统将泥水输送、降落到位于盾尾的渣土车内，由千斤顶顶推盾构机前进（推进过程中同时进行测量纠偏），并在盾构机盾尾部分拼装预制好的管片作衬砌，从而形成隧道。掘进施工工序如图 9.5 所示。

盾构法施工的内容包括盾构的始发和到达、盾构的掘进、衬砌（即管片安装）、管片

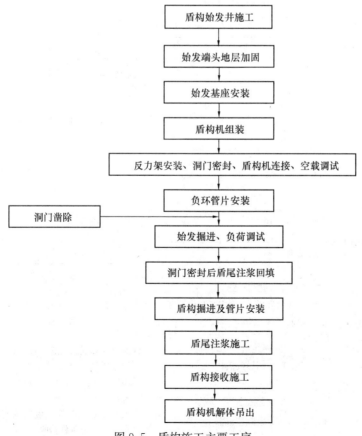

图 9.5 盾构施工主要工序

背后注浆和防水施工等。盾构法施工具有施工速度快、洞体质量较稳定、对周边环境影响较小等特点，它是一项先进的隧道施工技术，开挖面处在盾构体的保护下，可以最大程度避免土体失稳或冒顶带来的人身伤亡事故。盾构隧道施工技术在地铁工程中得到了越来越广泛的应用。

盾构法施工的关键要素为稳定开挖面即保持土压平衡、盾构掘进和管片安装（衬砌）。其中，盾构端头加固是保证盾构始发和接收的重要环节，要特别注意和严格控制施工质量；盾构掘进及管片安装是最主要的工序，包括掘进、渣土排运和管片衬砌安装。掘进过程中还要对盾构机参数、掘进线形、注浆、地表沉降等进行设定和控制。盾构掘进施工以每环为单位，循环进行。

2. 盾构施工安全风险及其控制措施

盾构法施工因其在控制地表沉降方面和施工安全质量风险方面具有独特优势，故在地铁隧道施工工法选择中常作为优先考虑对象，尤其是穿越道路、重要管线、危旧民房、铁路、桥梁、高压线塔、河流及湖泊等风险源地段时常被采用。但是，盾构施工法仍存在其他施工方法的安全事故类型，包括沉降、坍塌、涌水（砂）和起重伤害、机械伤害、触电、高处坠落等；也存在其特有的事故类型，包括地层隆起和盾构机抬头或磕头。盾构施工法的风险主要发生在进出洞、旁通道、区间地质条件复杂处和区间停机处。

盾构施工主要风险及其防范技术措施，归纳于表 9.6。

盾构法主要风险及技术措施 表 9.6

风险因素		风险事件	控制措施建议
不良地质条件	地下水	盾尾刷磨损和流砂喷涌	控制盾构姿态、排土和注浆，盾尾密封和防喷装置
	孤石、卵石地层	刀具磨损过度	对孤石预先处理（钻孔爆破、打竖井破除等）添加土壤改良润滑剂
	软硬不均复合地层	盾构偏移，掘进困难	调整盾构姿态，控制掘进速度，合理配置刀盘刀具
	粘粒含量高的黏土层、粉砂层	刀盘抱死，结泥饼	添加土壤改良润滑剂
	空洞（穴）	地面塌陷	回填，注浆加固
	有害气体	中毒	加强检测，通风，个体安全防护措施
盾构机	盾构始发	工作井（始发端）加固范围或效果不足，导致涌水、涌砂、塌方	根据地质条件制定加固方案，必要时请专家审查，始发前对加固范围、加固质量进行检测
		反力架变形失稳导致盾构机倾覆	详细设计和受力计算、校核，严格控制基座、反力架焊接质量；基座安装前进行平面位置和高程精确测量定位
		盾构洞口密封失效造成漏水、漏砂	制定专项始发方案（含应急措施）并经专家论证，实行始发前条件验收

续表

风险因素		风险事件	控制措施建议
盾构机	盾构掘进	掘进时出现喷涌	盾构机设置防喷涌应急装置，掘进时选择适当的土体改良添加剂，调整土体的可塑状态；发生喷涌时，应立即关闭螺旋输送机，及时清理喷涌渣土，尽快恢复推进
		盾构遭遇存在大的孤石、密实砂卵石或其他不明障碍物，掘进困难 盾构前方工作面失稳（流砂、涌水，盾构机抬头或磕头），或出现地层空洞	对局部大体积孤石，可以提前通过钻孔爆破或竖井预先处理；对不同地层，合理选择刀具。 事先探明前方地质条件，并结合地质条件改良土体
		盾构轴线偏离过大	测量数据输入计算机时要实行"双人确认制"，控制掘进速度的推力，通过纠偏来控制推进线路（盾构轴线），但应注意不得猛纠硬调
		土仓压力过小产生超挖，造成地表沉陷，或压力过大产生欠挖，造成地表隆起	严格控制推进压力和出土量
		同步注浆时盾尾密封失效，漏浆、漏水	盾构机应考虑设有可靠的盾尾应急密封装置，及时进行同步注浆，注浆时控制注浆压力和注浆量（防止注浆不足和过量）
		注浆不足导致地表沉降，造成地面建（构）筑物变形，地下管线渗漏涌水、涌砂、塌方 注浆压力过大（尤其是"盲注"），造成管片受损、盾尾密封破坏	对影响范围内的建（构）筑物、管线进行预先加固保护；同步注浆够量，对盾构通过地段进行地层空洞探测与注浆处理。 实施施工监测、第三方监测和盾构自动测量
	进舱换刀或处置故障	压气作业造成作业人员伤害 有害气体造成人员中毒伤亡 刀具坠落伤人，刀盘意外转动伤人、滚刀脱落伤人。 工作面失稳、坍塌	制定专项方案（含应急措施），必要时请专家论证。 尽量避免在不良地质条件段进行换刀等作业。 挑选身体健康（体检）、技术熟练的工人进入刀盘内的操作，控制作业时间，严格按照压气作业施工规范操作。 进舱前进行气体检测。 作业前切断盾构机的驱动电源并挂排、上锁，预防刀盘意外转动；重启盾构机前确认舱内无人；尽量借助机械安装和拆卸滚刀。 预注浆或洞内加支撑预防工作面坍塌
	到达解体	洞门漏水、漏浆	对接收洞门的密封和止水设施进行验收
		压力伤人	压力管道、设备待压力释放后方可拆除连接
		台车、电瓶车滑移、脱轨、碰撞	保证轨道和车辆安全性，保证刹车完好，控制车速

续表

风险因素		风险事件	控制措施建议
管片	安装	管片吊装、拼装碰撞、就位不准等，坠落伤人	严格按规程吊装、拼装管片作业，设专人指挥和安全监控
		管片接头漏水、漏浆	拼装管片检查止水条，并注意预防止水条在拼装过程中脱落。注浆时控制压力
辅助结构	始发接收井施工	施工安全风险与深基坑的类似	与深基坑施工安全风险控制措施类似
	联络通道施工	与暗挖施工安全风险类似：涌水、涌砂、塌方	联络通道施工属关键节点，应按照先加固后通过的原则进行，同时要完成施工前条件验收。其他与暗挖施工安全风险控制措施类似
其他	盾构机和管片吊装	起重机械倾覆、起重伤害	严格按照起重作业规程要求进行操作，设置专人监控
	电源（高压、220V）	触电	严格执行《施工现场临时用电安全技术规范》，工作面内作业使用24V安全电压
	高处作业	高坠	临边安装防护栏，个人系好安全带
	洞内运输	车辆脱轨、碰撞（挤压）伤人或损坏高压电缆	保证轨道和车辆安全性，保证刹车完好，控制车速，严禁管片和人员混载
	盾构机等故障	刀盘、刀具磨损；大轴承断裂；主轴密封件防水失效；千斤顶漏油；油压系统故障等	采用合适的质量合格设备，加强设备维修保养

3. 盾构施工风险管理重点

盾构施工的风险管理重点考虑如下方面：

（1）盾构施工安全与盾构对工程地质与水文地质的适应性关系密切，需在地质勘察及盾构机选型方面做好工作。这是盾构施工最基础和最关键的一步，往往决定盾构施工的成败。

（2）盾构机重量大、体积大、设备贵重，拼装解体需要大型设备吊装，甚至需要两台以上起重机械协同作业，且作业在盾构井附近进行，安全风险大，需要高度重视并严格落实措施。重吊装作业现场应安排专人安全监控，起重作业人员应持证上岗，吊装作业时应严格执行"十不吊"的规定，严禁违规作业。

（3）盾构机采用高压（10kV）输供电系统，对高压用电安全必须引起高度重视，施工现场用电应严格执行《施工现场临时用电安全技术规范》等有关安全用电规定和规范标准，严防运输车辆和其他物体损坏高压电缆。

（4）盾构机集成化、系统化程度高，要求施工作业和机械操作人员具有较高的心理素质和操作技能，具备相应的施工经验，熟悉相关的施工要点。

（5）机械作业多，协调性要求较高，要求施工管理人员具备丰富的盾构施工经验，熟悉整个施工流程。

（6）盾构始发、到达、开仓换刀或处理故障和盾构穿越溶洞等地质不良地段和既有地铁线路等重要建（构）筑物，以及联络通道施工，安全风险都很大，应有专项施工方案（含应急措施），并按有关规定进行专家论证，在施工前进行关键节点施工前条件验收。只有当安全条件满足后，才能开始施工。

（7）当盾构始发或接收端头加固土体出现异常现象时，应立即停止掘进，研究并采取应急措施防止情况恶化。

关键节点施工前条件验收工作通常由建设单位或者建设单位委托监理单位组织，勘察、设计、施工、监测单位参加，并邀请专家指导。验收一般采用安全验收检查表，为此，事前应编制盾构施工关键节点安全验收检查表。表9.7是《危险地段盾构施工条件验收检查表》，供参考。

危险地段盾构施工条件验收检查表　　　　表9.7

施工标段：　　　　　　　　　　　　　　　　　　　　　　　　检查日期：

序号	检查项目	检查内容	责任单位	规定完成时间	是否完成	备注
1	地质勘探和环境调查	地质详勘、补勘（物探）和环调报告				
		重大风险源辨识登记及管理预案				
2	盾构施工方案	专项施工方案（工法论证）				
		施工方案及专家评审（意见）				
		地面、河道、建筑物保护措施				
		应急方案（遇险时隧道二次注浆方案）				
3	施工准备及实施策划	质量安全技术交底				
		盾构机和配套设备检修及配件准备				
		材料（管片及浆液）验收及倒运方案				
		盾构下穿每环具体时间策划（附图）				
4	监测方案	施工及第三方监测方案与各项目初始值确认				
		预警机制及报警值、控制值指标确定				
		监测数据发布指导信息化施工方案				
5	应急抢险准备工作	应急抢险领导小组名单（附手机号码）				
		隧道内和地面建筑物注浆加固材料、设备、连接管线和有关转运机械				
		居民或乘客紧急疏散方案（转运车辆、安置地点、疏散路线、责任人）				
6	全天候值班安排	汇总各责任单位24小时值班人员（姓名、职务、电话、邮箱等联系方式）				

（四）高架桥梁施工风险

1. 高架施工方法与主要工序

地铁高架工程包括高架桥区间和高架车站。车站轨道线路结构通常与车站主体结构连接在一起，形成整体受力结构，也有少数车站框架结构与线路轨道结构脱离。高架桥区间多采用简支或连续梁结构体系,结构包括上部梁结构和下部墩结构。上部梁的结构类型有箱梁、槽型梁、空心板梁、下承式脊梁和T梁,其中箱梁在地铁高架桥结构中采用较多;下部桥墩的结构类型有单柱式墩、双柱式墩和钢架墩。高架车站通常为钢筋混凝土框架结构,施工方法同地面框架结构房屋施工。

地铁高架区间的施工流程如图9.6所示。

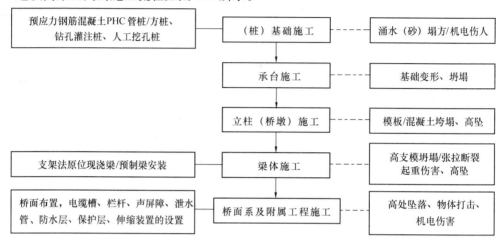

图9.6 高架工程施工主要工序及其风险

2. 高架施工安全风险控制措施

高架工程施工主要风险及其控制技术措施见表9.8。

高架工程施工主要风险及技术措施　　　　表9.8

风险因素	风险事件	控制措施建议
模板支架	模版、支架变形引起坍塌; 模板坠落伤人	1 架设模板前预先搭设好脚手架和作业平台,并保证其强度与稳定性; 2 模板安装后进行验收; 3 浇筑高架混凝土前进行预压
吊装	起重机械(含汽车吊、起重船、架桥机、龙门吊、悬臂拼装造桥机、移动模架)倾覆; 坠物造成物体打击; 预制构件滑移、偏斜或倾覆	严格执行《起重机安全规程》制订安全操作细则 1 作业场地平稳、硬化、坚固,轨道平顺,安全装置完好; 2 预制构件运送、吊装出现支撑松动时应停止牵引; 3 严格按规程操作,作业时专人指挥、专人监控; 4 遇到影响作业安全的六级及以上大风、暴雨、浓雾等恶劣天气时,必须停止施工,复工前检查
高空作业	强风、暴雨、浓雾等恶劣天气; 结构坍塌、坠物伤人; 车辆冲击	1 加固支架、支撑等; 2 注意临边作业的防护措施; 3 设置盖板、栏杆和警告牌
基础承台	墩柱基坑开挖时流砂、涌水、涌砂,引起塌方; 物体打击、触电和机械伤害; 基坑围堰漏水渗入、支撑变形	1 基坑作业周边采取防护加固措施; 2 作业前安全防护设施进行全面检查验收; 3 机械操作严格按规程进行

续表

风险因素	风险事件	控制措施建议
桥面墩台	地基、基础不均匀沉降；起重机械倾覆；吊运、拼装预制构件时坠落伤人；混凝土浇筑过快发生爆模、坍塌；桥梁、桥面发生坍塌；张拉断裂伤人	1 支架安装前对地表进行硬化，做好排水措施； 2 模板和支架搭设完毕后进行验收和预压，大型拼装式模板安装就位后应及时加支撑固定； 3 严格控制预应力张拉时的应力和应变； 4 控制大体积混凝土的浇筑顺序，应严格控制墩柱混凝土浇筑速度； 5 制定安全操作细则，向施工人员进行安全技术交底，在悬空处应张挂安全网； 6 划定禁行区禁止行人、车辆、船只通过

3. 高架施工安全风险管理重点

地铁高架桥梁跨度大，穿过居民区，多次跨越交通路口，要求结构刚度大、基础沉降小。除了一般的触电、机械伤害、高处坠落、物体打击、基坑坍塌外，与地下车站、区间隧道相比，高架区间和高架车站施工本身的重大安全风险主要出现在立柱、盖梁、混凝土箱梁、车站的混凝土浇筑的高支模工程，预制桩、预制梁（板梁、箱梁、U梁）的吊装和预制箱梁、U梁使用架桥机安装就位等起重吊装作业。这些高支模工程、起重吊装作业在高于地面上进行，一旦出现事故，除威胁现场施工人员外，还将威胁社会车辆、人员和建（构）筑物。

针对高架工程的特点，高架法施工的风险管理应重点考虑如下方面：

（1）对工程周边环境的影响：高架工程基坑、基础、墩部、梁部、桥面及轨道的施工，都存在着较多危害周边建（构）筑物、地下管线等工程周边环境的危险因素。施工单位应根据建设单位提供的资料进行现场核查，制定和实施周边建（构）筑物、地下管线保护方案、监控与监测方案，对施工影响范围内的建筑物、构筑物和地下管线进行跟踪监测，及时处理数据、反馈信息，指导施工。

（2）对周边交通的影响：对施工影响的道路交通流量、交通工具分布、交通密集时段等情况做周密的调查和分析，确定合理的交通组织方案和道路交通疏解方案，并且在交通管理部门的支持和配合下实施。

（3）高架本身风险源控制：必须认真编制、专家论证和审批危险性较大的分部分项工程专项施工方案，并严格监督落实。就地浇筑上部结构混凝土前应对高支模进行预压，核查脚手架的强度和稳定性。浇筑墩、梁混凝土时，严格按照设计规定的浇筑顺序和浇筑速度，防止浇筑过快或集中冲击导致模板坍塌；同时，应安排专人检查支架和模板；起重吊装除应严格落实单机作业的安全要求外，要做好双机甚至多机作业的协调、配合，吊装时应划定安全警戒区，安排人员警戒，严格控制车辆、人员进入。

第五节 安装装修工程风险管理

（一）安装装修施工安全管理特点

一般在地铁土建工程收尾的同时，就开始进入安装装修阶段。安装装修工程包括车站装修和常规设备、轨道交通系统设备等机电安装。此时，一般同时存在主体结构渗漏等质量缺陷整治、出入口与风道等附属结构工程施工、轨道工程施工和安装装修工程施工。所以，安装装修工程阶段具有交叉作业多、作业点多人员分散、线网风险关联等特点，除一般作业存在的触电、高坠、物体打击、起重伤害、火灾等风险，并应采取相应的措施外，地铁工程安装装修阶段还要对由其特殊性带来的风险予以高度重视，采取措施加以预防。

在安装装修阶段，建设单位的安全生产综合协调管理的难度增加，作用突出。总的要求是，建设单位要建立车站、区间（轨行区）安全管理统一协调、管理、指挥的体制和机制，依靠和发挥地盘管理商的作用，要求各单位提交施工计划并按经审批的计划进场施工，组织施工单位相互签订安全管理协议并指定安全管理人员，加强信息沟通。对于安装装修工程易发事故的预防，提高作业人员的意识和技能，规范人的行为和及时纠正人的不安全行为等措施是关键。

安装装修施工的风险管理应重点考虑如下方面：

（1）建立安全管理统一协调、指挥的体制和机制，包括地盘管理商的确定、相互之间安全管理协议的签订和安全管理人员的指定；

（2）协调地盘管理商、供水、供电、供气、先期施工单位和防护设施管理单位；

（3）轨行区作业安全管理，包括进入轨行区作业的申请与审批机制、轨行区作业的安全措施、离开轨行区的清点、销点；

（4）消防安全管理，包括可燃物品和危险化学品的储存、灭火器材的配备与管理、焊割等动火作业的申请与审批；

（5）防汛管理，包括出入口、风亭、设备材料运输井（轨排井）的防雨、防洪措施，主体结构渗漏水的抽排；

（6）作业人员的管理，包括工牌的统一配发与佩戴、进入车站和轨行区的许可、安全教育；

（7）防护设施与文明施工管理，难点是多单位、多作业点的情况下如何保证作业场所的临边防护设施完好和场地整洁有序、无尘，包括材料设备的堆放、区间积水及时抽排，余料和垃圾及时清理外运，照明的保证。

（二）安装装修施工安全风险控制措施

1. 总体要求

开工前建设单位组织制定轨行区作业与运输安全管理办法、接触网（轨）送电安全管理办法、列车冷热滑上线运行条件验收办法等安全统一协调管理办法，并宣贯、监督执行；必要时与施工单位补充安全协议书，进一步明确施工安全责任；协调地盘（包括轨行区）管理商、供水、供电、供气、先期施工单位和防护设施管理单位以及其他相关单位签订安全施工协议，相互指定公共作业区的安全管理人员。

同一区域作业的施工单位，应服从地盘管理商的统一协调管理。施工单位应向地盘管理商提交施工计划，根据地盘管理协调、审批的施工计划，结合其他承包商的施工计划，合理安排本单位的施工任务，尽量避免交叉施工。

2. 主要风险及其控制措施

安装装修阶段施工安全风险主要为轨行区运输与作业安全风险、火灾风险、触电风险和水淹车站区间风险，也存在起重伤害、高处坠落、物体打击等风险。安装装修阶段安装装修施工主要风险及其预防措施汇总于表9.9。

安装装修施工主要风险及预防措施　　　　　　　　　　表9.9

风险因素	风险事件	控制措施建议
轨行区作业（接触网、电缆、漏缆的运输与安装等）	轨行区作业风险（溜车、物体侵限、人员被撞）	建设单位制定《轨行区作业和运输管理办法》，明确轨行区范围并实行封闭管理； 轨行区作业必须严格遵照"请点—总调度室审批—落实安全防护措施—工完场地清—销点"等程序
工程车运输，列车冷滑与热滑试验、列车牵引供电试验等	列车相撞、出轨、溜车、物体侵限、导致列车受损、人员被撞伤亡等	建设单位组织列车冷滑与热滑安全管理办法和列车上线运行前安全条件验收办法，认真做好限界检查； 施工单位严格执行《轨行区作业和运输管理办法》，进入前请点并经审批； 建设单位组织制订设备联调安全管理办法
雨水 地下水	水淹车站、区间风险	出入口、风井及预留洞口的防雨、结构渗漏水抽排和防水倒灌； 正在施工的附属结构预防涌水； 在对未二衬附属结构破除其围护（封堵墙）之前应充分评估涌水风险
焊接、抽烟（装修作业存在较多的可燃物，如包装箱、溶剂等）	火灾	进行明火作业前向地盘管理单位申请办理动火证； 现场配备足够的消防器材； 焊接作业空间（上下、四周）不得有可燃物否则应进行有效覆盖； 供电设备通电前按照标准进行电气试验
电源（变配电、用电设备与线路、接触网/轨）	触电	天花板或墙壁钻孔前确认钻孔位置处没有隐蔽电线、管线； 建设单位组织制订接触网送电安全管理办法，设立电调室实施送电调度管理，下发通电公告； 送电前组织条件验收，送电后各种作业均需办理停电作业手续； 施工单位严格执行《轨行区作业和运输管理办法》，进入前请点并经审批； 进入接触网带电区域进行作业，必须经过调度室批准； 作业时人员与一切导电体与接触网保持安全距离，否则作业前接触网应停电、验电和挂地线
交叉作业	物体打击	进行上下立体交叉作业时，不得在同一垂直方向上操作，严禁非作业人员进入危险区域
高处作业（接触网安装、电缆、漏缆安装，车站上部管线安装、装修等）	高处坠落	预留孔洞、临边，应安装防护栏、防护网或防护盖板，高处作业平台应有护栏
设备吊装（电扶梯、变压器、配电柜运输与就位）	起重伤害（坠物、伤人）	严格制定吊装方案，作业人员要取得特种作业资格证，作业过程中加强检查和安全监护

3. 轨行区运输与作业的安全管理

轨行区是指铺轨工序完成的区段（包括正线、辅助线及车厂线路）。在轨行区内，存在多个施工单位和不同工序同时施工，施工现场通信不畅，造成轨行区安全管理难度大。轨行区安全的统一协调管理是建设单位安全管理工作的重点之一，首要任务是制定轨行区运输与作业安全管理办法，按照"高度集中、统一领导、逐级负责"的原则，委托轨行区管理承包商，授予其权利，明确其责任，并支付其管理费用；要求其他施工单位遵守"进入前请点、施工前防护、施工中监护、施工后场清、出来后销点"规定。

以下是轨行区运输与作业安全管理办法的基本内容：

（1）适用范围

任何单位和个人在轨行区进行作业，如人员行走、车辆通过、货物装卸与运输、车辆停放，或在轨道区域上空及区间泵房进行土建（堵漏）、装修、安装、设备调试、工具材料堆放等施工作业和工程检查、新闻采访等工作，均应依照本管理办法的规定，在取得轨行区联合调度室批准及请点后，方能进入轨行区。

（2）管理机构

1）联合调度室：由建设单位轨道工程管理部门、监理单位及与被授权管理轨行区的单位（轨道承包商或接触网施工单位）共同派员组成。负责所属线路轨行区施工与运输的策划、指挥及综合管理；负责各线之间占用对方轨行区施工或运输的协调工作，编制本线作业计划。

2）二级调度室：所有参与轨行区施工与运输的承包商均应设置二级调度室。在联合调度室的集中统一指挥下，按规定细化本单位的具体施工与运输月（周）计划，组织进入轨行区施工与运输或进行相关的工作。

（3）基本要求

1）签订协议。凡是需要进入轨行区施工的单位必须与被授权管理轨行区的单位签订安全管理协议，内容包括施工方案、影响范围等。

2）指定人员。各施工单位项目部必须指派专职安全管理人员负责监督本单位在整个施工时间内的安全施工；指定联络员、现场防护员等。

3）安全培训。对所有需要进入轨行区作业的人员进行安全教育。

4）施工计划。实行提前申报施工计划制度，严格按施工计划施工，严禁无计划施工、超范围（时间、空间等）施工。未经调度室批准任何单位或个人不得擅自进入轨行区。

5）施工防护。先设置防护再施工，先撤除施工人员机具再撤除防护信号。防护措施包括：施工区域两端设置红闪灯、人员穿荧光衣及戴安全帽。

6）文明施工。各施工单位必须及时彻底清理施工期间产生的施工垃圾。

7）封锁施工。对于施工期间可能改变线路的几何尺寸，或施工人员及机具材料不能随时下道避让对行车有较大影响的施工项目，按封锁施工类别办理，没有调度命令不准施工。执行"施工不行车、行车不施工"的原则。

8）慢行施工。原则上，轨行区施工都应实行封锁施工。但对于施工期间不改变线路的几何尺寸，或施工人员及机具材料可以随时下道避让的施工项目，在专职安全管理人员现场监护下，可按慢行施工类别办理。列车在施工区域慢行，遇有列车通过时组织人员及时避让。

9) 跨区施工。除了指定的施工范围，原则上不得进入其他区域。确需进入其他施工单位施工地点或区域，需要征得负责该施工区域单位的同意。

10) 会议制度。联合调度室应定期召开会议向各施工单位通报轨行区安全情况，总结经验，发现问题及时处理，加强配合，实现施工、行车双安全。

管理办法附图包括：周计划运作流程、临时计划运作流程及施工作业令发放流程、施工作业请销点流程。

4. 供电系统首次送电及其后施工安全管理

地铁工程供电系统首次送电及送电后施工的安全问题，也是比较突出的。建设单位应组织制定相应的管理办法，建立相应的管理机构，实行作业申报、审批制度。

(1) 适用范围

工程建设期供电后带电区域的安全管理及调度运行管理。主要区域包括主变电所、车站带电设备用房；隧道内供电线路、设备及轨行区带电相关区域，包括接触网上下行正线、联络线、折返线、电缆夹层区域等；车辆段试车线、车辆段出入端（段）线、运用库接触网等相关区域。

(2) 管理机构

成立临时供电调度室，负责所属线路送电操作、供电计划的策划、审批、指挥及综合协调。临时供电调度室由建设单位设备管理部门、监理单位及35kV工程承包商共同派人组成，各受电单位（110kV系统、接触网系统、35kV系统、400V系统、轨行区调度室等）应设置1名专职供电调度员，协助完成临时供电调度室的工作。

(3) 基本要求

1) 送电前，供电调度室应提前三天向建设单位、运营、监理、受电单位、轨行区联合调度室及相关施工单位发出《送电通知》，明确安全要求。

2) 供电系统设备首次送电后，均视为带电设备，凡需在带电设备和进入变电所设备房或轨行区带电区域作业，均须办理相关手续后，方可进行作业。

3) 凡需进入变电所高压室、整流变压器室、控制室、电缆夹层的任一区域作业；在动力变压器周围1m范围内作业；在接触网完成送电后，进入轨行区需停电作业项目均需向临时供电调度室提出书面申请，并按计划请点、销点，做好防护措施后实施作业。

4) 在带电设备房移交过程中需办理正式移交手续和签订安全协议，移交后房间内安全管理由接收单位负责。

5) 应设专人集中管理门锁钥匙，无人出入时防火门锁闭，制定钥匙管理细则。应在房门和房间内按要求粘贴带电安全警示标志。

6) 供电设备房或供电区域应有足够的照明，满足工作和应急要求，无积水、无积尘。

(4) 作业申报流程 见图9.7。

5. 列车进入正线调试前安全条件确认

列车进入正线调试必须实行严格的调试前条件确认制度，实行建设单位统一管理。成立列车进入正线调试联合工作组，组长由建设单位负责系统设备管理的部门负责人或安全

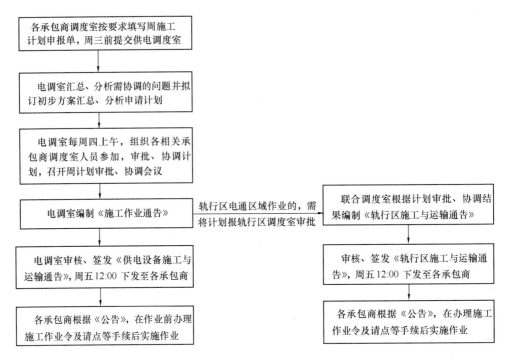

图 9.7 供电系统送电后施工作业申报流程

监督管理部门的负责人担任,成员包括监理管理单位、施工总承包等单位的人员。在各相应专业施工、监理单位和联合小组层层确认条件满足后,报联合工作组审核,由联合工作组组长发布列车进入正线调试的命令。具体要求见表 9.10。

列车进入正线调试前安全条件确认 表 9.10

序号	上线调试条件确认项目	确认责任方(签字)		
		施工单位	监理单位	联合工作组
1	供电系统调试完毕、初验合格,变电所、牵引所已送电并安全运行 24 小时以上			
2	冷滑调试及整改工作已完成,初验合格,上线调试前接触网带电 24 小时运行无异常			
3	轨道工程已验收合格,所有标识齐全、车挡已安装并达到开行速度 60km/h 条件			
4	调试区段内的轨道及道岔已具备开通条件,上线调试前应做进一步的检查,道岔可以使用手摇把或撬棍进行扳动,确认相关道岔位置和锁死工作			
5	通信已实现 OCC、车站、司机相互之间的对话功能			
6	轨行区已进行封闭管理,所有通往轨行区的门已封锁,各站站台已派 2 名以上保安值守			
7	屏蔽门安装完毕,绝缘良好,处于常闭状态			
8	车站已配备基本的管理人员,实现对轨行区的封闭管理			
9	区间及站台区域的照明已实现车站级控制、区间排水泵能正常工作			

续表

序号	上线调试条件确认项目	确认责任方（签字）		
		施工单位	监理单位	联合工作组
10	参试车辆调试已完成，受电弓各项参数符合设计要求，能确保安全上线			
11	行车指挥系统已具备车辆安全上线条件，对涉及行车安全但尚未开通的信号等系统已采取相应的安全措施，如安装临时信号设施			
12	各站（车控室、变电所）公务电话、调度电话可以使用，与司机的无线通信可以使用			
13	列车司机具有相应资质			
14	完成限界检查和相关整改工作，隧道内的设备固定可靠且不侵线（包括区间消防水管、广告灯箱、人防门、线缆等设备设施固定牢靠且不侵线，隧道内的垃圾清理干净、无遗留物品，隧道上方孔洞封堵完成等）			
15	做好与既有线相关联方面的安全防护			
16	上线调试方案的编制和报批已完成			.
17	压道（至少2次）及发现的问题已完成整改			
结论	列车上正线调试的安全条件满足	联合工作组组长（签字）		

第十章 监控量测管理

监控量测是看清地下工程本身（围护结构体系、围岩等）安全状态和工程周边环境安全状态的"眼睛"，监测数据是地铁工程施工中指导施工、实现动态化设计的重要参考数据。为此，住建部《城市轨道交通工程安全质量管理暂行办法》规定，建设单位应当委托工程监测单位进行第三方监测；施工单位应当对工程支护结构、围岩以及工程周边环境等进行施工监测、安全巡视和综合分析；监理单位应当检查施工监测点的布置和保护情况，比对、分析施工监测和第三方监测数据及巡视信息。施工图设计应当包括工程及其周边环境的监测要求和监测控制标准等内容。

第一节 监控量测概述

(一) 监控量测的定义

监控量测（简称监测）是指在施工过程（包括施工前后一定时间内），通过采用一定的测量测试仪器、设备，对施工影响范围内的围岩、地表、岩土体、地下水、支（围）护结构及周边环境的动态进行量测和观察，及时反馈监测成果并对被测量物体的变化进行评价的活动。

监测分为施工监测及第三方监测。施工监测是指施工单位按照设计图纸、施工组织设计和监测方案的要求，对工程本身和受影响的周边环境所进行的监测工作。第三方监测是指土建施工期间，由建设单位委托独立于施工、监理及设计，具有相应资质的监测单位依据相应规程和条款对施工影响区域内的建（构）筑物、道路、管线等工程周边环境和工程自身关键部位，实施的独立监测工作、公正的安全性评价及参与环境破坏纠纷处理的一项监测工作。

(二) 监测的目的

施工监测的目的是，通过监测施工单位可以掌握工程施工中围岩与结构的受力变形等情况，以便及时采取有效措施，使变形控制在允许范围内，保证施工安全，保证对工程周边环境的影响控制在可接受程度范围内。

第三方监测的目的是，通过监测建设单位可以基本掌握工程周边环境、工程自身的状态，验证施工监测数据，避免或减少错报、漏报、瞒报、迟报等现象发生，为建设单位进行风险综合管理提供支持，同时为处理施工引发的社会风险事务和工程安全质量事故提供独立、公正的数据依据。

尽管实施主体、监测侧重点有所不同，但施工监测和第三方监测的目标是一致的，都是为了保证工程自身和工程周边环境的安全质量等。因此，在施工过程中，施工监测和第三方监测在工程自身关键部位和工程周边环境关键部位的测量项目、测量时段是重合的，数据需要互相对比印证，并将监测结果反馈于设计、施工，以便完善、修改设计，指导施工，为建设单位、施工单位、监理单位、设计单位的风险管理提供参考依据。

(三) 监测工作主要内容和流程

监测工作的主要内容和工作流程如图10.1所示。

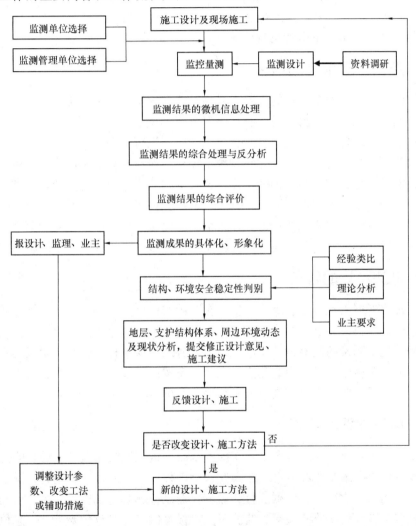

图10.1 监测工作流程

第二节 地铁工程监控量测的管理要求

监测的管理包括监测单位选择、监测管理单位的选择、监测设计的管理、监测方案的管理、监测人员设备的管理、监测起止时间的确定和监测工作的实施管理。

(一) 监测单位的选择

施工监测作为施工安全质量管理的必要手段，应由施工单位负责。但鉴于监测工作的重要性，建设单位也可通过合同约定要求施工单位应委托有资质的测量单位进行施工测量。

第三方监测则由建设单位委托，一般要求监测单位应具有相应的工程勘察资质，具有工程测量专业甲级资质或具有基坑及建（构）筑物变形监测专业资质，并应通过省级或以上 CMA 计量认证。同时第三方监测单位不得与所监测项目的设计、施工、监理单位有隶属关系或其他利害关系，不得转包监测业务。

(二) 监测管理单位的选择

施工监测作为施工安全管理的重要手段之一，其管理工作由施工单位负责，监理单位负责监理。而在第三方监测出现后，实践中对施工监测、第三方监测的管理有三种模式：一是建设单位委托监理单位对施工监测、第三方监测进行管理；二是建设单位委托第三方监测单位对施工监测进行管理；三是建设单位委托其他专业化安全风险管理机构对施工监测、第三方监测进行管理。第一种模式比较符合两种监测的定位与目的，有利于监理单位更好地履行安全质量监理职责。因此，《城市轨道交通工程安全质量管理暂行办法》规定，监理单位应当检查施工监测点的布置和保护情况，比对、分析施工监测和第三方监测数据及巡视信息。发现异常时，及时向建设、施工单位反馈，并督促施工单位采取应对措施。

(三) 监测设计的管理

设计单位应根据工程特点和周边环境，在不同的设计阶段编制监测设计要求和监测设计方案，就监测项目、测点布置、监测方法、监测频率、监测时段、控制值、监测起始时间和终止条件提出明确的监测设计要求。目前，各地地铁工程根据设计阶段确定的监控量测控制指标值，并将施工过程中监测点的预警状态按严重程度由小到大分为不同等级，如黄色监测预警、橙色监测预警和红色监测预警，并确定预警标准。

(四) 监测方案的管理

无论是施工监测还是第三方监测，实施前都必须依据勘察、设计文件，安全质量风险评估报告及现场踏勘编制监测方案。方案应包括工程概况、周边环境调查情况、受工程影响的重点建（构）筑物辨识、监测项目、监测仪器设备、监测机构和人员、监测方法、测点布置、测点安装布设、监测频率、监测时段、报警值、结果分析要求、信息传递与反馈系统等。

监测方案必须经监理审查、监测单位技术负责人签字后方可实施。对于第三方监测方案，应先经专家论证。对于施工监测方案，监理根据工程的重要性、工法特点、周边受影响建（构）筑物的现状和重要性等因素，可以选择直接审批或专家论证后审批等方式。

监测方案经审批后，监测单位应严格按照监测方案实施。监测方案在实施过程中局部调整，需报监理批准；对于涉及监测项目、监测仪器设备、监测机构和人员、监测方法、测点布置、测点安装布设、监测频率、监测时段、报警值变化的，必须报监理审查、建设单位备案；变化较大的，应履行原方案的审查、论证、审批程序。

监理单位应当编制监测监理实施细则，确定机构、人员设备的配备及管理方案，并报建设单位审批。

（五）监测人员设备的管理

按照监测方案，施工单位及第三方监测单位必须建立该项目的监测机构，并配备相应的监测人员及仪器设备。《城市轨道交通工程安全质量管理暂行办法》规定，项目监测负责人应当具有相应的执业资格和城市轨道交通工程监测工作经验，项目监测人员专业、数量应当满足工作的需要。一些城市地铁工程建设单位进一步明确了监理单位及监测单位的人员的专业、职称、工作经验等具体要求。

人员、仪器设备到位后，由监理单位负责按照方案对监测机构、资质；人员资格、配备数量；设备型号、数量、标定情况等进行检查，并将结果形成书面资料报建设单位，由建设单位项目代表确认并作为工程开工条件验收之一。监测人员、仪器设备应保持相对稳定，不得随意调换，如必须更换，必须报监理、建设单位审批。

建设单位现场代表应按照监测监理实施细则，检查监理单位监测管理机构、人员及设备的情况，作为监理单位履约评价的一部分。

（六）监测起止时间的确定

各个不同施工部位的监测项目、不同种类的监测项目的起始测量时间应根据工程进展及时调整确定，确保测点在未受到工程影响之前量取初始值，保证监测数据初始值的准确性。对重要工程或工序，严禁在不能进行监测的情况下进行施工。例如，对于暗挖隧道工程，应在隧道轴线方向距开挖面五倍隧道最大断面尺寸内的所有洞外测点应进行初始数据测量。对隧道上覆淤泥类软土或砂层等易受扰动土层情况，初始监测范围应扩大。

对监测点所依附的工程结构被拆除的监测项目，监测随工程拆除自然终止；对其他监测项目，监测的终止时间确定应同时满足如下三项要求，并在监测合同中明确：

（1）导致测点监测数据发生变化的分部工程结束后三个月。

（2）有充足的证据证明监测数据变化趋于稳定，变形曲线趋于收敛。

（3）监理单位会同建设、设计单位同意后可以停止项目的监测工作。

（七）监测工作的实施

施工监测日常工作由施工（监测）单位负责，第三方监测由第三方监测单位负责；监理单位负责监理和监测数据的比对、分析；建设单位负责综合协调管理，组织制定监测管理办法，构建紧急状态下监测工作制度和信息传递机制，建设单位现场代表除参加紧急状态处置外，对监测的管理主要集中在监测报告的审阅及监测工作例会。

1. 监控量测技术交底

建设单位应组织设计单位将监测设计方案作为设计交底的重要内容，向监理、施工和监测单位进行技术交底。监测工作实施前，施工监测负责人及第三方监测单位项目负责人应当将监测方案向各自监测作业人员进行技术交底。

2. 监控量测工作例会

为便于工程建设各方对监测情况进行了解、沟通、处理，工程开工后必须建立监测工作例会制度。监测工作例会主要讨论以下几方面内容：

（1）实际监测人员、设备；监测点位置、数量、频率是否符合监测方案要求，监测点保护是否到位，损坏的是否及时修复。

（2）监理单位比对分析施工监测和第三方监测的数据及巡视信息，对监测成果及工程安全状况进行评价。

（3）根据监测结果决定是否需要加强监测措施，以及下一步重点及注意事项。

3. 监控量测信息处理

监测信息包括（施工、第三方）监测数据和（周边环境、支护结构、开挖面）巡视信息，信息报告包括监测单位监测信息报告和监理单位监控信息报告，报告的形式有日报、周报、月报、快报等，监测报告的主要内容包括施工进度、测点布设（图）、监测数据及变化（累计变化值、变化速率）情况（用表格和曲线图表示）、巡视信息（含照片、摄像）、分析结论及处置措施建议等。

开工前建设、监理单位应当将报告要求告知施工单位及第三方监测单位。施工过程中，监理单位现场监测监理人员比对、分析施工监测和第三方监测的数据及巡视信息；施工单位项目技术负责人、监理单位总监（代表）、建设单位现场代表应审阅每一期的工程监测报告，并在报告上签字；建设单位安全管理部门和技术管理部门对监测、监测报告及其审阅情况进行监督检查。

（1）监测单位的监测报告。施工单位和第三方监测单位在取得各种监测资料和巡视信息后，应及时进行处理，绘制各种类型的表格和曲线趋势图，对监测数据进行回归分析，预测最终位移值，预测结构物的安全性，并根据测点数据管理基准（预警值、控制值等）、位移变化速率和现场巡视信息等综合判断结构和建筑物的安全状态，及时向建设、监理、设计单位提供监测报告。

1）正常情况下以周报、月报报告；

2）对重点监控部位及变形较大的工程，加强监测频率，并以日报报告；

3）发现异常（如监测达到预警值或巡视发现事故征兆）时，立即以快报向建设、设计、监理单位报告。

（2）监理单位的监控信息报告。监理单位应当检查施工监测点的布置和保护情况，比对、分析施工监测和第三方监测数据及巡视信息。发现异常时，及时向建设、施工单位反馈，并督促施工单位采取应对措施。监理单位的监控信息报告的内容要求如下：

1）日报：主要是各种巡视信息。

2）快报：包括主要风险事件的时间、地点、风险概况、原因初步分析、变化趋势、风险处理建议。其中快报给施工单位时，还应根据预警级别下达安全隐患报告书、整改通知书、停工令等先期处理文书。

3）周报、月报：一周、一月的安全巡视发现的异常情况、监理周月例会情况、风险预警情况、反馈意见落实情况及风险处理的效果、风险变化趋势、存在问题及处理建议等。

4. 监控量测预警

地铁工程项目的异常情况预警一般划分为监测预警、巡视预警和综合预警等类型。根据事故发生的紧急程度、发展势态和可能造成的危害程度由小到大，每种类型的预警依次划分为黄色、橙色和红色预警等三个预警等级。

（1）监测预警

要进行监测预警，首先要明确不同监测项目的监控量测控制指标和预警分级标准。各地应根据当地的工程地质条件、工程周边环境调查和风险评估的结果，参照当地地铁等地下工程、基坑工程的施工经验，提出符合当地实际的监控量测控制值和监测预警的分级标准。监控量测控制值见本章第三节。表10.1是北京地区所采用的隧道施工监控量测值预警等级的划分标准，供参考。

北京地区地铁工程监测预警的三级预警状态判定　　　　表 10.1

序号	预警等级	预警状态描述
1	黄色	"双控"指标（变化量、变化速率）均超过监控量测控制值（极限值）的70%，或双控指标之一超过监控量测控制值的85%时
2	橙色	"双控"指标均超过监控量测控制值的85%，或双控指标之一超过监控量测控制值时
3	红色	"双控"指标均超过监控量测控制值，或实测变化率出现急剧增长时

（2）巡视预警

巡视预警是指施工过程中通过巡视发现安全隐患、事故征兆而启动的预警。

1）事故隐患与事故征兆

在施工中能够或者有可能引发生产安全事故的现存问题称为安全隐患，包括人的不安全行为、物的不安全状态和管理的缺陷。在施工生产安全事故发生之前所显示出的即将或可能要出事的迹象称为事故征兆，包括早期征兆、中期征兆和晚期征兆。早期征兆是指事故起因物启动的迹象，如初期的变形、开裂和滑移等；中期征兆是早期征兆的发展与扩大迹象，如变形迅速发展、裂纹显著扩大以及局部开始出现过大的滑移、沉降乃至损坏迹象；晚期征兆是在事故发生前出现的原有状态面临突变的迹象，如即将发生断裂、脱离、倾倒等险情，预示事故即至。一些涉及面大、且伤害和损害也严重的事故，如各类坍塌、倾翻、破坏事故，一般都或长或短地存在着相应的孕育和发展的过程，从而显示出某种事故征兆。研究、认识和掌握这些征兆，具有重大作用，当然这是一项细致而且困难的工作。监测单位、监理单位的现场巡视要及时发现事故隐患和事故征兆，以便采取应对措施。

表10.2列出了基坑、隧道等坍塌、脚手架局部垮塌与垂直坍塌、建筑物倒塌、机械设备倾翻和火灾事故的早期、中期和晚期征兆。

2）巡视预警分级

目前，各地对于巡视预警的等级划分尚无标准规范可依，主要是依靠专业咨询机构或专家评估后确定。建议根据事故隐患严重程度和事故征兆来综合判断，如表10.3所示。晚期征兆甚至中期征兆一旦出现，即进入应急抢险阶段。

部分施工安全事故征兆　　　　　　表 10.2

事故类别	早期征兆	中期征兆	晚期（临发）征兆
基坑（槽）坍塌和其他坍方	1. 坑槽边壁（坡）或洞室顶、壁轻度渗水、涌沙、落碴； 2. 出现剥离层裂纹和小块剥离； 3. 位移-时间长时间没有变缓的趋势，监测值超过控制值后仍不断增大	1. 渗水、涌沙、落碴情况加剧； 2. 剥离层裂纹扩展、加大； 3. 底部（或其他部位）土（石）层开始大块剥离； 4. 深度裂纹（缝）向上（或向下）扩展； 5. 位移等量测值反常急剧变化	1. 坑槽底部土（石）块大面积剥离，上部土（石）体裂纹急剧扩展到地面上； 2. 由局部开始的坍方连续不断，迅速扩展
脚手架局部垮架	1. 脚手架局部的平（横）杆和脚手板出现显著的弯曲变形和损伤； 2. 局部连接件出现裂纹或松动下滑	1. 早期出现的变形和损伤继续发展； 2. 连接件裂纹扩展或严重下滑； 3. 连接点开始变形	1. 脚手板、平（横）杆出现折断或滑脱； 2. 局部构架结构出现严重变形； 3. 可能会有异常响声出现
脚手架垂直坍塌	下部和长度大的立杆开始出现侧向拱曲变形	1. 成片立杆自下至上出现明显的多波弓曲变形； 2. 节点和连接件出现破坏迹象	开始出现节点和连墙件破坏的异常声响
支撑架垮塌和坍(倒)塌	直接承受模板和设备荷载的受弯与受压杆件开始出现明显变形	1. 变形迅速扩大； 2. 立杆根部位移； 3. 节点开始出现破坏迹象	1. 部分杆件开始折断掉落； 2. 支撑结构出现严重变形或失稳迹象
建筑物倒塌	基础和主要承重结构（及构件）出现明显的沉降、开裂或倾斜变形	1. 变形、裂缝和倾斜加速扩展； 2. 基础错动； 3. 部分构件或结构开始出现破坏迹象	建筑物出现倒塌前的晃动、严重倾斜和发出开始破坏产生的异常声响
机械设备倾翻	1. 一侧开始出现明显沉降，另一侧开始上抬； 2. 一侧缆绳、锚固设施开始出现松动	1. 机械设备明显出现倾斜； 2. 缆锚点出现被拉出或破坏迹象	机械设备严重倾斜，伴有锚拉点开始破坏时的早期声响
火灾事故	1. 绝缘皮线过热、发软、变色； 2. 保险丝熔断； 3. 初期引（暗）燃产生的焦糊味； 4. 电、气焊火花（星）落在易燃物上	1. 开始出现明显的烟雾； 2. 开始燃烧的焦糊味变浓； 3. 已有开始燃烧的声响	1. 明火初期； 2. 烟雾和焦糊味浓烈； 3. 燃烧的声响加剧

施工安全巡视预警分级　　　　　　　　　　　　表10.3

隐患、征兆	重大隐患或早期征兆	严重隐患	一般隐患多
预警等级	巡视红色预警	巡视橙色预警	巡视黄色预警

3）综合预警

综合预警是根据对现场的监测数据和监测项目控制指标值的比较分析以及现场各方的巡视，通过综合分析现场实际情况后进行的预警，预警级别由施工单位、监理单位和安全风险管理咨询机构（或专家）经综合分析后判定。

4）预警措施

建设、监理、施工单位应在预案中明确不同类型和级别预警的通报对象和应该采取的应对措施，要符合法律、法规的规定和当地政府主管部门、工程施工安全监督机构的有关要求。可参照表10.4。进入预警状态后，应在现场采取安全措施，并组织有关单位和专家进行综合判断。判断为安全的，继续施工；判断为不安全的，应采取特殊措施。

预警通报对象和预警后应采取的措施　　　　　　　表10.4

预 警	通报对象	预警后采取的措施
监测数据和巡视信息正常	施工单位	正常施工
监测或巡视黄色预警	项目部和监理部负责人、主管，建设单位现场代表	1. 加强地面和建筑物（尤其是预警点的附近的雨污水管和有压管线）的检查和沉降动态监测； 2. 负有特定职责的人员加强巡视
监测、巡视橙色或综合黄色	除前述人员外，建设单位项目公司、设计单位的项目技术主管	1. 前述措施； 2. 监理组织参建单位对数据、巡视信息综合分析、判断，提出意见； 3. 属于安全的，继续施工；属于不安全的，采取特殊措施，完善施工方案、开挖进度、支护参数、工艺方法
监测或巡视红色预警，或者综合橙色预警	除前述人员外，建设单位项目公司、设计单位项目技术负责人，政府主管部门委托的监管机构	1. 前述措施（其中监测24小时现场值班）； 2. 建设单位组织施工、监理、监测、设计单位和专家进行分析评估，预测事故发生可能性的大小、影响范围和程度，提出措施； 3. 必要时停止正常作业，采取相应补强措施，如加强支撑、堵漏止水、注浆加固等
综合红色预警	除前述人员外，建设单位负责人、政府主管部门	1. 前述措施； 2. 应急工作小组进入待命状态，调集应急救援所需要的物资、设备、工具； 3. 采取必要措施，确保交通和地下管线安全； 4. 与毗邻社区的街道办、政府保持热线联系
事故中期、晚期征兆	同前	1. 作业人员停止作业，在采取可能的应急措施后撤离作业场所； 2. 启动应急预案，进入应急救援状态

第三节 地铁工程监测的技术要求

城市轨道交通工程监测项目分为应测项目和选测项目。为保证工程自身和工程周边环境安全，反映设计、施工状态而应进行的日常监测项目，即为应测项目。为了设计和施工的特殊需要，由设计文件规定的在局部地段进行的监测项目，则为选测项目。本节针对地铁工程涉及的明（盖）挖法工程、矿山法隧道、盾构法隧道、高架桥梁工程的必测项目、监测频率及控制标准进行了梳理，并以表格形式表示。

（一）明（盖）挖法施工监测技术要求

明（盖）挖基坑监控量测对围护结构、周边环境的应力、位移等的动态变化进行综合监测，包括围护结构的监测和周边环境既有建（构）物的变形控制监测等两大部分。一般情况下明（盖）挖法施工的应测项目及要求见表10.5，监控量测值控制标准见表10.6。

明（盖）挖法施工监测项目及要求　　　　　　　　表10.5

类别	监测项目	监测范围及测点布置	监测频率
应测项目	基坑及其周围环境描述	对开挖后工程地质与水文地质的观察记录（地层、节理裂隙形态及充填性、含水情况等）；支护裂隙和拱架支护状态的观察描述；邻近建（构）筑物及地面的变形、裂缝等的观察描述	全过程，1次/d，情况异常时，加密监测频率
	地表沉降	1. 在基坑四周距坑边10m范围内沿坑边设2排沉降测点，排距3~8m，点距5~10m。当基坑临近处有建（构）筑物或地下管线时，应按有关规定增加沉降点。 2. 在工法变化的部位、车站与区间结合部位、车站与风道结合部位以及风道、马头门处等部位均应增设监测点。 3. 盖挖法施工时，测点布置可参照暗挖法施工项目布点规定	基坑开挖期间： 基坑开挖深度 $H \leqslant 5m$，1次/3d；$5m < H \leqslant 10m$，1次/2d；$10m < H \leqslant 15m$，1次/1d；$H > 15m$，2次/d
	建（构）筑物变形	基坑开挖深度约1~2倍的距离范围，在建筑物的四角（拐角）上，高低悬殊或新旧建筑物连接处，伸缩缝、沉降缝和不同埋深基础的两侧，每幢建筑物上不宜少于1个沉降点和2组倾斜测点（每组2个）	按设计要求
	地下管线沉降	基坑开挖深度约1~2倍的距离范围，重要管线竖井处、管线接头处应布置监测测点，沿管线延伸方向每5m~15m布设1个沉降测点	按设计要求
	围护桩（墙）顶水平位移和垂直位移	沿基坑长边设置3~4个主测断面，断面在基坑两侧的桩（墙）顶设置测点。对于水平位移变化剧烈的区域，宜适当加密测点，有水平横支撑时，测点宜布置在两道水平支撑的跨中部位	基坑开挖期间： 基坑开挖深度 $H \leqslant 5m$，1次/3d；$5m < H \leqslant 10m$，1次/2d；$10m < H \leqslant 15m$，1次/1d；$H > 15m$，2次/d。 基坑开挖完成以后： 1~7d，1次/d；7~15d，1次/2d；15~30d，1次/3d；30d以后，1次/周，经数据分析确认达到基本稳定后，1次/月。 出现情况异常时，增大监测频率
	支撑轴力	对应围护桩（墙）顶水平位移和垂直位移测点相应位置设3~4个主测断面，该断面位置的全部支撑均布置测点，测点一般布置在支撑的端部和中部。对监测轴力的重要支撑，宜同时监测其两端和中部的沉降和位移	
	地下水位	基坑的四角点以及基坑的长短边中点布置测点，或沿基坑长边每20~40m布置一个测点，测点距基坑围护结构距离为1.5~2m	

续表

类别	监测项目	监测范围及测点布置	监测频率
应测项目	盖挖法顶板内力	在立柱与顶板的纵横断面上,立柱与顶板的刚性连接部位以及两根立柱的跨中部位各布置2个测点	在开挖及结构施工期间,1次/2天;结构完成后,1次/1周;经数据分析确认达到基本稳定后,1次/月。出现异常情况时,增大监测频率
	盖挖法立柱内力及沉降	柱身全高,在标准段选择4~5根具有代表性的立柱进行内力和沉降监测,测点布置在立柱的端部或中部	
	竖井井壁净空收敛	竖井结构的长、短边中点,沿竖向3~5m设置一个监测断面;每个监测断面不少于2条测线	在开挖及结构施工期间,1次/天;结构完成后,1次/2天;经数据分析确认达到基本稳定后,1次/月。出现异常情况时,增大监测频率
	围护桩(墙)变形	对应围护桩(墙)顶水平位移和垂直位移测点相应位置设3~4个主测断面,该断面在基坑两侧对应的桩(墙)均设置测点。监测深度应不小于围护结构深度。同时,基坑深度变化处宜增加测点	同围护桩(墙)顶水平位移和垂直位移监测频率

注:基坑放坡设计时,其坡顶水平位移监测参照本表桩(墙)顶水平位移监测内容。

明(盖)挖法施工监控量测值控制标准　　表10.6

序号	监测项目及范围	允许位移控制值 U_0(mm)			位移平均速率控制值(mm/d)	位移最大速率控制值(mm/d)
		一级基坑	二级基坑	三级基坑		
1	围护桩(墙)顶沉降	≤10			1	1
2	地表沉降	≤0.15%H或≤30,两者取小值	≤0.2%H或≤40,两者取小值	≤0.3%H或≤50,两者取小值	2	2
3	围护桩(墙)水平位移	≤0.25%H或≤30,两者取小值	≤0.5%H或≤40,两者取小值	≤1%H或50,两者取小值	2	3

注:1. H为基坑开挖深度。
2. 基坑安全等级划分:
一级基坑,满足以下两条件之一:①基坑周边以外0.7H范围内有地铁结构、桥梁、高层建筑、共同沟、煤气管、雨污水管、大型压力总水管等重要建(构)筑物或市政基础设施;②H≥15m。
二级基坑,满足以下两条件之一:①基坑周边以外0.7H范围内无重要管线和建(构)筑物,而离基坑0.7H~2H范围内有重要管线或大型的在用管线、建(构)筑物;②10≤H<15m。
三级基坑,满足以下两条件之一:①基坑周边2H范围内没有重要或较重要的管线、建(构)筑物;②H<10m。

(二)暗挖法施工监测技术要求

暗挖施工过程中,围岩(地层)的变形和松动可能传到地表,影响到地表建(构)筑物、管线、桥梁、既有地铁线等工程周边环境安全。因此,暗挖施工监测包括对隧道围岩(地层)和支护结构监测,以及对地表及地面建(构)筑物、管线的监测。暗挖施工应测项目及要求见表10.7,监控量测值控制标准见表10.8。

暗挖法施工监测项目及要求 表10.7

类别	监测项目	测点布置	监测频率
应测项目	洞内及洞外观测	每一开挖环一个断面	开挖后立即进行
	地表沉降	1. 地表沉降测点沿线路方向的布设，通常应沿左右线区间隧道的中线和沿车站中线各布设一行监测点；对于多导洞施工的车站，应在每一导洞中线和整体结构中线的正上方地表各布设一行监测点。监测点的纵向间距可按地表和地中的实际状况在5~30m之间选择。 2. 横向监测断面可按照地表和地中的实际状况确定，车站在2~3个断面、区间在3~5个断面之间选择。每个横向监测断面布置7~11个测点，但其最外点应位于结构外沿不小于1倍埋深处；在特殊地质地段和周围存在重要建（构）筑物时，监测断面间距应加密。横断面上各测点应依据近密远疏的原则布设。 3. 在工法变化的部位、车站与区间结合部位、车站与风道结合部位以及马头门处等部位均应设置监测断面，测点数按工程结构、地层状况和周边环境确定	开挖面距监测断面≤2B时1~2次/d；开挖面距监测断面≤5B时1次/2d；开挖面距监测断面>5B时1次/1周；基本稳定后1次/1月。
	邻近建（构）筑物	根据建（构）筑物的沉降、倾斜、裂缝的不同内容分别布置	按设计要求
	地下管线沉降	地下管线每5~15m一个测点，管线接头处，位移变化敏感部位	按设计要求
	初期支护结构拱顶（部）沉降	每10~30m一个断面，每断面1~3个测点，对于浅埋暗挖车站，每个导洞均应布置断面	由开挖面距监测断面的距离和沉降速率综合决定，沉降速率>2mm/d，距开挖面距0~1B，监测频率1~2次/d；沉降速率0.5~2mm/d，距开挖面距1~2B，监测速率1次/d；沉降速率0.1~0.5mm/d，距开挖面距（2~5）B，监测频率1次/2d；沉降速率<0.1mm/d，距开挖面距离5B以上，监测频率1次/1周；基本稳定后1次/1月。表中频两项条件中，应选其中频率较高者。当拆除临时支撑时以及出现情况异常时，均应增大监测频率
	初期支护结构净空收敛	每10~30m一个断面，每断面1~3根基线，对于浅埋暗挖车站，每个导洞均应布置断面	
	地下水位	取代表性地段设置	1次/2d。出现情况异常时，应增大监测频率
	爆破振速	同邻近建（构）筑物的布点位置	每次爆破时监测

注：1. B 为隧道开挖直径或跨度。
2. 地质描述包括工程地质和水文地质描述。

地铁暗挖法施工监控量测值控制标准 表10.8

序号	监测项目及范围		允许位移控制值 U_0（mm）	位移平均速率控制值（mm/d）	位移最大速率控制值（mm/d）
1	地表沉降	区间	30	2	5
		车站	60		
2	拱顶沉降	区间	30	2	5
		车站	40		
3	水平收敛		20	1	3

注：本表中区间隧道跨度为<8m；车站跨度为>16m和≤25m。

（三）盾构法施工监测技术要求

盾构施工引起地表的纵向沉降一般分为盾构到达监测点前的前期变形、盾构通过时的沉降、盾尾与衬砌脱离后的变形、后续变形等4个阶段。盾构施工应测项目及要求见表10.9，监控量测值控制标准见表10.10。

盾构法施工监测项目及要求 表10.9

类别	监测项目	测点布置	监测频率
应测项目	洞内及洞外观测	洞内观察主要是对已安装的管片衬砌的工作状态、盾构机和出土情况进行观察和记录；洞外观察主要是地表开裂、地表隆起、建（构）筑物开裂、倾斜、隆沉等状况的观察和记录	施工后立即进行，每天不少于1次
	地表沉降（或隆起）	1. 纵向地表测点沿盾构推进轴线设置，每10～30m布置一个横向监测断面。横向监测断面地表测点的设置范围在预测沉降槽范围内，一般可在地铁结构外沿两侧各30m范围内设置。横断面测点的布设依据近密远疏的原则，一般在隧道中线两侧15m范围内，测点间距2～5m；超过15m范围外，测点间距5～10m，以便比较准确测出沉降槽曲线为原则。每个断面测点不宜少于7个。 2. 在盾构始发段或盾构接收段内，横向监测断面及测点间距应加密。 3. 工法或结构断面变化的部位如车站与区间结构部位、车站与风道结合部位等应设置监测点。 4. 重要建筑物或构筑物附近应增设地表沉降监测点	1. 监测频率根据盾构施工情况、监测断面距开挖面的距离和沉降速率来确定。 2. 一般情况下可采用以下监测频率： 1）开挖面距监测断面前后<20m时1～2次/d； 2）开挖面距监测断面前后<50m时1次/2d； 3）开挖面距监测断面前后>50m时1次/周； 4）根据数据分析确定沉降基本稳定后，1次/月
	邻近建（构）筑物	根据建（构）筑物的沉降、倾斜、裂缝的不同内容分别布置，有设计的按设计要求布置	1. 建（构）筑物的沉降、倾斜监测频率同地表沉降 2. 建（构）筑物的裂缝监测频率按照两测观测期间裂缝发展不大于0.1mm及裂缝所处位置而定

续表

类别	监测项目	测点布置	监测频率
应测项目	地下管线沉降	地下管线每5~15m一个测点,并在管线接头处及位移变化敏感部位增设测点	同地表沉降
	管片衬砌变形	每一盾构施工的区间隧道设1~2个主测断面	分别在衬砌拼装成环,但尚未脱出盾尾即无外荷载作用时和衬砌环脱出盾尾受外荷作用且能通视时两个阶段进行监测
	地下水位	取代表性地段设置	1次/2d

注:1. 监测项目和测点布置遇特殊情况时或无法布设时可作适当调整,并报相关单位批准。
2. 监测频率可根据施工实际情况、环境的重要性程度及前期的监测数据情况增加监测频率。

地铁盾构法施工监控量测值控制标准　　　　　　　　　　　表10.10

序号	监测项目及范围	允许位移控制值 U_0 (mm)	位移平均速率控制值 (mm/d)	位移最大速率控制值 (mm/d)
1	地表沉降	30	1	3
2	拱顶沉降	20	1	3
3	水平收敛	10	1	3

注:本表中一般盾构区间,隧道跨度为<8m。对于跨度较大的隧道,应研究根据相关国家及地方规范,以及相关施工经验制定相应的控制标准,并经建设各方审批认可。

(四)高架桥梁施工监测技术要求

高架法施工对工程周边环境的影响相对较小,监测主要针对高架桥本身进行。高架法施工应测项目及要求见表10.11,监控量测值控制标准见表10.12。当桥墩基础需要开挖深基坑时,应按明挖法施工监测的要求进行监测。

高架桥施工监测项目及要求　　　　　　　　　　　表10.11

类别	监测项目	监测范围及测点布置	监测频率
应测项目	基础沉降或倾斜	对于①重要的桥梁结构;②大跨桥梁或新型桥梁需要对结构基础沉降进行监测。测点布置在扩大基础或承台顶面的四角,也可布置在墩身上	基础承受的荷载每增加25%的总荷载时测量。
	截面几何尺寸	墩身或梁部断面	对主要断面进行检查
	支架法现浇梁时支架变形	在梁体跨度的$L/2$、两端$L/4$,根据需要在两端的$L/8$、$3L/8$处设置变形观测点,横断面不少于2个测点	预压过程中,随着荷载每增加25%时测量,直至设计荷载的120%
	悬臂法浇筑节段高程	每个悬臂浇筑节段的前端设置2个或4个高程观测点	悬臂浇筑过程的每个工况(挂篮行走后、混凝土浇筑前后、张拉后)
	悬臂法浇筑主梁轴线	每个悬臂浇筑节段	每段测试一次
	挂篮变形	挂篮预压时,测点布置在挂篮前上横梁上2个,底模板表面前端2个	预压过程中,随着荷载每增加25%时测量,直至设计荷载的120%

高架桥施工监控量测值控制标准 表 10.12

序号	监测项目	允许值
1	断面高度	$-10\text{mm} \leqslant H \leqslant 5\text{mm}$
2	断面宽度	$-30\text{mm} \leqslant B \leqslant 10\text{mm}$
3	主梁轴线	$\pm 1\text{cm}$
4	基础沉降	设计值
5	支架最大变形	$L/400$
6	挂篮最大变形	20mm
7	结构应力	设计值
8	桩基完整性检测	Ⅰ、Ⅱ类桩为合格

注：1. H 为桩的高度，B 为桩直径，L 为结构跨度；

2. Ⅲ类桩基需要经过研究和进一步检测后确定使用情况；Ⅳ类桩应进行工程处理。

第十一章 应急救援与事故处理

在事故发生后的应急救援和事故调查处理，是安全管理工作最后一个重要环节。应急救援是在发生事故时，采取措施消除、减少事故危害和防止事故扩大或恶化，最大限度降低事故造成的损失或危害。事故调查处理是分析事故原因、处理责任人、教育员工吸取教训并采取措施防范类似事故再次发生。《安全生产法》、《突发事件应对法》和《建设工程安全生产管理条例》在生产安全事故应急预案编制、事故报告、防止事故扩大与现场保护，以及事故调查处理等方面有明确规定。地铁工程应建立、健全和不断完善应急管理的"一案三制"（应急预案体系，应急管理法制、管理体制和运行机制）。

第一节 事故应急预案

应急预案是开展应急救援行动的计划和实施指南，它使应急救援活动能按照预先周密的计划和最有效的实施步骤有条不紊地进行，做到响应快速和救援有效。因此，《安全生产法》和《建设工程安全生产管理条例》等有关法律法规规定，生产经营单位、施工单位负责人应组织制定和实施本单位的生产安全事故应急救援预案，施工单位应当根据建设工程施工的特点、范围，对施工现场易发生重大事故的部位、环节进行监控，制定施工现场生产安全事故应急救援预案；实行施工总承包的，预案由总承包单位统一组织编制。住建部《城市轨道交通工程安全质量管理暂行办法》（建质【2010】5号）要求建设单位、施工单位，应当编制城市轨道交通工程安全质量事故应急预案，建立健全安全生产预警和应急协调保障机制；应当将编制的应急预案报工程所在地建设主管部门备案，并组织定期演练；应急抢险结束后，建设单位应当组织设计、施工等单位制定工程恢复方案，必要时经专家论证后实施。

国家安全生产监督管理总局令第17号《生产安全事故应急预案管理办法》对生产安全事故应急预案的编制、评审、发布、备案、培训、演练和修订等环节作出了具体规定，要求生产经营单位根据有关法律、法规和《生产经营单位安全生产事故应急预案编制导则》AQ/T9002—2006，结合本单位的危险源状况、危险性分析情况和可能发生的事故特点，制定相应的应急预案。

（一）应急预案分类与基本内容

1. 应急预案的分类

地铁工程安全事故应急预案从层次上可以分为政府级（含主管部门、项目所在区、街道办）、建设单位级、施工单位级和项目部级。根据后果严重程度、救援难易程度和应急救援能力的大小，各级单位、部门的应对方式有三种：全部承担（或基本上承担）、大部分承担，或先承担前期处置、后服从上一级统一指挥。因此，任一层级的应急预案除内部衔接外，还应做好外部衔接，包括各层级预案响应的最低级别事故、扩大应急响应层级的条件、统一指挥机制和应急机构职责的衔接，以及前期处置和上级介入后的相应安排。

应急预案从功能与目标上划分为三种类型：综合应急预案、专项应急预案和现场处置方案。综合预案是应对各类事故的综合性文件，从总体上阐述事故应对方针、政策，应急组织机构及职责、应急行动、措施和保障等基本要求和程序；专项应急预案主要针对某种特有和具体的事故（如坍塌与倒塌、起重吊装事故、机械设备事故、电气事故、爆炸火灾、中毒与窒息事故等），侧重明确救援程序和具体的应急救援（技术）措施；现场处置方案针对危险性较大的分部分项工程的施工、具体装置、场所或设施、岗位所制定应急处置措施，应具体、简单、针对性强。综合应急预案、专项应急预案和现场处置方案各有侧重、相互衔接，构成一个应急预案体系。当然，也可以将专项应急预案作为综合应急预案的附件。

2. 应急预案的内容

根据《城市轨道交通工程安全质量管理暂行办法》，建设单位应当编制城市轨道交通工程安全质量事故应急预案，建立健全安全生产预警和应急协调保障机制。建设单位编制的地铁工程安全事故应急预案，从功能上和目标上应属于综合应急预案，应当包括总则、组织机构及职责、预警和预防机制、应急响应与处置、后期处置、保障措施、培训与演练、附则和附件等9个方面的内容。其中，组织机构及职责、信息报告与处置、应急响应程序与处置技术等要素属于应急预案的关键要素，是涉及日常应急管理与应急救援的关键环节，必须体现在应急预案中。危险源辨识与风险分析、应急资源和能力评估是确保应急预案具有针对性和可操作性的重要的应急策划工作，应体现在预案中且宜放在附件部分。表11.1是综合应急预案的基本内容及其要求。

综合应急预案的基本内容及其要求　　表11.1

项目内容		要　　求
总则	编制目的	目的明确，简明扼要。
	编制依据	1. 引用的法规标准合法有效。 2. 明确相衔接的上级预案，不得越级引用应急预案
	应急预案体系	1. 能够清晰表述建设单位与施工单位的应急预案组成和衔接关系（推荐使用图表）。 2. 能够覆盖地铁工程可能发生的事故类型
	应急工作原则	1. 符合国家有关规定和要求，并结合本单位应急工作实际。 2. 应明确救人第一、统一指挥、快速响应、先期处置等基本原则
	适用范围	范围明确，适用的事故类型和响应级别合理
组织及职责	应急组织体系	1. 能够清晰描述地铁工程的应急组织体系（推荐使用图表）。 2. 明确应急组织成员日常及应急状态下的工作职责
	指挥机构及职责	1. 清晰表述地铁工程应急指挥体系。 2. 应急指挥单位、部门职责明确。 3. 各应急救援小组设置合理，应急工作明确

续表

项目内容		要 求
监测与预警	风险监测	1. 明确监测技术性预防和管理措施。 2. 明确相应的应急处置措施
	预警行动	1. 明确预警信息发布的方式、内容和流程。 2. 预警级别与采取的预警措施科学合理
	信息报告与处置	1. 明确建设单位和施工单位24小时应急值守电话。 2. 明确建设单位和施工单位内部信息报告的方式、要求与处置流程。 3. 明确事故信息上报的部门、通信方式和内容时限。 4. 明确向事故相关单位通告、报警的方式和内容。 5. 明确向有关单位发出请求支援的方式和内容。 6. 明确与外界新闻舆论信息沟通的责任人以及具体方式
应急响应	响应分级	1. 分级清晰,且与上级应急预案响应分级衔接。 2. 能够体现事故紧急和危害程度。 3. 明确紧急情况下应急响应决策的原则
	响应程序	1. 立足于控制事态发展,减少事故损失。 2. 明确救援过程中各专项应急功能的实施程序。 3. 明确扩大应急的基本条件及原则。 4. 能够辅以图表直观表述应急响应程序
	应急行动	应急行动应全面,符合实际。包括:接警与通知、指挥与控制、警报与紧急公告、通信、事态监测与评估、警戒与治安、受害人员营救、人群疏散与安置、医疗与卫生、公共关系与媒体应对、应急人员安全监控、消防与抢险
	应急结束	1. 明确应急救援行动结束的条件和相关后续事宜。 2. 明确发布应急终止命令的组织机构和程序。 3. 明确事故应急救援结束后负责工作总结部门
后期处置		1. 明确事故后,现场清理、损失评估、原因分析、施工恢复、善后赔偿等内容。 2. 明确应急处置能力评估及应急预案的修订等要求
保障措施		1. 明确相关单位或人员的通信方式,确保应急期间信息通畅。 2. 明确应急装备、设施和器材及其存放位置清单,以及保证其有效性的措施。 3. 明确各类应急资源,包括专业、兼职应急救援队伍的组织机构以及联系方式。 4. 明确应急工作经费保障方案
培训与演练		1. 明确建设单位和施工单位开展应急管理培训的计划和方式方法。 2. 如果应急预案涉及周边社区和居民,应明确相应的应急宣传教育工作。 3. 明确应急演练的方式、频次、范围、内容、组织、评估、总结等内容
附则	特殊情况处置原则	1. 明确未列入预案的有可能发生的事故应急救援工作的处置原则。 2. 明确事故的事态变化超出预案考虑的情况的处置原则。 3. 明确应急反应和救援资源到位情况达不到预案要求的处置原则。 4. 明确事态急剧恶化、已严重危及救援人员安全和救援工作进行时的处置原则
	应急预案备案	1. 明确本预案应报备的有关部门(地方政府有关部门)和有关抄送单位。 2. 符合国家关于预案备案的相关要求

续表

项目内容		要求
附则	制定与修订	1. 明确负责制定与解释应急预案的部门。 2. 明确应急预案修订的具体条件和时限（一般不超过 3 年）
	危险辨识与风险分析	1. 能够客观分析本单位存在的危险源及危险程度。 2. 能够客观分析可能引发事故的诱因、发展途径、影响范围（包括场外）及后果
	应急能力评估	1. 评估资源的准备状况和从事应急救援活动所具备的能力（包括自身的和可从外部求援的） 2. 分析入案事故应急救援所需要的资源，以及需求不足及其纠正措施
	应急功能图	应明确每一应急活动中每一个应急功能所对应的职能部门和目标（推荐用功能矩阵图表示）
	特殊风险分预案	1. 能够在公共安全风险评价的基础上，提出若干类不可接受的风险（假如存在）。 2. 能够针对每一特殊风险的应急活动，正确划分部门主要负责、协助支持、有限介入等三类具体的职责
	应急标准化操作程序	1. 应明确应急活动、应急功能中具体负责部门和负责人。 2. 应明确具体的活动内容、具体的操作步骤
	联系方式	1. 列出应急工作需要联系的部门、机构或人员至少两种以上联系方式，并准确有效。 2. 列出所有参与应急指挥、协调人员姓名、所在部门、职务和联系电话，并保证准确有效
	物资装备清单	1. 以表格形式列出应急装备、设施和器材清单，清单应当包括种类、名称、数量以及存放位置、规格、性能、用途和用法等信息。 2. 定期检查和维护应急装备，保证准确有效
	格式文本	给出信息接报、处理、上报等规范化格式文本，要求规范、清晰、简洁
	关键的路线、标识和图纸	1. 警报系统分布及覆盖范围。 2. 重要防护目标一览表、分布图。 3. 应急救援指挥位置及救援队伍行动路线。 4. 疏散路线、重要地点等标识。 5. 相关平面布置图纸、救援力量分布图等
	相关应急预案名录、协议或备忘录	列出与本应急预案相关的或相衔接的应急预案名称，以及与相关应急救援部门签订的应急支援协议或备忘录

（二）应急预案的编制程序

应急预案的编制一般按如下程序进行：
1. 成立应急预案编制小组；
2. 危险分析和应急能力评估；
3. 编制应急预案；
4. 应急预案评审与发布；
5. 应急预案的实施。

（三）应急预案的培训与演练

应急预案制定后，要进行宣贯、培训。同时，为保证应急救援人员的技术水平和应急组织的整体能力，并对预案的完整性和周密性进行评估，应按预案规定的方式、频次、内容，组织开展各种应急训练演习活动。演练方式，按贴近实际程度分为桌面演练、操作演练和实战演练；根据演练的内容分为单项功能演练、多项功能演练和全面演练。一般日常应以桌面演练、操作演练为主，每年组织一到二次实战演练为宜。每次演练前应制定演练方案，实战演练中要确保演练人员的安全，演练后提交演练总结报告，根据存在的不足情况提出改进建议，从而保证整体应急状况的持续改进。

第二节　事故应急处置

（一）应急救援活动的运作机制

应急救援活动一般划分为预防与应急准备、监测与预警、应急处置与救援（初级反应、扩大应急）和应急恢复等四个阶段，应急机制都与这些活动密切相关。地铁工程项目施工安全应急运作机制主要有统一指挥、分级响应、政府主导等基本原则。

1. 统一指挥、分工协作

地铁工程事故应急救援往往涉及多个救援机构。因此，对应急行动的统一指挥和协调是应急救援有效开展的一个关键。无论应急救援活动涉及的单位和个人的行政级别高低和隶属关系是否相同，都必须在应急指挥部的统一指挥、协调下，在各自的应急职责范围内，密切配合、协调行动。

一般来说，地铁工程安全事故应急救援的总指挥，依据先期处置原则和事故发展、响应级别的抬升，可能先后需要由施工项目部负责人、建设单位负责人、当地政府专业应急救援负责人担任。一旦指挥的权力转移到上一层的指挥人员手中，原有的指挥员仅提供支持的功能，而不能再进行应急响应行动的决策。值得强调的是，施工现场发生事故后，最重要的是现场实施的减少事故影响和挽救生命的行动，因此，施工单位在应急预案中应明确出现事故征兆、事故发生后第一时间内的现场第一负责人（可以是工区负责人、队长、班组长）应该干什么，如下令停止作业、撤离人员到安全区域，在确保人员安全的前提下调集资源、人员进行先期的必要处置等等。

2. 先期处置、分级响应

依据事故危害程度、影响范围和控制事态所需要的能力，事故一般划分为特大、重大、较大、一般突发事件和较小突发事件。

（1）较大及以上突发事件。当施工导致或可能导致较大以上生产安全事故，或地面出现整体性土体坍塌、周边建（构）筑物倒塌，公众生命受到威胁时，可划分为较大或以上突发事件。较大及以上突发事件一般需要市政府（部门）指挥，市属各级、各部门、各单位赶赴现场，积极参与、配合现场救援。

(2) 一般突发事件。当施工导致或可能导致一般生产安全死亡事故，或地面出现局部坍塌、周边建（构）筑物严重倾斜，公众生产生活受到严重影响时，可划分为一般突发事件。一般突发事件一般需要建设单位指挥或协调，各应急工作小组、各产权单位赶赴现场，共同处置。

(3) 较小突发事件。当施工导致其他一般生产安全事故，或地面沉降、周边建（构）筑物位移变形严重超出设计警戒值，或出现涌水、涌砂现象时，可划分为较小突发事件。较小突发事件由BT项目公司、施工总承包单位（施工单位项目部）指挥处置，建设单位或施工总承包（BT项目公司）组建的地铁工程专业急抢险队伍赶赴现场，并通知相应的管线管理单位赶赴现场，共同参与或指导施工单位现场处置。

但无论是哪一级事件，都遵循基层先行、视情升级的方式处理。施工单位及其项目部，作为项目施工的主体，有条件第一时间掌握事故征兆和事故发生的信息，应立即启动应急预案，进行先期处置（初级响应）。当事故的规模、性质和救援难度超出本项目部（单位）的应急能力时，则应果断请求建设单位增援或当地政府指挥和扩大应急救援活动的强度（扩大应急），以便最终控制事故。

3. 政府主导、建设单位配合

根据《突发事件应对法》，突发事件应急处置工作原则上由事发地的人民政府负责。地方各级政府是本级行政区域突发事件应急管理工作的行政领导机关，负责本行政区域各类突发事件应急管理工作，在突发事件发生后应当立即采取措施控制事态发展，组织开展应急救援和处置工作。施工单位在其工程项目发生施工安全事故且事故的规模、性质和救援难度超出本单位的应急能力时，应立即报告建设单位、当地政府的应急指挥机构，请求组织、协调、指挥施工安全事故应急工作，实行自救与专业抢险队伍紧密结合。根据当地政府（主管部门）的指令或施工单位的委托，建设单位也可以组织、协调、指挥其应急能力能够处置的工程安全事故。

（二）应急管理的基本功能要素

地铁工程安全事故应对处置活动是一个动态发展过程，一般包括预防与应急准备、监测与预警、应急处置与救援、事后恢复与重建等环节，每一个环节又包括系列核心功能要素，见表11.2。

地铁工程事故应急管理的基本功能要素　　　　表11.2

环　节	核　心　功　能
预防与应急准备	安全管理制度、应急预案体系、事故预防机制、风险评估、危险监控（隐患排查）、应急培训（演练）、救援队伍、应急保障（经费、物资、设备、通信等）、应急协作
监测与预警	事故信息系统、监控监测、现场巡查、隐患报告、专家会诊；预警分级、应急措施
应急处置与救援	接警与通知、指挥与控制、警报与紧急公告、通信、警戒与治安、受害人员营救、人群疏散与安置、医疗与卫生、工程抢险、应急人员安全监控、事态监测与评估、公共关系与媒体应对
事后恢复与重建	现场清理、损失评估、原因分析、施工恢复、善后赔偿

1. 应急准备

应急准备是应急救援过程中一个极其关键的过程，它是针对可能发生的事故，为迅速有效地开展应急行动而预先所做的各种工作，其目标是保持事故应急救援所需的应急能力。应急准备包括应急资源、组建抢险队和应急培训演练。应急资源包括救援机械、设备、设施、物资、交通工具、医疗设备和必备生活保障物资等。

目前，地铁工程应急抢险组织主要有三种模式：一是当地政府或建设单位通过合同约定数家综合能力强的大型建筑施工单位作为地铁工程重大安全事故的专业抢险队伍，并给予费用支持；同时各施工单位按法律法规要求各自组建抢险组织，配备应急救援人员和救援资源。二是由BT发起方（建设单位）通过合同约定各BT承办方（项目公司、设计施工总承包单位）建立地铁工程重大安全事故的专业抢险队伍，各标段施工单位同时组建各自抢险组织，配备应急救援人员，配备救援资源。三是由各施工单位按法律法规要求组建抢险组织，配备应急救援人员和救援资源。在前两种模式中，建立专业抢险队伍、线（区域）、施工标段、工点等四级应急物资保障体系，对地铁工程应急物资进行统筹安排，分级、分类在不同层面进行应急物资储备，如全市地铁工程专业抢险队伍配备特种钻孔与注浆机械、大功率泥水泵、应急照明、供电、通风设备等专业抢险设备机械，施工标段储备基本类型的抢险设备物资，工点则存放针对性的主要用于前期处置的设备物资。这两种模式，能做到应急抢险队伍、设备物资的配置统一、系统、高效、合理，比较适合地铁工程安全事故特点和应急救援需要。

不论何种模式，建设单位、施工总承包单位、施工单位都应逐级建立并及时更新应急抢险资源信息数据库（包括地铁工程自有的及可从外部租赁或求援的应急设备、物资的清单），明确物资、装备的类型、数量、性能和存放位置，以及负责人和联系方式。建设单位组织施工单位之间、施工单位与近邻单位（含医院、抢险机构）之间签订互助协议，建立互助关系，以便在事故发生后及时得到外部救援力量和资源的援助。同时，宜在施工合同或特别签订的协议中委托建设单位在必要时组织、指挥本项目施工事故的应急抢险工作。在施工现场和办公、生活区域显著位置张贴当地政府（部门、街道办）应急指挥中心与专业应急机构、医院、地下管线抢修机构、地铁项目建设单位和项目部的应急联系电话一览表。

2. 监测与预警

（1）监测

地铁工程事故（险情）信息收集途径常见的有：现场视频监控、施工监测和第三方监测，施工、建设单位安全管理人员和监理单位监理人员的现场巡视，当事人、目击者的报告，以及工程周边建（构）筑物、地下管线管理单位的反馈。建设单位应委托有资质的单位承担第三方监测项目，宜建立以视频监控实时监测系统为平台的地铁工程安全风险管理系统，以保证信息上下（现场、项目部、施工单位、建设单位、政府机构等）、左右（施工项目部与周边社区、单位之间）传输、交流畅通、及时。

施工安全巡视主要从开挖面地质状况、支（围）护结构体系、施工工艺及设备、施工组织管理及作业状况和工程周边环境等方面进行，发现不安全状态和不安全行为等安全隐患以及事故征兆。巡视主体包括施工单位、监理单位及其他专业咨询机构（或技术专家）、设计单位等。

当监控、监测或巡视发现异常情况时，应及时报告；相关各方负责接警的机构和负责人应对异常情况进行分析、评估，并启动相应预警。

(2) 预警

地铁工程项目的异常情况预警一般划分为监测预警、巡视预警和综合预警等类型。监测预警是指根据监测设计方案设定监测项目预警值而启动的预警，巡视预警是指施工过程中通过巡视发现安全隐患、事故征兆而启动的预警，综合预警是结合分析监测预警和巡视预警后而进行的预警。根据事故发生的紧急程度、发展势态和可能造成的危害程度由低到高，每种类型的预警依次划分为黄色、橙色和红色预警等三个预警等级。

3. 应急处置与救援

地铁工程建设安全事故的应急响应过程分为接警、响应级别确定、报警、应急启动、救援行动、扩大应急、应急恢复和应急结束等，如图11.1所示。

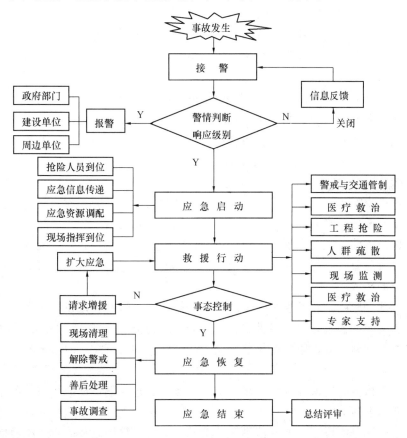

图 11.1 事故应急响应基本程序

从广义上说，应急响应包括应急撤离（在出现异常情况或危险征兆时，紧急撤离人员）、应急抢险（在险情将临前撤出人员和物资、财产，或作防险加固保护）、应急排险

（排除已出现的险情和潜在的危险）和应急救援（在事故发生或险情出现后迅速救助受伤和遇险人员）。

(1) 接警与预案启动

准确了解事故的性质和规模等初始信息是决定是否启动应急救援的关键。接警作为应急响应的第一步，施工单位、建设单位的应急预案必须对接警要求作出明确规定，保证接警人员迅速、准确地向报警人员询问事故现场的重要信息。

各级接警人员接受下一级报警后，应判断突发事件级别，按预先确定的通报程序规定，迅速向有关单位的负责人报告。建设单位分管负责人接到较大或以上突发事件报告后，应立即了解情况，同时赶赴事件现场，决定启动应急预案，下令通知有关人员赶赴现场进行抢险。

如果事件危害不具有扩展性，也无须抢救人员、重大财产时，可不必全面启动应急预案，可直接进入事故调查、善后处理程序。

若事故危害具有扩展性或需要抢救人员、财产，施工单位负责人、建设单位负责人应当立即向所在地人民政府、有关主管部门或者指定的专业应急指挥机构报告。具体报告对象和报告时限应符合事故发生地人民政府关于突发事件应急报告的有关规定。

若事故造成人员重伤或死亡，或者直接经济损失在100万元以上，即属于一般或以上级别的事故，施工单位应按生产安全事故报告规定进行报告。

(2) 指挥与控制

应建立分级响应、统一指挥、协调和决策的程序，以便对事故进行初始评估，确认紧急状态，迅速有效地进行应急响应决策，建立现场工作区域，确定重点保护区域和应急行动的优先原则，指挥和协调现场各救援队伍开展救援行动，合理高效地调配和使用应急资源等。

(3) 警报和紧急公告

当事故可能影响到周边地区，对周边地区的公众可能造成威胁时，应及时启动警报系统，向公众发出警报，同时通过各种途径向公众发出紧急公告，告知事故性质、对安全的影响、自我保护措施、注意事项等，以保证公众能够及时做出自我防护响应。决定实施疏散时，应通过紧急公告确保公众了解疏散的有关信息，如疏散时间、路线、随身携带物、交通工具及目的地等。

预案中该部分应明确在发生重大事故时，如何向受影响的公众发出警报，包括什么时候，谁有权决定启动警报系统，各种警报信号的不同含义，警报系统的协调使用，可使用的警报装置的类型和位置，以及警报装置覆盖的区域。如果可能，应指定备用措施。

(4) 应急通信

通信是应急指挥、协调和与外界联系的重要保障，在现场指挥部、应急中心、各应急救援组织、新闻媒体、医院、上级政府和外部救援机构等之间，必须建立畅通的应急通信网络。预案中该部分应说明主要通信系统的来源、使用、维护以及应急组织通信需要的详细情况等，并充分考虑紧急状态的通信能力和保障，建立备用的通信系统。

(5) 事态监测与评估

事态监测与评估在应急救援和应急恢复的行动决策中具有关键的支持作用。在应急救援过程中必须对事故的发展势态及影响及时进行动态的监测，建立对事故现场及场外进行监测和评估的程序。包括：由谁来负责监测与评估活动；监测仪器设备及监测方法；监测点的设置及现场工作；报告程序等。

可能的监测活动包括：对坍塌事故，主要工程本身和事故影响的工程周边环境的监测，对燃气泄漏事故，主要有气象条件、气体扩散范围和爆炸危险性等。

（6）警戒与治安

为保障现场应急救援工作的顺利开展，在事故现场周围建立警戒区域，实施交通管制，维护现场治安秩序是十分必要的，其目的是要防止与救援无关人员进入事故现场及其影响区域，保障救援队伍、物资运输和人群疏散等的交通畅通，并避免发生不必要的伤亡。此外，警戒与治安还应该协助发出警报、现场紧急疏散、人员清点、传达紧急信息、执行指挥机构的通告、协助事故调查等。对燃气等危险物质事故，必须列出警戒人员有关个体防护的准备。

（7）人群疏散与安置

人群疏散是减少人员伤亡扩大的关键，也是最彻底的应急响应。应当对疏散的紧急情况和决策、预防性疏散准备、疏散区域、疏散距离、疏散路线、疏散运输工具、安全蔽护场所以及回迁等作出细致的规定和准备，应考虑疏散人群的数量、所需要的时间和可利用的时间、风向（针对燃气泄漏而言）等条件变化以及老弱病残等特殊人群的疏散等问题。对已实施临时疏散的人群，要做好临时生活安置，保障必要的水、电、卫生等基本条件。

（8）医疗与卫生

对受伤人员采取及时有效的现场急救以及合理地转送医院进行治疗，是减少事故现场人员伤亡的关键。包括现场急救、伤员运送、治疗及健康监测，医疗人员必须了解施工主要危险对人员造成伤害的类型，并经过相应的培训，掌握治疗方法。值得强调的是，对伤者应就近送往医院，死亡及死因的认定应由正式的医院作出，并由负责医生签字。

（9）公共关系与媒体应对

基坑、隧道或高支模坍塌、建（构）筑物或大型机械倾覆、燃气泄漏、火灾爆炸等施工事故发生后，不可避免地会引起新闻媒体和公众的关注。应将有关事故的信息、影响、救援工作的进展等情况及时向媒体和公众进行统一发布，以消除公众的恐慌心理，控制谣言，避免公众的猜疑和不满。应明确信息发布的审核和批准程序，保证发布信息的统一性；指定新闻发言人，适时举行新闻发表会，准确发布事故信息，澄清事故传言；为公众咨询、接待与安抚受害人员家属做出安排。

（10）应急人员安全

城市地铁工程施工事故的应急救援工作不明因素多、危险性极大，必须对应急人员自身的安全问题进行周密的考虑，包括安全预防措施、个体防护等级、现场安全监测和新出现的事态变化处理等，明确应急人员的进出现场和紧急撤离的条件和程序，保证应急人员的安全。

在排险措施的确定和实施中，应达到以下基本要求：

1）认真研究确定在工程施工中可能出现的各种险情；

2）认真研究确定哪些险情是可以组织进行排除工作的，哪些是不应冒险去排除的；

3）认真研究确定与各类险情相适应的安全排险措施和紧急处置措施；

4）在排除险情时，应先撤离无关人员；

5）排险人员必须使用相应安全防护用品和采取严格的安全保护措施，并设专人负责对排险人员安全的监护工作；

6）按正确程序进行排险作业，避免引发新的险情；

7）一旦出现新的险情或事态发展（恶化），应立即停止排险作业和撤离作业人员。

表11.3是施工事故应急救援过程中可能出现的危及受困人员和应急抢险人员安全的风险。

事故应急救援的安全风险　　　　　　　　　　　表11.3

类　型	安　全　风　险
坍塌和倒塌	当发生各种坍塌和倒塌事故时，不仅造成在场人员随之坠落、被砸、被挤、被掩埋乃至失踪等危及人身安全的伤害，而且在清移坍塌堆集的土石方、结构件、损毁物品、建筑材料等废弃物和抢救人员时，存在着可能伤及待救人员的再次引发险情的危险。深基坑和隧道坍塌事故甚至会引发危及毗邻建筑（包括隧道上方或附近的施工用临时建筑）的更严重险情
电气事故	当发生重大的电气事故时，不仅造成人员触电、被困于电动设备（施）之中（上）等险情，而且事故因抢救工作造成的停电和恢复送电，也会引发其他险情
火灾事故	发生燃烧并呈发展蔓延之势时，不仅火灼、烟熏、缺氧、"封门"等正在伤害或威胁着被困人员的人身安全，而且还会出现建（构）筑物坍（倒）塌、爆炸等更大险情（当建筑（构）筑物被火烧时间超过其耐火极限时，强度下降而出现失稳）
燃气泄漏	地铁勘探作业、工程施工等容易引起地下燃气管线受损而泄漏。燃气一旦泄漏，就具有爆炸危险。如何防止燃气泄漏、扩散，遇到火源引发爆炸，或燃烧被扑灭后继续泄漏、扩散继而爆炸，是处理燃气泄漏事故的首要问题
起重事故	当发生起重吊装和安装事故时，不仅造成对作业人员和吊（安）装设备的伤害，而且会造成对工程的危害，并造成各种险情。如基坑边上的起重吊装或安装事故，可能引发支撑受撞击、脱落，甚至引发基坑变形、失稳、坍塌
中毒和窒息	在有毒或缺氧环境（常称为有限空间或密闭空间）中进行救援工作具有很大的危险性，如果不进行通风或抢险人员没有佩戴自给氧式防毒面具等防护用品而盲目施救，将危及自身安全，"前赴后继"，出现群死群伤
水淹事故	基坑或隧道发生水淹，用电设备因潮湿漏电或安装抢险用电设备不慎触电，基坑和隧道土体遇水后强度下降易产生滑坡、坍塌等

（11）工程抢险

施工事故发生后，抢险队伍采用工程技术措施，对基坑、隧道的变形、坍塌、涌水、涌砂和机械倒塌等事故、险情实施处置。涉及燃气等危险物质的泄漏、火灾事故，其消防和抢险工作专业性强，难度和危险性十分巨大。应对消防和抢险工作的组织、相关消防抢险设施、器材和物资、人员的培训、行动方案以及现场指挥等做好特别安排和准备。

4. 事后恢复与重建

现场恢复也可称为紧急恢复，是指事故受控后所进行的短期恢复，从应急过程来说意味着应急救援工作的结束，进入到另一个工作阶段，即将现场恢复到一个基本稳定的状态，并为长期恢复（恢复正常状态）提供指导和建议。

根据现场的监测结果以及技术专家组的论证结论,认为事态得到控制,影响得到消除的,由抢险指挥部总指挥宣布应急预案终止。应急救援协助单位陆续进行撤离和清理工作的交接,现场指挥部撤消。

抢险救灾工作结束后,参加救援的单位按各自的职能分工做好善后工作,协助保险公司开展事故损失评估、理赔工作,并对事故进行调查。

大量的经验教训表明,在现场恢复的过程中往往仍存在潜在的危险,如余烬复燃、受损建筑倒塌等。所以,应充分考虑现场恢复过程中可能的危险,现场清理和受影响区域仍需连续监测,直至恢复正常状态,避免出现二次事故的紧急情况。

在应急抢险结束后,建设单位应当组织设计、施工等单位制定工程恢复方案,必要时经专家论证后实施。同时,施工、建设等单位应针对实际情况的变化以及预案所暴露出的缺陷,不断地更新、完善和改进应急预案文件体系。

第三节 事故应急组织

应急管理的基本功能应有相应的组织来完成。

(一)应急组织体系

建设单位一般应建立地铁工程应急处置领导小组,并下设办公室;当建设单位受政府指派或施工单位委托实施应急抢险指挥时,应组织成立事故现场应急抢险指挥部,下设综合协调、安全保卫、应急监测、应急抢险、资源保障、技术专家、医疗救助和新闻信息等8个应急救援工作小组。如图11.2所示。

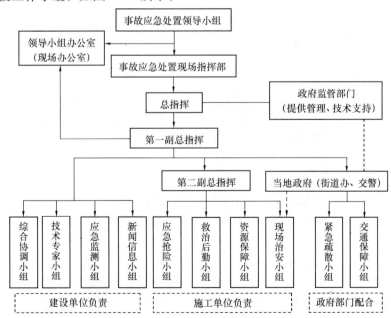

图11.2 建设单位应急组织体系

(二) 应急组织机构及其职责

1. 事故应急处置领导小组

建设单位负责人任组长，分管副总经理任副组长，成员由办公室、工程管理部门（项目管理公司）、安全质量部门、技术管理部门等部门的负责人担任。

应急处置领导小组是地铁工程施工安全事故应急处置体系最高决策的非常设机构。当地铁工程应急预案规定的事故发生后，应急处置领导小组转为现场应急处置指挥部，作为项目部施工事故应急处置的最高执行机构，组织、指挥生产经营突发事件的应急处置工作。其主要职责是：①研究、决定、部署地铁工程事故应对工作，建立和完善应急预警机制和应急预案，研究解决人、财、物等问题；②监督各参建单位事故应急处置体系的建设，检查其运行情况；③统一指挥事故施工单位请求处置、当地政府应急响应等级以下的事故的处置工作和由当地政府应急响应的事故的前期处置工作；④配合当地政府有关部门进行的事故的应急处置和调查处理。

2. 应急处置领导小组办公室

事故应急处置领导小组下设办公室，设在安全管理部门，主任由部门负责人担任，副主任由工程管理部门的负责人担任。

应急办公室作为应急领导小组的日常办事机构，主要职责是：①定期组织施工单位等参建单位开展应急预案演练，开展应急宣传教育工作，并根据情况的变化及时对预案进行修订；②检查、指导施工等单位和建设单位工程项目的应急工作；③协调有关部门参与应急处置；④负责与相邻单位建立应急处置机制。

3. 事故现场应急抢险指挥部

建设单位负责人担任总指挥，建设单位分管负责人或技术负责人担任第一副总指挥，直接指挥综合协调、技术专家、应急监测、新闻信息等工作小组，并通过当地政府部门、街道办组建应急疏散、交通保障等工作小组；施工单位负责人或技术负责人担任第二副总指挥，直接指挥应急抢险、救治后勤、资源保障、现场治安等工作小组。

4. 应急救援工作小组

（1）综合协调小组：由建设单位安全管理部门（或调度室）负责人任组长，施工单位安全管理部门负责人任副组长。其职责是：负责接警和通知、警报和紧急公告；了解、收集和上传下达有关信息，联络有关部门和单位，协调各工作组和各方面的应急处置工作，对现场应急抢险人员的安全进行监护。

（2）现场治安小组：由施工单位项目部负责安全保卫的负责人任组长。其职责是：先行组织保安及有关人员在事发前期对事故现场及周边地区和道路进行警戒、控制，必要时组织人员有序疏散，登记疏散人员和物资。

（3）应急监测小组：由监理单位项目部负责人担任组长、第三方监测单位项目部负责人任副组长。其职责是：负责组织现场出险范围、地质条件的探测和勘察；负责现场及毗邻区域的建（构）筑物、管线、支撑（加固）结构和地面的稳定性的监测，及时向应急指挥部汇报监测结果。

（4）应急抢险小组：由施工单位项目负责人牵头组建，组长宜由施工单位人员或地铁工程应急抢险专业队伍负责人担任。其职责是：组织应急抢险队开展现场应急抢险救援或配合当地政府、建设单位的专业应急抢险队伍的抢险救援工作。

（5）资源保障小组：由施工单位负责组建。其职责是：负责建立和维护、更新工程应急抢险物资信息数据库，明确装备的类型、数量、性能和限产存放位置；负责与场外单位联系救援抢险所需的特殊设备物资并及时调到现场。

（6）技术专家小组：由建设单位负责技术管理工作的部门牵头，总工程师兼任组长。其职责是：负责组建由勘察、设计、施工技术专家组成的抢险技术专家小组，制定应急救援技术方案，开展工程结构安全性评估，根据监测结果等评估事态发展，为抢险救援等工作提供技术支持。

（7）救治后勤小组：由施工单位负责组建，其职责是：负责与市医疗救护中心联系，做好受伤、中毒人员的紧急输送和救护工作，以及伤亡人员的善后工作。

（8）新闻信息小组：由建设单位负责党群工作的部门负责组建，其职责是：负责事故应急处置和抢险救援的新闻报道工作，在事件第一现场接待新闻媒体记者，视情向媒体提供新闻通稿，全程跟踪媒体报道，安排人员进行抢险工作的摄影。

（9）紧急疏散小组：由当地政府部门、街道办负责组建，成员包括施工单位、建设单位的相关人员。其职责是：组织居民等人员有序疏散，登记疏散人员和物资，为撤离居民提供生活、居住和出行条件。

（10）交通保障小组：由当地交警部门负责组建，成员包括施工单位相关人员。其职责是：对事故现场外围的交通路口实施定向、定时封锁，阻止外人进入；对事故现场周围的交通秩序进行重新组织和安排，防止交通拥堵；指挥、调度撤出危害区的人员与车辆顺利地通过通道，确保应急救援队伍、技术专家和设备、物资及时赶赴现场（必要时开道）。

第四节 事故报告与调查处理

事故报告与调查处理是政策性很强的一项工作，报告必须及时、客观、真实，不得迟报、谎报、瞒报、漏报；调查处理必须坚持实事求是、尊重科学、依靠科技、公正独立和"四不放过"的原则，及时、准确地查清事故经过、事故原因和事故损失，查明事故性质，依法认定事故责任，总结事故教训，提出整改措施，并对事故责任者依法追究责任。做到事故原因分析不清楚不放过，事故责任者和群众没有受到教育不放过，没有采取防范措施不放过，事故责任者没有受到处理不放过。

（一）事故定义与分级

1. 事故定义

生产安全事故是指人们在生产经营活动（如施工）过程中，突然发生的伤害人体、损坏财物、影响生产经营活动正常进行的意外事件。生产安全事故的后果可能是人员伤亡和经济损失。

2. 事故分级

根据国务院第 493 号令《生产安全事故报告和调查处理条例》，生产安全事故分为特别重大、重大、较大和一般生产安全事故。施工安全事故分级标准见表 11.4。一次事故伤亡人数的统计时间为自事故发生之日起 30 日内（道路交通事故、火灾事故自发生之日起 7 日内）。

施工安全事故分级及调查组织　　　　　　　　　　　　　　　表 11.4

事故等级	分级标准	调查组织
一般事故	造成 3 人以下死亡，或者 10 人以下重伤（包括急性工业中毒，下同），或者 1000 万元以下 100 万以上直接经济损失的事故	事故发生地县级人民政府或其授权或者委托的部门
较大事故	造成 3 人以上 10 人以下死亡，或者 10 人以上 50 人以下重伤，或者 1000 万元以上 5000 万元以下直接经济损失的事故	设区的市级人民政府或其授权或者委托的部门
重大事故	指造成 10 人以上 30 人以下死亡，或者 50 人以上 100 人以下重伤，或者 5000 万元以上 1 亿元以下直接经济损失的事故	省级人民政府或其授权或者委托的部门
特别重大事故	指造成 30 人以上死亡，或者 100 人以上重伤，或者 1 亿元以上直接经济损失的事故	国务院或者国务院授权有关部门组织

注：上级人民政府认为必要时，可以调查由下级人民政府负责调查的事故；自事故发生之日起 30 日内（道路交通事故、火灾事故自发生之日起 7 日内），因事故伤亡人数变化导致事故等级发生变化，应当由上级人民政府负责调查的，上级人民政府可以另行组织事故调查组进行调查。

（二）事故的报告

事故造成人员重伤或死亡，或者直接经济损失在 100 万元以上，即属于一般或以上级别的事故，施工单位负责人应当在接到报告后 1 小时内，向事故发生地的区县级以上人民政府安全生产监督管理部门和建设主管部门报告（情况紧急时，事故现场有关人员可以直接向安全生产监督管理部门和建设主管部门报告）。

事故报告应当做到及时、客观、真实，不得迟报、谎报、瞒报、漏报，否则施工单位及其负责人、直接主管人员要承担法律责任。建设单位应督促施工单位及时、真实地报告生产安全事故。

（三）事故调查的组织

生产安全事故调查实行分级负责，特别重大事故由国务院或者国务院授权有关部门组织，重大事故、较大事故和一般事故分别由事故发生地的省级、设区的市级和县级人民政府或其授权或者委托的部门组织。其中，未造成人员伤亡的一般事故，可以委托事故发生单位组织调查。

根据事故的具体情况,事故调查组由有关人民政府、安全生产监督管理部门、负有安全生产监督管理职责的有关部门、监察机关、公安机关以及工会派人组成,并邀请人民检察院派人参加。事故调查组可以聘请有关专家参与调查。

事故调查组应当自事故发生之日起 60 日内向本级人民政府提交事故调查报告;特殊情况下,经负责事故调查的人民政府批准,提交事故调查报告的期限可以适当延长,但延长的期限最长不超过 60 日。

国务院安委会对由省级人民政府组织的重大事故调查处理、部分省安委办对设区的市级人民政府组织的较大事故调查处理,实行挂牌督办。

(四) 事故调查与分析

事故调查任务是掌握整个事故发生过程、原因和人员伤亡与经济损失情况,主要工作是现场勘察收集物证、询问证人收集资料,必要时进行事故鉴定或模拟试验。事故分析是根据调查结果,分析事故的直接原因、间接原因和深层次原因、主要原因,制定预防措施。直接原因从人的不安全行为和物的不安全状态等两方面分析,间接原因分析就是分析导致人的不行为、物的不安全状态,以及人、物、环境之间失调得以产生的原因,深层次原因包括工期、造价不合理和建设单位履约管理、其他参建方配合的不到位等。事故调查分析的理论依据就是事故致因理论。

(五) 事故的人员处理

事故的人员处理非常敏感,政策性很强,应做到积极、稳妥、有序,避免矛盾激化,确保稳定。事故的人员处理包括事故的善后处理和对事故责任者的责任追究。

1. 事故的善后处理

在事故处理中,稳定压倒一切,要把事故处理作为维护社会政治稳定的一项政治任务来完成。要按照《工伤保险条例》规定,及时对伤残者或者死亡者家属给予工伤保险补偿。其中,对因生产安全事故造成的职工死亡,其一次性工亡补助金标准为全国上一年度城镇居民人均可支配收入的 20 倍。

2. 事故的责任追究

在违反法律、法规的行为发生后,由执法机关按照法定的性质、范围、程度、期限和方式追究违法者(单位和个人)的责任,法律责任分为行政责任、民事责任和刑事责任。

(1) 行政责任。行政责任是指行为人因违反行政管理法规所应承担的法律责任。对事故的责任单位除警告、通报批评、限期改正外,可以给予的行政处罚种类包括责令停业整顿,暂扣或吊销安全生产许可证、降低资质等级或吊销资质证书、吊销营业执照;罚款、没收非法所得。对负有事故责任的注册执业资格人员给予的行政处罚包括罚款、停止执业或吊销其注册执业资格证书的处罚。

(2) 民事责任。民事责任是指行为人违反自己的民事义务或侵犯他人的民事权利所应承担的法律责任。因生产安全事故受到损害的从业人员,其人身伤害的赔偿要求按照《工伤保险条例》的规定处理,其他损失依照有关民事法律尚有获得赔偿权利的,有权向负有责任的单位或责任人提出赔偿要求。此外，总承包单位和分包单位对分包工程的安全生产承担连带责任。

（3）刑事责任。刑事责任是指行为人实施了刑事违法行为所应承担的法律责任。构成犯罪是追究刑事责任的前提，违反安全生产法律法规的行为是否构成犯罪，应依据《刑法》确定。表11.5列出了建设单位因违反法律、行政法规的行为而应承担的法律责任，但未包括工程所在地的地方（特区、自治区）法规规定的法律责任。

建设单位（生产经营单位）违法行为的法律责任　　　表11.5

	违 法 行 为	法 律 责 任	条 款
1	生产经营单位有下列行为之一的： （一）未按照规定设立安全生产管理机构或者配备安全生产管理人员的； （二）未对从业人员进行安全生产教育和培训，或者未如实告知从业人员有关的安全生产事项的	责令限期改正；逾期未改正的，责令停产停业整顿，可以并处二万元以下的罚款。	《安全生产法》第82条
2	生产经营单位未为从业人员提供符合国家标准或者行业标准的劳动防护用品的	责令限期改正；逾期未改正的，责令停止建设或者停产停业整顿，可以并处五万元以下的罚款；造成严重后果，构成犯罪的，依照刑法有关规定追究刑事责任。	《安全生产法》第83条
3	建设单位未取得施工许可证或者开工报告未经批准擅自施工的	责令停止施工，限期改正，处工程合同价款百分之一以上百分之二以下的罚款	《建设工程质量管理条例》第57条
4	生产经营单位将生产经营项目、场所、设备发包或者出租给不具备安全生产条件或者相应资质的单位或者个人的	责令限期改正，没收违法所得；违法所得五万元以上的，并处违法所得一倍以上五倍以下的罚款；没有违法所得或者违法所得不足五万元的，单处或者并处一万元以上五万元以下的罚款；导致发生生产安全事故给他人造成损害的，与承包方、承租方承担连带赔偿责任。	《安全生产法》第86条
5	建设单位将建设工程发包给不具有相应资质等级的勘察、设计、施工单位或者委托给不具有相应资质等级的工程监理单位的	责令改正，处50万元以上100万元以下的罚款。	《建设工程质量管理条例》第54条
6	生产经营单位未与承包单位签订专门的安全生产管理协议或者未在承包合同中明确各自的安全生产管理职责，或者未对承包单位的安全生产统一协调、管理的	责令限期改正；逾期未改正的，责令停产停业整顿。	《安全生产法》第86条

续表

	违 法 行 为	法 律 责 任	条 款
7	建设单位有下列行为之一的： （一）迫使承包方以低于成本的价格竞标的； （二）任意压缩合理工期的； （三）明示或者暗示设计单位或者施工单位违反工程建设强制性标准，降低工程质量的； （四）施工图设计文件未经审查或者审查不合格，擅自施工的； （五）建设项目必须实行工程监理而未实行工程监理的； （六）未按照国家规定办理工程质量监督手续的； （七）明示或者暗示施工单位使用不合格的建筑材料、建筑构配件和设备的	责令改正，处20万元以上50万元以下的罚款。	《建设工程质量管理条例》第55条
8	建设单位有下列行为之一的： （一）对勘察、设计、施工、工程监理等单位提出不符合安全生产法律、法规和强制性标准规定的要求的； （二）要求施工单位压缩合同约定的工期的； （三）将拆除工程发包给不具有相应资质等级的施工单位的。	责令限期改正，处20万元以上50万元以下的罚款；造成重大安全事故，构成犯罪的，对直接责任人员，依照刑法有关规定追究刑事责任；造成损失的，依法承担赔偿责任	《建设工程安全生产管理条例》第55条
9	建设单位未提供建设工程安全生产作业环境及安全施工措施所需费用的	责令限期改正；逾期未改正的，责令该建设工程停止施工	《建设工程安全生产管理条例》第54条
10	建设单位未将保证安全施工的措施或者拆除工程的有关资料报送有关部门备案的	责令限期改正，给予警告	
11	建设单位、设计单位、施工单位、工程监理单位违反国家规定，降低工程质量标准，造成重大安全事故的（工程重大安全事故罪）	对直接责任人员处五年以下有期徒刑或者拘役，并处罚金；后果特别严重的，处五年以上十年以下有期徒刑，并处罚金	《刑法》第137条
12	在生产、作业中违反有关安全管理的规定，因而发生重大伤亡事故或者造成其他严重后果的（重大责任事故罪）	处三年以下有期徒刑或者拘役；情节特别恶劣的，处三年以上七年以下有期徒刑	《刑法》第134条
13	强令他人违章冒险作业，因而发生重大伤亡事故或者造成其他严重后果的（强令违章冒险作业罪）	处五年以下有期徒刑或者拘役；情节特别恶劣的，处五年以上有期徒刑。	

续表

	违 法 行 为	法 律 责 任	条 款
14	国家机关工作人员滥用职权或者玩忽职守,致使公共财产、国家和人民利益遭受重大损失的(滥用职权罪;玩忽职守罪)	处三年以下有期徒刑或者拘役;情节特别严重的,处三年以上七年以下有期徒刑。本法另有规定的,依照规定	《刑法》第397条
15	国家机关工作人员徇私舞弊,犯前款罪的(滥用职权罪;玩忽职守罪)	处五年以下有期徒刑或者拘役;情节特别严重的,处五年以上十年以下有期徒刑。本法另有规定的,依照规定	

2012年12月19日《最高人民法院、最高人民检察院关于办理渎职刑事案件适用法律若干问题的解释》摘录

第一条 国家机关工作人员滥用职权或者玩忽职守,具有下列情形之一的,应当认定为刑法第三百九十七条规定的"致使公共财产、国家和人民利益遭受重大损失":

(一)造成死亡1人以上,或者重伤3人以上,或者轻伤9人以上,或者重伤2人、轻伤3人以上,或者重伤1人、轻伤6人以上的;

(二)造成经济损失30万元以上的;

(三)造成恶劣社会影响的;

(四)其他致使公共财产、国家和人民利益遭受重大损失的情形。

具有下列情形之一的,应当认定为刑法第三百九十七条规定的"情节特别严重":

(一)造成伤亡达到前款第(一)项规定人数3倍以上的;

(二)造成经济损失150万元以上的;

(三)造成前款规定的损失后果,不报、迟报、谎报或者授意、指使、强令他人不报、迟报、谎报事故情况,致使损失后果持续、扩大或者抢救工作延误的;

(四)造成特别恶劣社会影响的;

(五)其他特别严重的情节。

第七条 依法或者受委托行使国家行政管理职权的公司、企业、事业单位的工作人员,在行使行政管理职权时滥用职权或者玩忽职守,构成犯罪的,应当依照《全国人民代表大会常务委员会关于〈中华人民共和国刑法〉第九章渎职罪主体适用问题的解释》的规定,适用渎职罪的规定追究刑事责任。

事故责任单位接到事故调查报告书批复的处理决定后,要向群众宣布调查处理的结果,按照批复的处理决定对事故责任者进行处理并落实整改措施。在对责任者进行处理的同时,要注意做好思想工作,使责任者真正从思想上认识到自己的错误。

(六)关于建设单位组织的事故调查

1. 建设单位是建设工程安全生产责任主体之一。发生安全生产事故后,建设单位应积极、主动配合、协助政府组织的事故调查,全面、如实地提供相关资料和证据,并认真、全面落实事故调查报告提出的涉及建设单位的人员处理意见和整改措施,依据内部规章制度对负有责任的人员进行处理的意见,依据合同对责任单位进行违约处理。

2. 建设单位可以组织事故、重大险情的根源分析,除了对有关管理失误的内部人员和责任单位进行处罚外,更主要目的应是寻找事故的真正原因,更深入、全面分析导致事故的系统原因(整个工程系统管理的原因)。不少事故、险情与工期、造价不合理是有一定直接或间接关系的。

3. 建设单位应定期对工程发生的各类事故、险情进行汇总、分析,找出事故、险情发生的规律性,采取有针对性的防范措施。同时,建设单位应建立一种鼓励施工、监理单

位和作业人员主动报告隐患、报告险情的工程安全文化。同时，要把握好责任追究与原因探究之间的关系。对一些险情，过多地强调"四不放过"，一味强调对责任单位、责任人员的责任追究，反而不利于查清真正原因从而制定正确措施，也将损害险情主动报告的安全文化。

第五节 典型事故应急技术要点

针对地铁施工中一些发生频率较高的事故，本节给出了应急技术要点。建设单位、施工单位可根据这些要点编制相应的应急预案，以便事故发生时做到反应迅速、措施有效，使事故后果降至最低程度。

无论什么险情、事故，当其发生时，都应采取下列基本措施：
（1）现场人员应及时发出报警信号，积极组织自救；
（2）立即组织现场人员以及可能受到影响的周边单位和社区的人员疏散；
（3）会同交警部门对受影响的周边道路进行调整和应急抢险交通疏解；
（4）正确判断险情的发展趋势和发展速度，在确保抢险人员安全的前提下方可进行抢险，切不可盲目抢险。并在抢险过程中，安排专人进行安全监控。一旦出现危及抢险人员安全的征兆时，应果断撤离。

同时，要针对不同类型的坍塌，采取相应的技术处置措施。

（一）塌方事故应急技术要点

无论是基坑坍塌还是隧道坍塌，都要综合考虑其对工程安全、作业人员包括抢险人员安全的影响和对工程周边环境、周边居民安全的影响。

当周边管线受到影响时，通知相关管线单位和监测单位，根据受影响程度进行管线监测、迁改等处置。

当有人员被掩埋或失踪时，必要时借助生命探测仪迅速确认生存状况和位置，开辟救援的工作面和通道，移开或吊运阻碍救援的大、重物件，清除和支顶稳固救援工作面（或通道）上的危险物。采用安全的方法救出遇险和受伤人员及抬出遇难者，对被救出人员在现场作必要的急救处理后，送往医院救治。

1. 明挖基坑坍塌

（1）基坑坍塌应急处置的基本措施是回填土方（水）和增设支撑。
1）基坑纵坡发生险情时：用砂袋填满坡面以下支撑与支撑之间、支撑与开挖土体之间的空隙，防止纵坡失稳时基坑被塌方土体剪切破坏。
2）基坑发生坑底隆起时：及时进行回填（对大型基坑回填土方或素混凝土，对小型基坑可灌水）。
3）基坑发生支撑失稳：对基坑（坍塌处）回填土或素混凝土；当判断失稳是围护结构背后土体流失所致的，在围护结构背后土体流失处填充砂或混凝土。在条件具备并确保安全前提下在支撑变形大的位置加设支撑，对松弛的支撑复加预应力。
4）基坑发生承压水突涌时：加大降水，及时进行基坑回填（对大型基坑回填土方或素混凝土,对小型基坑可灌水)。

(2) 重构防水、排水系统,必要时对坍塌部位喷射混凝土覆盖,防止地面水或雨水进入坍塌区域软化塌方土体,引起连续塌方。

(3) 用高压旋喷桩或钢板桩对附近的道路进行加固,确保交通道路安全。

(4) 发现周边建筑物开裂、倾斜等情况时,在具备条件和不危及人员安全的前提下,对建筑物进行支撑、注浆等加固措施,以确保建筑物的安全,将损失降到最低。

2. 暗挖隧道塌方

(1) 暗挖隧道内一般塌方

1) 塌方段有渗流水时,埋设 PVC 管或其他材质的管子,把水引流至排水沟处,以防止水软化塌方土体,引起连续塌方;

2) 用方木、工字钢、钢管支撑塌方掌子面,并及时挂网喷射混凝土,封闭塌方土体;对距离掌子面 5 米范围内的初期支护用工字钢支撑进行加固;

3) 沿塌方深度方向安装钢筋网片,分层安装,分层喷射混凝土,直至喷平塌方凹处;

4) 在塌方范围内进行超前小导管注浆,确保塌方段支护后面的土体密实(打设小导管时应注意避开地下管线);

5) 塌方处理完成后加强塌方处的监测,每天观测频率 3 次以上并及时上报监测情况,当地层变形稳定后方可继续施工;

6) 后续施工中,需对塌方范围内的初期支护采用密排格栅进行加固。

(2) 暗挖隧道内重大塌方

待塌方稳定后,采取如下措施:

1) 如塌方段有渗水,采用 PVC 管等管子对渗水进行引流处理,防止渗水软化塌方土体,引起连续塌方事故;

2) 用方木、工字钢等支撑塌方掌子面,及时挂网喷射混凝土封闭塌方土体,并对距离掌子面 10m 范围内的初期支护采用工字钢支撑进行加固;

3) 喷射混凝土封闭后再塌方段径向打设注浆小导管并及时注浆加固。

属于严重坍塌时,清理塌方,安装密排工字钢拱架;立底模,浇筑混凝土;并预埋注浆小导管,小导管直径和长度随塌方情况调整。浇筑的混凝土达到设计强度后进行墙后注浆,浆液为水泥砂浆,浆液要完全注满塌方空洞后方可停止注浆。

如坍塌对路面、管线及周边建筑物造成影响,应立即对受影响的燃气、供水、供热等地下管线采取停止运营、导流等措施防止产生更大灾害;对现场采取回填处理并对回填区进行注浆加固,对受影响的建(构)筑物、管线架设临时支撑,防止建(构)筑物、管线受到(继续)破坏。

(二) 涌水涌砂应急技术要点

1. 明挖基坑内涌水(砂)

针对渗水、涌水(砂)的不同程度,采取相应措施:

(1) 在渗漏初期,以"堵"为主,可利用方木楔将装有吸水树脂的内衬袋打入桩间;

(2) 渗漏水较大时，采用钢管或注浆管进行引排，用棉被与吸水树脂袋封堵渗漏处；

(3) 涌水（砂）较小时，用砂袋压住涌水（砂）处，从地面上在涌水（砂）两桩之间进行双液注浆（或单管旋喷）；

(4) 涌水（砂）较大时，可在基坑漏水点附近围护结构背后 8～10m 范围内打设咬合钢板桩，实现对漏水点、涌砂、涌水封堵，然后在漏水点处在进行单管旋喷，重新形成止水帷幕。

(5) 当基坑涌水是由于市政供排水管线断裂引起时，最有效方法是请求当地水务部门在管线上游进行抽排减压、关阀或在检修井处封堵，也可考虑在管内加设 PVC 衬套或 CIPP 翻转内衬，并结合在断管处开挖后进行接管。

(6) 当基坑涌水（砂）仅对基坑本身产生影响时，也可采用往基坑内灌水（或由市政供排水灌满基坑）方法。

2. 暗挖隧道内涌水（砂）

(1) 出现开挖掌子面或隧道上方涌水、涌砂时，隧道内其他掌子面立即停止作业，所有人员立即撤至竖井外。

(2) 接通泥浆泵，进行抽排水；

(3) 当判断抢险人员安全能够得到保证后，对掌子面挂网、喷射混凝土，及时架设格栅，对坍体进行封堵和反压；

(4) 从封堵墙位置打设超前大管棚，注入水泥水玻璃双液浆加固周围土体。

(5) 如果隧道冒顶到地面，采用片石混凝土或碎石土分层夯实，从地面对塌陷处进行回填，回填至地面处平整顺畅，并做好地面排水，防止雨水进入塌陷处。

(6) 当涌水（砂）得到控制，隧道重新处于相对稳定后，破除封堵墙的上台阶，开挖隧道上台阶部分，架设格栅钢架，形成初期支护。如果仍有塌方、涌水、涌泥等现象，则需打设超前小导管进行超前预注浆，再按照隧道正常掘进方法进行掘进，开挖后紧跟支护。

当隧道涌水是由于市政供排水管线断裂引起时，有效方法是请求当地水务部门在管线上游进行抽排减压、关阀或在检修井处封堵，也可结合在断管处开挖后进行接管。

（三）燃气管道泄漏应急技术要点

1. 因燃气管线埋深较浅，当管线沉降值超过控制值或燃气泄漏后，立即停止施工并通知监理、业主、设计、燃气公司进行抢险。

2. 燃气公司关闭出险管段两端的气阀，并采取控制燃烧方式排放出险管段内的余气。

3. 立即派人进行开挖，露出燃气管，并采取悬吊的方法阻止燃气管继续下沉，或由燃气公司制定抢险措施，施工单位配合抢险。

需要注意的是，燃气泄漏的抢险救援工作的技术难度大，存在随时爆炸的风险。当泄漏后短时内着火，可形成稳定的扩散燃烧时，要避免盲目灭火。决定是否灭火的原则是灭火后能否堵漏或关闭阀门。如果灭火后仍不能及时关闭阀门或成功堵漏，泄漏仍继续，气体将不断扩散，万一遇到火源（火星、高温热源、摩擦、电火花等），会形成大范围的爆炸，造成人员伤亡和财产损失。在一定条件下，当判断泄漏扩散将会引起更严重灾害性后果（如爆炸）时，可使用主动点火方法。当然，主动点火存在风险（包括责任风险），需要谨慎、全面考虑。

（四）高坠及物体打击事故应急要点

1. 当发生高空坠落或物体打击时，在通知相关负责人和拨打120联系当地急救中心的同时，应组织现场急救工作。首先停止周边其他的作业，清除伤员周围现有危险和可能发生的危险因素，尽可能地将伤员脱离危险区域并平移至安全地点。在移动过程中应使用担架或木板，尽量不大幅度地搬动伤员。

2. 在等待医务救护人员来之前，应至少有2~3位专人对受伤人员进行监护，使伤员少说话保持体力。根据不同伤情，采取相应措施：若伤员出现休克状况，必须立即用拇指掐伤员的人中穴，严禁给受伤人员喝水；若伤员出现窒息或出现昏迷，要保持其呼吸道畅通，应及时解除呼吸道梗塞和呼吸机能障碍，如解开伤员衣领，消除伤员口鼻、咽、喉部的异物、血块、分泌物、呕吐物等；若伤员出血，包扎伤口，材料就地取材，可用加压包扎、上止血带或指压止血等；若伤员有骨折、关节伤、肢体挤压伤、大块软组织伤，要进行简易固定；若伤员有断肢情况发生，应尽量先用干布包裹，再转送医院。注意摔伤及骨折部位的保护，避免不正确的抬运，使骨折错位而造成二次伤害。例如，对怀疑脊柱骨折的，切忌一人抱胸、一人抱腿搬运；伤员上下担架应由3~4人分别抱住头、胸、臀、腿，保持动作一致平稳，避免脊柱弯曲扭动加重伤情。

3. 记录伤情，现场救护人员应在抢救同时记录伤员的受伤部位、受伤程度等第一手资料。

4. 伤员送到医院后，要立即进行腹部内伤检查（不论是否有外伤），同时对脑部受到挤压、碰撞者，进行大脑CT检查。伤者要住院或在家休息观察几天。

（五）触电事故应急要点

1. 迅速断电。发现有人触电后，要迅速使触电者脱离触电状态。立即拉下电闸，切断电源，或用不导电的竹、木棍将导电体与触电者分开。在未切断电源或触电者未脱离电源时，切不可触摸触电者。

2. 呼叫医院。尽快呼叫专业医生或向有关医疗单位求援，但切忌对触电者进行背、抱、抬等可能加速触电者死亡的搬运。

3. 现场急救。触电者都处于"假死"状态，5分钟内是抢救触电者的黄金时间。因此，任何在事故现场的人员，都有责任就地、迅速、正确、不间断地抢救。只有医务人员判定触电者已经死亡，才能停止抢救。

抢救触电者生命的基本措施是通畅气道、心肺复苏（人工呼吸和胸外按压）。

（1）通畅气道：使触电者就近平躺于地上，迅速解开其领扣、围巾、紧身衣和裤带，清除口中异物，采用仰头抬颔法通畅气道。

（2）心肺复苏：对呼吸和心跳停止者，应立即就地口对口的人工呼吸和心脏胸外挤压，直至呼吸和心跳恢复为止。有条件时直接给予氧气吸入更佳。

施工单位项目部应请急救中心专业医师对管理人员、工班组长和专职医务人员进行触电急救等专业培训。

(六)中毒或窒息事故应急救援要点

在隧道、人工挖孔桩、盾构机仓、下水道、污水池等有限空间内作业过程发生人员昏厥现象,在排除触电后,首先应考虑到很有可能是中毒或缺氧窒息。此类事故的应急原则是切莫盲目施救,应急救援要点是:

1. 发生事故后,现场安全监护人或其他人员应当及时呼救及拨打119、120;

2. 施救人员采取切实有效的防护措施(例如穿戴防护服、戴上自给氧防毒面具或呼吸器),或向有限空间内通风并经检测氧气、有毒气体浓度达到安全标准后,方可入内施救,将伤者脱离现场。

3. 将伤者脱离现场至空气新鲜处后,对呼吸和心跳停止者,应立即就地进行口对口的人工呼吸和心脏胸外挤压,直至呼吸和心跳恢复为止。有条件时直接给予氧气吸入更佳。

4. 在未确定空间内没有可燃气体前,施救过程中严防火源(包括非防爆电器设备)。

附录 城市轨道交通工程建设单位质量安全检查评分表

单位名称：

序号	检查项目	检查内容与评分标准	标准分数	扣减分数	实得分数
1	安全质量管理机构、人员	未设置安全质量管理机构，扣3分 未配备安全质量专职管理人员，扣3分 专职管理人员配备数量与建设规模、管理职责、管理要求不相适应，扣2分 专职管理人员专业不配套，扣1~2分	3		
2	安全质量责任制	未建立安全质量责任制，扣4分 法律、法规、规章、规范性文件规定的建设单位安全质量责任未在责任制中落实，扣4分 各级、各部门、各岗位安全质量责任不明确，内容不完整，扣2~4分 未建立或未落实考核、奖惩机制，扣2~4分	4		
3	安全质量管理制度与企业标准	未制定安全质量管理制度，扣4分 未制定安全质量企业标准，扣2~3分 制度内容不符合相关法律、法规、规章、规范性文件的规定，扣4分 安全质量管理制度不健全，不能满足工程建设管理需要，扣2~3分 制度内容不完整，针对性、可操作性不强，扣2~3分	4		
4	安全质量会议制度	未建立安全质量会议（例会、专题会、年度工作会等）制度，扣3分 未落实安全质量会议制度，扣2~3分 会议记录不详，扣1~2分	3		
5	安全质量教育培训	未对新员工进行岗前安全质量教育培训，扣3分 未定期组织开展安全质量宣传、教育培训活动，扣3分 安全质量宣传、教育培训工作无计划或计划未完全落实，扣2~3分 培训学时少于规定，扣2~3分 安全质量宣传、教育培训内容与工程实际脱节，扣2~3分 未建立员工培训档案或培训档案不完整，扣1~2分	3		
6	工期造价	迫使勘察、设计、施工、监理、监测等单位低于成本价竞标，扣4分 存在压缩合同约定工期情况，扣4分 因拆、改、移、工程变更等非施工单位原因影响，造成实际工期明显少于合同约定工期，扣4分	4		

续表

序号	检查项目	检查内容与评分标准	标准分数	扣减分数	实得分数
7	参建各方主体资质和人员资格审查	参建单位主体资质不符合规定，扣4分 施工单位未获得安全生产许可证，或投标时安全生产许可证被暂扣，扣4分 勘察、设计、施工、监理、监测、检测以及其他有关单位的项目负责人、项目技术负责人资格不符合规定，扣4分 施工单位项目经理、专职安全员未获得安全生产考核合格证书，扣4分 未建立管理台账，或台账与实际情况不符，扣1～2分	4		
8	组织工程周边环境调查与现状评估	未组织开展工程周边环境调查，扣4分 未根据设计要求或工程实际需要组织现状评估，扣4分 未将现状评估报告提供给设计、施工、监理、监测等单位，扣4分 现状评估报告不能满足设计、施工需要，扣4分	4		
9	提供工程基础资料	未按规定向勘察、设计、施工、监理、监测等单位提供基础资料，扣4分 所提供的资料不真实，扣4分 所提供的资料不准确或不完整，未及时组织补充完善，扣4分 无资料移交记录，扣3分 资料移交记录不齐全，移交手续不完整，扣1～2分	4		
10	委托专项勘察、设计	对特殊地质条件未委托进行专项勘察，扣4分 工程设计、施工条件发生变化时，未及时委托进行补充勘察，扣4分 对高风险工程未组织开展专项设计，扣4分	4		
11	施工图审查	未及时办理详细勘察文件或施工图设计文件审查，扣4分 原设计有重大修改、变动未重新报审，扣4分 施工图设计文件审查单位不具备规定资质，扣4分	4		
12	组织勘察、设计交底	未组织勘察、设计交底，扣4分 未组织施工图会审，扣4分 未形成交底记录、会审意见，扣4分 勘察、设计交底记录不详，或没有各方签字，扣2～3分	4		
13	组织管线交底	未组织管线现场交底，扣4分 现场交底记录不详，签字手续不全，扣2～3分	4		
14	提供施工场地	场地、水、电、交通条件不能满足施工要求，扣4分 "拆、改、移"不到位，危及施工安全或工程周边环境安全，扣4分	4		

附录　城市轨道交通工程建设单位质量安全检查评分表

续表

序号	检查项目	检查内容与评分标准	标准分数	扣减分数	实得分数
15	支付工程款及安全措施费	合同中未明确安全措施费预付、支付计划、使用要求及调整方式，扣4分 未按合同约定及时拨付工程款，扣4分 未按合同约定及时拨付安全措施费用，扣4分 未建立支付台账，扣1～3分	4		
16	办理质量安全监督手续	未按规定办理施工许可手续，扣4分 未按规定办理质量监督手续，扣4分 未按规定办理安全监督手续，扣4分	4		
17	安全质量风险管理	未开展安全质量风险评估或评估与工程安全质量控制要求脱节，扣4分。 未形成安全质量风险评估报告，扣4分 安全质量风险评估未经专家论证，扣4分 报审的初步设计文件没有风险评估报告，扣4分 未实施风险工程分级管理，扣4分 没有风险应对措施或措施未得到有效实施，扣4分 安全质量风险管理体系不健全或未制定安全质量风险管理办法，扣3分 风险控制指标体系不健全，扣1～3分 未建立风险工程档案，扣扣1～3分 未按规定执行安全设施"三同时"制度，扣4分	4		
18	委托第三方监测、质量检测	未按规定委托并组织开展第三方监测，扣4分 未按规定委托质量检测，扣4分 第三方监测或质量检测单位的资质不符合规定，扣4分 第三方监测、检测单位与所监测、检测工程的施工单位存在隶属关系或者其他利害关系，扣4分 对第三方监测和质量检测单位反馈的信息处理不及时，扣2～3分 未组织审查第三方监测方案，扣3分 未建立相应管理制度，扣2～4分	4		
19	安全质量履约管理与现场检查	工程合同未规定双方安全质量责任或不符合法律、法规、规章、规范性文件的相关规定，扣4分 工程合同中双方安全质量责任不明确、不清晰，内容存在缺陷，未明确安全质量违约责任，扣3～4分 未定期组织安全质量履约考核检查，扣4分 未组织或很少组织安全质量日常检查、隐患排查，扣4分 在履约考核、日常检查、隐患排查中，对发现的安全隐患、质量缺陷没有明确处理意见，扣3分 未组织整改复查或整改复查不及时、不到位，扣2～3分 检查工作不规范，检查无计划或对安全隐患、质量缺陷没有处理标准，扣2分 未建立安全质量检查记录或隐患档案，扣2分	4		

续表

序号	检查项目	检查内容与评分标准	标准分数	扣减分数	实得分数
20	现场协调管理	对两个以上施工单位在同一施工场地内同时作业未进行协调管理或协调管理不到位，现场杂乱无序，扣4分 未督促施工单位双方签订安全管理协议或协议未明确各自安全质量责任和措施，扣4分 未设置现场协调组织机构、现场协调负责人，扣3分 未组织制订车站、轨行区等多方共同作业区管理办法（包括现场照明、安全防护设施、消防安全管理办法，轨行区运输、施工管理办法，轨行区送电管理办法，车辆和设备调试管理办法等），扣3~4分 未及时组织现场交底、交接，扣2~3分 未建立现场协调工作会议制度或制度未落实，扣1~2分	4		
21	应急预案编制与应急演练	未编制工程安全质量事故应急预案，扣4分 应急预案不规范，缺乏针对性和可操作性，扣3~4分 应急预案未经专家论证，扣3分 应急预案未报工程所在地建设主管部门备案，扣3分 应急协调联动机制不健全，与相关预案不衔接，扣2~3分 未组织演练或组织演练次数过少，扣3~4分 演练不具有针对性，扣2分	4		
22	预警与响应	未制定预警响应管理办法，扣4分 未建立预警响应机制，扣4分 未建立预警指标，扣4分 预警响应不及时，扣4分 预警响应机制不健全、不完善，相关主体责任不明确，扣2~3分 预警处置资料不完整，扣2~3分	4		
23	安全质量事故处理	未规定事故报告程序，扣4分 应急、抢险结束后未组织制定工程恢复方案，扣4分 未组织事故分析，扣4分 未建立事故统计台账，未建立事故档案，扣2~4分 事故档案不健全，扣1~2分	4		
24	竣工验收	未经不载客试运行调试三个月便投入运营使用，扣4分 未经竣工验收便投入运营使用，扣4分 未办理验收备案手续，扣4分	4		
25	建设项目档案管理	未及时建立项目档案，扣3分 未建立资料档案管理制度，扣3分 文件资料收集、整理不及时，资料管理不规范，扣1~2分	3		

附录 城市轨道交通工程建设单位质量安全检查评分表

续表

序号	检查项目	检查内容与评分标准	标准分数	扣减分数	实得分数
26	违规行为	存在违章指挥情况，扣4分 存在明示或者暗示参建单位违反建设工程安全质量法律、法规和强制性标准行为，扣4分 存在明示或者暗示施工单位使用不合格的建筑材料、建筑构配件和设备、设施、机具、用具、器材等行为，扣4分 存在其他违规行为，扣4分	4		
	合计分数		100		

评价意见：

检查人员： 检查日期：

说明：1. 检查评分表满分100分；
2. 每项扣减分数不得超过该项标准分数。

参 考 文 献

[1] GB 50652—2011 城市轨道交通地下工程建设风险管理规范[S]，中国建筑工业出版社，2011.
[2] 梁青槐等．地铁工程施工安全管理与技术[M]，中国建筑工业出版社，2012.
[3] 罗富荣．轨道交通工程建设安全风险控制实施指南[M]，中国建筑工业出版社，2011.
[4] 梁青槐等．地铁工程勘察设计质量安全管理与技术[M]，中国建筑工业出版社，2012.
[5] 李平．地铁是这样建成的——深圳地铁一期工程建设管理实录[M]，中国建筑工业出版社，2012.
[6] 杜荣军．建设工程安全管理十讲[M]，机械工业出版社，2005.
[7] 朱自强．城市轨道交通建设项目管理指南[M]，中国建筑工业出版社，2010.
[8] 住房和城乡建设部工程质量安全监管司．全国城市轨道交通工程质量安全管理经验交流会暨专家委员会第二次全体会议和联络员会议经验交流材料汇编，2012.
[9] 住房和城乡建设部工程质量安全监管司．2011年全国城市轨道交通工程质量安全督查情况分析研究报告，2012.
[10] 全国注册安全工程师执业资格考核辅导教材编审委员会．安全生产管理知识[M]，煤炭工业出版社，2004.
[11] 闪淳昌，卢齐忠．现代安全管理实务[M]，中国工人出版社，2003.
[12] 邢娟娟．企业重大事故应急管理与预案编制[M]，航空工业出版社，2005.
[13] 住房和城乡建设部工程质量安全监管司．城市轨道交通工程质量安全检查指南（试行），中国建筑工业出版社，2012.
[14] 方东平．建筑安全监督与管理——国内外的实践与进展[M]，中国水利水电出版社，2005.
[15] 张穹．建设工程安全生产管理条例释义[M]，中国物价出版社，2005.
[16] 黄宏伟等．隧道及地下工程的全寿命风险管理[M]，科学出版社，2010.
[17] 广州市地下铁道总公司．工程质量与安全管理[M]，中国劳动社会保障出版社，2012.
[18] 中国建设监理协会．地铁工程监理人员质量安全培训教材[M]，知识产权出版社，2009.
[19] 上海市建设工程安全质量监督总站．城市轨道交通工程施工风险控制技术[M]，中国建筑工业出版社，2011.
[20] 刘国斌，王卫东．基坑工程手册（第二版）[M]，中国建筑工业出版社，2009.
[21] 周荣义、黎忠文．地铁工程建设施工危险辨识与施工坍塌事故应急预案的探讨[J]．中国安全科学学报，2005，15(12)：93—96.

由于涉及工程建设安全生产监督管理，故参考使用了业内相关文献、互联网资料，无法一一列举，如有权责范越，当尽力纠正，声明并致谢。